La historia de Dios
Una teología narrativa

Michael Lodahl

Casa Nazarena de Publicaciones
Lenexa, Kansas (EE.UU.)

978-1-56344-784-6

Copyright © 2014 Michael Lodahl
Publicado por Casa Nazarena de Publicaciones
Lenexa, Kansas (EE.UU.)

Originalmente publicado en inglés con el título:
The Story of God
Por Michael Lodahl
Copyright © 1994, 2008
Publicado por Beacon Hill Press of Kansas City
Una división de Nazarene Publishing House
Kansas City, Missouri 64109 - USA

Esta edición se publica con el acuerdo de Nazarene Publishing House.

La historia de Dios se publicó gracias al generoso apoyo de Libros Pelícanos, Point Loma Press y el Centro Wesleyano de Point Loma Nazarene University.

Reservados todos los derechos. Prohibida la reproducción total o parcial de esta obra sin la debida autorización por escrito de los editores.

Traducido por Juan R. Vázquez Pla
Editado por Hilda Navarro

DIGITAL PRINTING

A Janice,
compañera de pacto,
y a nuestros hermanos y hermanas en Cristo
de la Universidad Nazarena de África

Índice

Prefacio de la segunda edición 7
Reconocimientos 11

Parte 1: Cómo se narra la historia de Dios 13
   1 La Biblia: "los oráculos de Dios" 19
   2 La tradición: transmitámosla 31
   3 La razón: pensémoslo cuidadosamente 39
   4 La experiencia: entremos de corazón a la historia de Dios 51

Parte 2: El principio de la historia de Dios:
        la doctrina de la creación 63
   5 El Dios que crea 69
   6 El universo como creación 85
   7 La humanidad: la criatura a imagen del Creador 91

Parte 3: La tragedia de la historia de Dios: la doctrina del pecado 99
   8 La responsabilidad humana y el pecado 103
   9 El pecado y la solidaridad humana 109
  10 El pecado humano y la persistencia divina 117

Parte 4: El pueblo judío en la historia de Dios:
        la doctrina de los pactos 123
  11 Noé: el pacto de Dios con la creación 127
  12 Abraham: Dios llama a un pueblo 135
  13 Moisés: el don de Dios para Israel sobre una manera de andar 141
  14 David: la búsqueda de la realeza 149
  15 Los profetas: el Dios del *pathos* 157

Parte 5: Un nuevo giro en la historia de Dios: la doctrina de Cristo .. 167
  16 Un contexto de pacto para Cristo 171
  17 Jesucristo, "verdaderamente hombre": la cristología del Espíritu ... 179
  18 Jesucristo, "verdaderamente Dios": la cristología del Logos 191
  19 Jesucristo, el Resucitado 203
  20 Jesucristo, el Señor Crucificado 209

Parte 6: Vivamos en la historia de Dios: la doctrina de la iglesia 219
  21 El Pentecostés: la reversión de Babel 221
  22 Los sacramentos: actuemos la historia 233
  23 La salvación en Cristo 245
  24 La santidad bíblica 255
  25 La praxis de la existencia cristiana 265

Parte 7: El fin de la historia de Dios:
la doctrina de las últimas cosas 273
  26 ¿Qué espera usted? Aprendamos una lección de Juan el Bautista ... 277
  27 La venida del Reino 283
  28 Muerte, resurrección e inmortalidad 293
  29 La responsabilidad humana y el juicio divino 301
  30 El fin de la historia de Dios 309

Apéndice 315
Notas bibliográficas 321
Índice de referencias bíblicas 329

Prefacio de la segunda edición

Parece una eternidad desde que escribí los agradecimientos anteriores para este libro. Desde entonces, me he mudado de una universidad a otra, he visto a mis hijos convertirse en adultos jóvenes, y hasta me he convertido yo, junto a mi esposa Janice, en un abuelo muy feliz. Estoy agradecido por los gratificantes años de mi vocación de teólogo, y de profesor de teología, con los que he sido bendecido.

Este libro, *La historia de Dios: una teología narrativa,* ha desempeñado un papel importante como extensión de mi vocación durante estos años. Me he sentido satisfecho pero a la vez no merecedor de que el libro haya sido leído y considerado útil por muchas más personas de lo que jamás hubiera soñado. Por ello ofrezco gratitud y alabanzas a Dios.

Gracias, también, a la comunidad de apoyo y aliento de fieles aprendices que es Point Loma Nazarene University. Estoy particularmente agradecido con mis colegas de la Facultad de Teología y Ministerio Cristiano, cuyas vidas y mentes proporcionan una inspiración constante. Una subvención universitaria para investigación y proyectos especiales que ayudó a financiar este esfuerzo hizo posible beneficiarme de la colaboración editorial del estudiante asistente Steven Vail.

Hay varios temas que reciben una atención mayor, o más amplia, en esta edición revisada de *La historia de Dios.* Tal vez, lo más importante es que hay un hincapié mayor y más consciente en la importancia central que tiene Jesucristo cuando la iglesia cuenta la historia de Dios. Aunque no hay capítulos adicionales sobre cristología, sí hay, en todo el libro, nuevas secciones extendidas sobre Cristo, y también un tono cristológico mucho más matizado.

En segundo lugar, en los años transcurridos entre la primera y segunda edición, el debate sobre la "teología abierta" ha continuado con gran entusiasmo. En el presente tomo he extendido, y espero haber profundizado, el argumento de que la Biblia testifica de Dios no sólo como el creador de todas las cosas, sino también como uno que ha entrado amorosa, compasiva y libremente en una relación de pacto con la creación. Espero que los lectores no tengan que escarbar demasiado hondo para percibir la conexión entre este renovado énfasis y el primer punto tocante a la cristología. Sostengo, a lo largo de este libro, que el modo de esa relación Creador-criatura, según el testimonio bíblico, tiene algo de las cualidades de la mutualidad, de ese dar y recibir, de ese respeto a la libertad y responsabilidad de la criatura. Esta idea estaba sin duda presente en la versión de 1994 pero creo que recibe una elaboración cuidadosa y necesaria en esta edición revisada.

Gracias, en gran medida, a las útiles percepciones de John Wright, la primera edición logró un adelanto en la comprensión de la obra salvífica de Dios por medio de Jesucristo como una obra que tiene importancia cósmica, y no sólo antropocéntrica. Pero creo que esta idea recibe un tratamiento aún mayor y más profundo en la presente edición. Nosotros, en la tradición wesleyana, estamos apreciando cada vez más lo mucho que tenemos que aprender de Juan Wesley, nuestro mentor teológico, sobre este punto en particular. Especialmente en la época teológica más madura de su vida, Wesley claramente creció de manera profunda en su entendimiento de la "liberación general" que hizo Dios de toda la creación, por medio de Jesucristo.

Por último, durante mucho tiempo he estado insatisfecho con el tratamiento que le di a la idea del "cuadrilátero wesleyano" y especialmente con el desafortunado diagrama que dibujé para la primera edición. Sospecho que muchos de mis colegas estarán felices de ver la desaparición de ese diagrama; pero aún más importante y positivo es el modo en que la presente edición se obliga con una noción del cuadrilátero mucho más profundamente fundamentada en una particular narrativa bíblica. Dicha narrativa se encontrará en la sección introductoria de la Parte II, sección que ha sido reescrita casi en su totalidad, y en gran medida, creo yo, para su mejoramiento.

Felizmente, por esas y otras razones, ¡pienso que esta edición revisada es un mejor libro! Aprecio los esfuerzos y el apoyo de Bonnie Perry, la editora de Beacon Hill Press, por ayudarme a que así fuera.

No obstante, no le habría dado consideración a la idea de una segunda edición de no ser porque mis colegas no me hubieran animado a hacerlo. En ese sentido estoy en deuda especialmente con Brad Kelle y John Wright, compañeros profesores y amigos de la Escuela de Teología y Ministerio Cristiano de Point Loma Nazarene University. Pero las primeras personas

Prefacio de la segunda edición

que me sugirieron una segunda edición fueron mis compañeros colegiados de la Universidad Nazarena de África (UNA), en Nairobi, Kenia. Les agradezco a ellos, y especialmente a Rodney Reed, el que me animaran a considerar este esfuerzo. Además, les ofrezco mi gratitud, amor y profundo respeto a la administración, el cuerpo docente y el estudiantado de UNA. Es un misterio fascinante para este autor el que muchos de sus lectores hayan sido africanos jóvenes y prometedores. Por esto, especialmente, doy gracias al Dios y Padre de nuestro Señor Jesucristo, en la presencia dadora de vida del Espíritu.

Reconocimientos

Si Juan Wesley tenía razón en afirmar que "el evangelio de Cristo no conoce otra religión sino la social; ni otra santidad sino la santidad social", también debe ser cierto que la teología cristiana ha de ser mejor comprendida y practicada cuando no se haga como una aventura solitaria e individualista. La teología debe implicar una conversación continua, alegre y animada entre personas de fe cuyas dinámicas de pensamiento creativo, preguntas acuciosas y apoyo mutuo proporcionen un contexto enriquecedor que se esfuerce por comprender los misterios de Dios.

¡Son muchas las personas que se me han unido en la conversación teológica que representa este libro! Mis colegas de la División de Filosofía y Religión de Northwest Nazarene College (NNC) son fuente constante de estímulo, apoyo y buen humor, y han ofrecido inteligentes observaciones a algunos de los primeros borradores del manuscrito. Pero fue en particular Ralph Neil, el director de la División, quien me impulsó a transformar un sueño en un libro real al tomar la iniciativa de ayudarme a asegurar una subvención para investigación y escritura del fondo de NNC para el mejoramiento profesional de la facultad. Les ofrezco mi agradecimiento a él y al doctor Ken Watson, quien estableció el fondo hace varios años a fin de enriquecer los esfuerzos académicos de los miembros del profesorado de NNC.

También deseo dar las gracias a mis auxiliares estudiantiles Catherine Schamber y Tim Flynn por su ayuda durante los dos años en los que me dediqué a escribir y por sus incansables esfuerzos editoriales, y su aparentemente interminable bombardeo de preguntas, todo lo cual me ayudó a pulir muchas de las ideas exploradas en este libro. En una etapa posterior, mi buen amigo John Wesley Wright leyó el manuscrito con un ojo crítico y penetrante, ofreciendo sugerencias invaluables para mejorarlo. Confío en que estos tres individuos reconozcan los pasajes donde sus ideas y desafíos se abrieron paso hasta el interior de mi cabeza y de mi corazón, y hasta el texto mismo. Gracias, amigos.

La historia de Dios

Estoy agradecido también con todas las inquietas mentes y corazones a quienes, durante los últimos años, he tenido el privilegio de enseñarles el curso de Teología 201, Exploremos el Pensamiento Cristiano. A estos excelentes jóvenes se les pidió trabajar con un manuscrito en progreso en sus diversas etapas de "(in)compleción", siendo invaluables sus contribuciones creativas y atentas durante las discusiones en clase. No sería demasiado decir que este libro fue escrito *para* ellos, o para ser más preciso, *con* ellos.

Por último, hay una persona cuyo amor, apoyo, comprensión y aliento me han sostenido a través del arduo y prolongado trabajo de este libro. A ella, mi compañera en la no pocas veces precaria aventura de la vida, le dedico este intento vacilante y balbuciente de contar la historia de Dios.

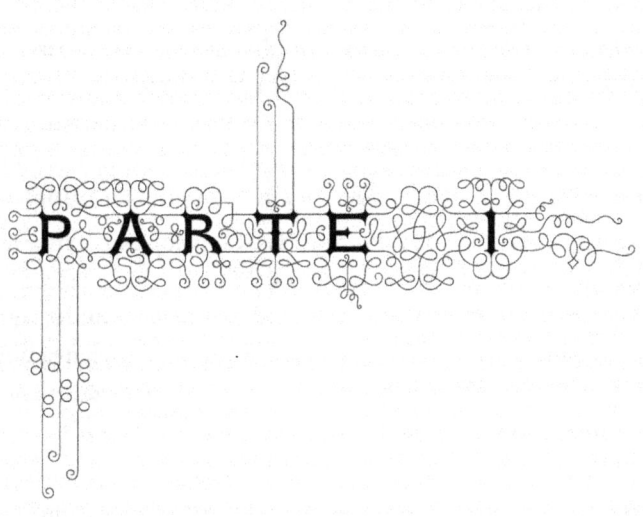

PARTE I

Cómo se narra la historia de Dios

"Dios, en el principio, creó los cielos y la tierra"
(Génesis 1:1).

De este comienzo de la Biblia, un sabio intérprete judío dijo hace mucho tiempo, "Este versículo clama, '¡Interprétenme!' "

Aparte del rompecabezas que el texto hebreo original haya podido representar para Rashi y sus compañeros rabinos, para nosotros hoy en día, el acto mismo de abrir nuestra Biblia en su página inicial exigirá una tarea semejante. En el acto mismo de su lectura, nos encontramos sencillamente convocados y obligados a interpretar. No podemos escapar a esa tarea, ni tampoco necesitamos temerla. Dios, al parecer, confía en que nuestras manos, corazones y mentes puedan hacer ese trabajo. Ofrecemos este libro ante el lector como un ejercicio en tal acto, invitándolo a él o ella a que se una a esta humilde pero maravillosa obligación de interpretar la Biblia.

Lo mismo que con todas las historias, es mejor empezar la nuestra por el principio. Pero cuando de la apertura del Génesis se trata, ¿cómo principiamos siquiera a interpretar ese principio? Sin lugar a dudas, mucho podría decirse, ¡y mucho se ha dicho! Al empezar, pues, entretengamos la posibilidad de que el Génesis en realidad comience con una verdadera invitación a que nosotros, sus lectores humanos, nos unamos a una historia que está por ser contada.

Los seres humanos, después de todo, somos cuentacuentos. Nos encanta contar historias, y nos encanta escucharlas. Tendemos a entender nuestras vidas individuales en términos de una historia, con un comienzo, con personajes importantes, con una trama, con giros, vueltas y sorpresas en cada nuevo capítulo y con un final anticipado que ayude a hacer sentido del conjunto. Escuchar la historia de otra persona a menudo arroja nueva luz sobre la nuestra. Nos convertimos en personajes en las historias de los demás y muy a menudo los demás se convierten en personajes de la nuestra.

Quizá, entonces, no es de sorprender que un creciente número de estudiosos de la Biblia, y de teólogos, estén discutiendo la importancia de considerarla como una historia global (ciertamente con muchas y variadas historias en el camino) y de comprender que la tarea primordial de la teología (del griego, *théos* = Dios, y *logos* = palabra; discurso acerca de Dios), al igual que la de la iglesia, es contar esa historia fielmente, dar testimonio de su poder salvador y ensayar sus temas en palabra y obra. Y a ese estilo de pensamiento religioso que intenta estar atento a la historia bíblica, y que permite que su relato moldee el contorno de su pensamiento, generalmente le llamamos teología narrativa.

El libro que el lector tiene en sus manos constituye un intento de presentar la teología narrativa a nivel introductorio, es decir, que, sin ser simplista, comunique la teología narrativa a personas que no sean teólogos profesionales. Este libro es también un intento de mostrar cómo las diversas doctrinas, preocupaciones y cuestiones de la teología se vinculan estrechamente unas con las otras a medida son extraídas tanto de la Biblia como de la tradición

Cómo se narra la historia de Dios

cristiana, y cómo se enlazan al crisol de la experiencia de todos los días y se tejen en la gran historia que los cristianos han contado durante dos milenios. En otras palabras, este libro es una introducción a una teología cristiana que responda especialmente a la tradición wesleyana pero que se ubique dentro del modo y el medio de reflexión moldeados por la narrativa.

Ahora bien, volvamos a esas palabras de apertura del Génesis: "Dios, en el principio...". Esta frase nos sugiere un par de consideraciones importantes. La primera es que la historia que el Génesis va a contar es la historia de Dios. Ciertamente muchos personajes llenan las páginas de la Biblia pero esta frase inicial nos provee la pista para una comprensión básica de esa historia como siendo en primer y último lugar la historia de Dios. A veces Dios parece escurrirse detrás de la cortina pero su historia sigue siendo un testimonio del amor, el poder, la bondad y la misericordia divina.

Como numerosas personas lo han indicado en el pasado, una importante implicación de este señalamiento es que la Biblia, en conjunto, muestra poco interés en querer probar la existencia del Protagonista. No existe un tribunal independiente de juicio, una norma universalmente abstracta de la razón contra la cual el testimonio que la Biblia da de Dios tenga que medirse. En nuestra Biblia, Dios simplemente es asumido y proclamado desde el comienzo de la historia. Pero este Dios que es asumido no es un Dios-en-general, no es una deidad en lo abstracto. Es el Dios de Israel, el Dios de Moisés y Miriam, de sacerdotes y profetas, de Abraham y Sara, de Esdras y Nehemías; y así, también, el Dios y Padre de nuestro Señor Jesucristo.

No obstante, a medida iniciamos la tarea de la teología, debemos tener en mente que los seres humanos estamos profundamente limitados en nuestro conocimiento y comprensión de este personaje que es el Dios de Israel y de la iglesia, y nuestro creador y redentor. Somos criaturas del polvo, finitas y frágiles, y nuestros pensamientos no son los pensamientos de Dios. ¡Pero esto no nos convierte en nada! Si tomamos en serio la frase inicial de la Biblia creeremos, en primer lugar, que este gran universo en el que nos encontramos repleto de millones, si no de billones de galaxias, existe porque hay Alguien que lo ha traído a existencia. Y una convicción tal lo que va a sugerir vigorosamente es que una noción de historia, con autor, trama y trayectoria, representa una analogía que se ajusta a este universo y a su creador.

Esta creencia en Dios el Creador tiene en sí misma una importancia considerable. Y la tiene porque una de las historias que hoy la rivaliza dice, en cuanto a nuestro universo y a nosotros, que estamos aquí por un ciego accidente, por una cuestión de pura suerte. En esa versión de la historia de nuestra vida en el universo, en realidad no hay historia, excepto algunos pequeños relatos que pudiéramos generar sobre la marcha. Así, en última instancia, nadie recordará esos mezquinos relatos y algún día desapareceremos (o tal vez explotaremos) en un final que pondrá fin a esa farsa sin sentido. En contraste con esta historia secularista de nuestro mundo y de nosotros, las palabras, "Dios, en el principio", colocan los acontecimientos y las acciones de nuestras vidas (para no mencionar el universo entero) en el contexto de un entorno significativo, una historia mayor en la que Dios es el Actor principal. Pero nosotros debemos apresurarnos a añadir que, aunque la Biblia sencillamente asume la realidad de este Actor, los teólogos generalmente no se han sentido en libertad de hacer la misma suposición sin proporcionar una justificación para su creencia y la de su comunidad. En el capítulo 3 vamos a considerar algunos de los intentos que se han hecho a fin de establecer amplias razones para creer en el personaje principal de la historia.

Hay todavía otra consideración que la frase inicial del Génesis nos pudiera sugerir. La proclama de que Dios comienza la creación de nuestro universo "en el principio" y, según los versículos subsiguientes de Génesis 1, continúa esa obra durante los primeros seis "días" de la creación, nos recuerda un aspecto crítico de la narrativa. Las historias ocurren en el tiempo, con una secuencia; las cosas de las que las historias dependen son los principios y los finales, y todo lo que sucede entremedio. Las historias no ocurren todas a la vez; van a alguna parte y les toma tiempo llegar. Reconocer que, en la Biblia, Dios aparece en una narrativa en la plenitud del tiempo es entender a Dios como relacionándose voluntariamente con el tiempo, a la historia misma de la creación. Este Actor en el relato, verdadera y bondadosamente habita con el mundo, actuando dentro de la secuencia del pleno tiempo de la propia creación. Aun cuando tendremos mucho más que decir acerca de esta idea en las páginas subsiguientes, la misma es de una consideración primaria importante. El tiempo y la duración y la dirección y la meta, son factores inevitables en la historia de Dios y, de hecho, en el modo en que se cuenta su historia.

Si mantenemos en la mente y el corazón estas dos convicciones surgidas de la manera misma en que abre el Génesis (que Dios es el personaje principal y que este personaje opera en la plenitud del tiempo, dentro del ritmo de

Cómo se narra la historia de Dios

la propia creación) estaremos demasiado bien encaminados en una introducción narrativa a la teología. Tal vez otro factor merezca nuestra atención: nos referimos al lector de la historia: usted. Uno de los puntos fuertes del enfoque de la teología narrativa es que, cuando surte efecto, desafía al lector a ubicarse a sí mismo en la historia. Cuando Dios se pasea por el jardín, y llama a Adán preguntándole, "¿Dónde estás?", la pregunta está diseñada tanto para el lector como para Adán. Por supuesto, Jesús fue en este sentido un maestro de la teología narrativa. Un ejemplo entre muchos es su parábola del samaritano compasivo, la que termina no con, "y vivieron felices para siempre", sino con la pregunta, "¿Cuál de estos tres piensas que demostró ser el prójimo...?", y con el reto de, "Anda entonces y haz tú lo mismo" (Lucas 10:36, 37).

El punto es este: llevar seriamente a cabo la tarea de la teología es involucrarse, ubicarse uno mismo en la historia de Dios. Esto no significa que el teólogo, sea profesional o no, nunca tenga dudas acerca de la historia en sí; de hecho, ¡tener preguntas y hacerlas con absoluta seriedad, es prácticamente un requisito para la tarea! Ciertamente, cuando entramos al mundo de la teología, debemos permitir que nuestras mentes se hagan preguntas (que pidan y que busquen y que llamen) a medida recorremos el gran testimonio de la historia de la Biblia. De buena fuente sabemos que la persona que así lo hace obtendrá respuestas, por lo menos de vez en cuando.

La Biblia:
"los oráculos de Dios"

En estos capítulos introductorios vamos a intentar entender "cómo se cuenta la historia de Dios". En más de un sentido, sería de la misma forma en que se cuenta la historia de otros, excepto que esta es una historia muy antigua, contada por muchos narradores durante un considerable período de tiempo, con giros y complicaciones y con un protagonista más bien discreto que parece no estar demasiado preocupado de que siempre conozcamos la historia "con lujo de detalles". Es cierto que hay muchos creyentes en esa historia que están convencidos de que Dios les ha dado (o, más probablemente, a su denominación o movimiento religioso) todos los detalles exactos pero hay un cúmulo exagerado de cristianos absolutamente convencidos que siguen discrepando profundamente los unos de los otros, ¡sin que Dios haga algo abrumadoramente obvio para dirimir esas discrepancias! Y aunque todo esto complica la tarea de la teología, también la recompensa.

Sin embargo, los teólogos cristianos están generalmente de acuerdo en lo siguiente: no importa cuán complicado pueda presentarse el trabajo de contar la historia de Dios, tenemos una fuente común y autorizada en la Biblia. La Biblia proporciona el punto de partida para la teología o el pensar sobre Dios. Es sorprendente que sea en esa vasta colección de literatura hebrea, escrita en varios estilos y géneros, y recogida a lo largo de varios siglos, que los cristianos encuentren la historia de Dios, el amante creador y redentor del mundo. No es de extrañar, pues, que a los cristianos se les escuche cantar:

La historia de Dios

Dime la antigua historia / Del celestial favor,
De Cristo y de su gloria, / De Cristo y de su amor.
Dímela con llaneza / Propia de la niñez,
Porque es mi mente flaca / Y anhelo sencillez.
Dime esa grata historia / Con lentitud, y así
Conoceré la obra / Que Cristo hizo por mí.
Dímela con frecuencia, / Pues soy dado a olvidar,
Y el matinal rocío / Suele el sol disipar.
Dime la antigua historia, / Cuéntame la victoria,
Háblame de la gloria / De Cristo y de su amor.

—Katherine Hankey

Puede que no sea poesía clásica pero las sencillas palabras de este himno del siglo XIX demuestran el poder de la historia bíblica para ofrecer esperanza y salud a los que participen de ella.

El poder de "la antigua historia de Cristo y de su amor" yace en su testimonio del Dios de Israel, el creador de todas las cosas; el que con bondad y amor interactúa con la creación, incluso al punto de entrar a la creación como un humano entre nosotros, a fin de traer la redención no sólo a los seres humanos sino a toda la creación (Romanos 8:18-25). En la tradición judía, los eventos en los que Dios es particularmente recordado y celebrado como un Dios salvador para el pueblo de Israel, son el éxodo de Egipto y el subsecuente establecimiento de la alianza del Sinaí, y todo por medio del liderazgo humano de Moisés. (Esto es lo que los judíos todavía celebran en la observancia de la Pascua.) Para los cristianos, un grupo paralelo de eventos salvíficos se centra en la vida y el ministerio de Jesús de Nazaret, particularmente en su muerte y resurrección. (Esto es lo que los cristianos todavía celebran en la observancia del bautismo y de la Santa Cena.) A los cristianos les fascina contar la historia "de Cristo y de su amor" precisamente porque esa historia, como ninguna otra, habla de un Dios amoroso que actúa para nuestra salvación.

Así, tanto en el judaísmo como en el cristianismo, la fe se centra en lo que acontece, en un tiempo y en un lugar y en una historia. La aproximación a las creencias religiosas en la Biblia se encuentra en tensión con los modos más filosóficos y meditativos de la religiosidad asiática, y con la búsqueda más especulativa de los griegos clásicos por una verdad eterna intocada por el desafío y cambio histórico.

La Biblia: "los oráculos de Dios"

Pero si decimos que la fe bíblica tiene que ver con acontecimientos históricos (y más particularmente con la vida, el ministerio, la muerte y la resurrección de Jesús) nos encontramos ante otro problema. ¿Qué entendemos por la palabra *historia*? ¿Queremos decir simplemente todo lo que jamás haya ocurrido? ¿Incluye acaso la historia todos los eventos, no importa cuán pequeños sean? Si ese fuera el caso, entonces es obvio que la historia estaría más allá de nuestra capacidad de comprensión. No todos los eventos nos son accesibles, y de hecho, no todos los eventos nos son importantes. Es obvio que los escritores de los evangelios no incluyeron todos los eventos de la vida de Jesús. Tales consideraciones empiezan a revelarnos la inevitabilidad de perspectiva y de compromisos valorativos, cuando de lo resbaladizo de eso que llamamos historia se trate. Por ejemplo, si se le pidiera al lector que contara la historia de su vida ni siquiera intentaría volver a contar todo lo que le ha pasado, ni cada minúscula cosa que haya hecho. No podemos siquiera recordarnos de todas estas nimiedades puesto que ya no tienen la importancia de algunos de los eventos más memorables y transformadores de la vida, ni de las personas y actividades que más profundamente nos hacen ser quienes somos.

La historia es algo parecido, excepto, claro, en una considerable mayor escala. Las historias son formadas por las percepciones y recuerdos compartidos por las comunidades (naciones, tribus, denominaciones religiosas) y generalmente las escriben personas que representan a la comunidad (el historiador), seleccionando un patrón o una sucesión de acontecimientos e interpretándolos, a fin de contar la historia de personas desde una perspectiva particular y por una razón particular.

Por ejemplo, la mayoría de los estadounidenses estaría de acuerdo en que el general George Custer es una figura importante de la historia de su país. Pero, ¿cómo hacerlo encajar en esa historia? En los años inmediatamente después de la batalla de Little Bighorn, se celebró a Custer como a una figura tipo Cristo que "dio su vida" con el fin de abrir las puertas del paraíso, por así decirlo, a los colonos que fijaban su vista en el oeste del país. A principios del siglo XX, Custer todavía era celebrado como héroe y patriota, aunque ya no en categorías religiosas tan evidentes. Luego vino la década de 1960 y principios de los 70, la edad del antihéroe, donde Custer fue generalmente menospreciado como un bufón que se glorificaba a sí mismo. Más recientemente, éste ha sido interpretado como un peón del gobierno de los Estados Unidos. Pero lo crucial aquí es reconocer que, en cada caso, las

La historia de Dios

percepciones que los Estados Unidos tienen del general Custer se dan a fin de que quepan en la historia más amplia que los estadounidenses están contando sobre sí mismos y su país.

Finalmente, el punto crítico aquí es que la historia, y lo que se narra, tienen una estrecha relación. La historia de cualquier persona o pueblo consiste en seleccionar e interpretar acciones y eventos de forma tal que alguna historia sea contada. La historia y lo que se cuenta son formas de narrativas a través de las cuales se interpreta el sentido de identidad de la gente. Una implicación importante de esto es que hay muchas historias, tantas como los puntos de vista que existan desde los cuales contar la historia humana. Todas las diversas culturas, pueblos y religiones tienen sus historias; y todos cuentan sus historias desde perspectivas divergentes y a veces enfrentadas.

Lo que es más, esta percepción sobre la naturaleza de la(s) historia(s) tiene implicaciones importantes para nuestra comprensión de la Biblia. Hay que recordar que la razón de estas reflexiones nuestras sobre la historia ha sido la observación de que la fe bíblica está arraigada en eventos históricos y la convicción de que Dios está obrando para nuestra salvación en la historia misma de nuestro planeta. En cuanto a la Biblia, pues, podríamos decir que sus diversos escritores interpretarían los acontecimientos de sus historias culturales de manera tal que pudieran afirmar la presencia y actividad salvífica de Dios. Un maravilloso ejemplo de esto se encuentra en Éxodo 14, donde se relata el gran acontecimiento de la liberación y salvación de los judíos. Textualmente se dice que, "Moisés extendió su brazo sobre el mar, y toda la noche el Señor envió sobre el mar un recio viento del este que lo hizo retroceder, convirtiéndolo en tierra seca. Las aguas del mar se dividieron" (v. 21). En primer lugar, tenemos que dejar de lado esa escena de la famosa película de Charlton Heston a la orilla del mar con las aguas que se retiran en cuestión de minutos. En segundo lugar, hemos de considerar lo parecido de esto a la descripción de Génesis 1 de la separación de las agua de las aguas, de hecho, la reunión de las aguas, en el acto mismo de la creación (vv. 7, 9). La liberación de Israel es nueva creación.

Éxodo nos dice que "toda la noche [sopló] un recio viento del este", lo que significa que la historia bíblica reconoce el elemento natural en la narración. El evento, si se quiere, fue el soplar del viento; la interpretación, que es lo que verdaderamente convirtió lo que ocurrió en historia para el creyente hebreo, fue que "toda la noche el Señor envió sobre el mar un recio viento del este que lo hizo retroceder". Pero hemos de notar, de nuevo, que esto es

La Biblia: "los oráculos de Dios"

una reminiscencia de la historia de la creación según Génesis 1, donde se dice que "el Espíritu de Dios iba y venía sobre la superficie de las aguas" (v. 2). Esta historia de la creación va a enmarcar como sigue la historia de la liberación de Israel: el acto de Dios de separar las aguas tiene como fin la creación de un nuevo pueblo, el pueblo propio de Dios. Más tarde, cuando los hebreos estuvieron seguros al otro lado, Moisés compuso un himno que era aún más poético en su interpretación:

> *Tu diestra, Señor, reveló su gran poder;*
> *tu diestra, Señor, despedazó al enemigo. ...*
> *Bastó un soplo de tu nariz para que se amontonaran las aguas.*
> *Las olas se irguieron como murallas;*
> *¡se inmovilizaron las aguas en el fondo del mar!*
>
> *(Éxodo 15:6, 8)*

Por supuesto, los profetas hebreos van a actuar del mismo modo al interpretar las suertes (y las desgracias) nacionales e internacionales de Israel como actividades de Dios y, a menudo, como castigo de Yahvé al pueblo por su infidelidad e idolatría. Por supuesto que ese tipo de eventos pudo haber sido interpretado sencillamente desde la perspectiva de una política de poder: ¿eran los babilonios el castigo de Dios por los pecados de Israel, o eran simplemente conquistadores hambrientos de poder? Lo cierto es, sin embargo, que a través de la Biblia, la historia de Israel se interpreta como la palestra de la historia de Dios. Y el mismo proceso se dio cuando los apóstoles proclamaron que Jesús era el Cristo. Al igual que los profetas antes que ellos, los apóstoles afirmaron que, en eventos específicos en la historia de Israel, Dios estaba actuando redentoramente en favor de los humanos y, de hecho, en favor de toda la creación. Jesús mismo les inspiró a sus seguidores tales interpretaciones cuando les hizo preguntas como, "¿Quién dice la gente que es el Hijo del hombre?" y, "Y *ustedes*, ¿quién dicen que soy yo?" (Mateo 16:13, 15, cursivas añadidas por el autor). El hecho de que las personas estaban interpretando la identidad de Jesús de diversas maneras, significaba que no era particularmente obvio quién era Él. La respuesta de fe de Pedro, "Tú eres el Cristo", fue aplaudida por Jesús como una evidencia de revelación divina (vv. 16-17), pero no dejó de ser una interpretación entre muchas. ("Unos dicen que es Juan el Bautista, otros que Elías, y otros que Jeremías o uno de los profetas" [v. 14]. Y aquí se tiene la sensación de que, de las interpretaciones que estaban circulando, los discípulos estaban mencionando sólo las más favorables.) El resultado de esto es que los cuatro evangelios que tenemos en nuestras Biblias son una especie de historia en el sentido en el que hemos estado hablando acerca de la historia; son historias de Jesús arraigadas en particulares eventos en su vida y ministerio, escogidas por razones particulares, y contadas desde la perspectiva de fe en Cristo con el fin de inspirar fe en Él. Son, como en la mayor parte del resto de la Biblia, historia teológica o teología contada en un evento histórico-narrativo.

Permítaseme ofrecer una ilustración. No hay duda alguna de que el acto central del que brota la fe cristiana es la resurrección de Jesús de entre los muertos. Los cristianos, a lo largo de los siglos, han afirmado sin reservas que la resurrección ocurrió realmente y que sucedió en la Palestina históricamente fechable del primer siglo. En los primeros años del movimiento cristiano, el apóstol Pablo lo ponía de esta manera: "Porque ante todo les transmití a ustedes lo que yo mismo recibí: que Cristo murió por nuestros pecados según las Escrituras, que fue sepultado, que resucitó al tercer día según las Escrituras" (1 Corintios 15:3-4). Es claro que Pablo, junto con la iglesia primitiva como un todo, veía al Jesús crucificado, y levantado por Dios, como el acontecimiento en la historia que nos trae la salvación: "Y si Cristo no ha resucitado, nuestra predicación no sirve para nada, como tampoco la fe de ustedes. ... Y si Cristo no ha resucitado, la fe de ustedes es ilusoria y todavía están en sus pecados" (vv. 14, 17). Este es el acto salvífico decisivo de Dios en la historia: levantar a Cristo "al tercer día".

Sin embargo, si se leen atentamente los cuatro relatos de la resurrección ofrecidos en los evangelios se encuentra una considerable flexibilidad en la manera en que se narra este acontecimiento histórico central. Por ejemplo, el Evangelio de Marcos, el cual muchos creen que fue el primero de los evangelios, dice que cuando las mujeres llegaron a la tumba de Jesús el primer día de la semana, fueron recibidas por "un joven vestido con un manto blanco, sentado a la derecha" (16:5). Mateo, por otro lado, dice que fue "un ángel del Señor" (28: 2), mientras que Lucas dice que eran "dos hombres con ropas resplandecientes" (24:4), y Juan menciona "a dos ángeles vestidos de blanco" (20:12).

Todo este detalle tal vez no sería importante si el "joven vestido con un manto blanco, sentado a la derecha", del Evangelio de Marcos, no se pareciera tanto a un contraste intencional con otro "joven" anónimo (también mencionado únicamente en Marcos) quien, en el sitio donde se arrestó a Jesús en Getsemaní, huyó en la noche humillado y desnudo, con la ropa

La Biblia: "los oráculos de Dios"

interior ("la sábana") con que se cubría rasgada por la turba que había llegado para el arresto (14:51-52). La tradición ha conjeturado que ese "joven" que escapó era en realidad Marcos, el autor del Evangelio. Además, generalmente se ha asumido que el "joven" junto a la tumba era un ángel, pero Marcos podría haber usado la palabra específica para ángel si eso era lo que él quería dar a entender. Por el contrario, el texto menciona específicamente a un "joven", confiadamente sentado y totalmente vestido, ¡en contraste radical con el joven que huyó por temor y completamente desnudo! Se puede fácilmente sospechar que el autor, en efecto, se colocó a sí mismo en la narración de la resurrección aún cuando real y literalmente no hubiera estado allí, precisamente porque habría de significar que él también era un testigo de la resurrección de Jesús; un evento que transformó su temor y humillación ante los poderes de este mundo, en una confianza y seguridad que sólo la resurrección de Jesús puede traer.

No se haría de la resurrección un acontecimiento menos histórico si en efecto supusiéramos que este "joven", que tradicionalmente hemos llamado Marcos, se colocó a sí mismo en la historia siguiendo un mecanismo literario. La moraleja de la historia sería que no se puede creer en la resurrección de Jesús "a distancia". Creer es convertirse en testigo, en testigo transformado: ¡uno también puede sentarse confiada y victoriosamente junto a esa tumba vacía! ¡Uno también puede entrar a la historia continua del poder transformador de vida de la resurrección de Jesús!

Hay otras interesantes divergencias en los relatos de la resurrección. ¿Por qué es que sólo Mateo menciona la resurrección junto a Jesús de "muchos santos que habían muerto... [que salieron] de los sepulcros después de su resurrección", y que entraron a Jerusalén, y que "se aparecieron a muchos" (27:52-53)? ¿Se debería a la mentalidad profundamente judía de Mateo y su deseo de difundir el evangelio específicamente entre los congéneres judíos que creían en una resurrección de los santos de Dios al final de los tiempos? ¿Y por qué es que sólo Lucas relata con tan cuidadoso detalle la historia del viaje de Jesús junto a aquellos desesperados discípulos en el camino a Emaús y cómo ellos regresaron a Jerusalén con corazones ardientes y con las convincentes noticias de "cómo habían reconocido a Jesús cuando partió el pan" (24:35; compárese con Marcos 16:12-13)? ¿Acaso pudo ser porque Lucas estaba tratando de decir algo sobre el profundo significado de la Santa Cena y de la continua presencia de la resurrección de Cristo en la cena eclesiástica del pan roto y el vino derramado?

La historia de Dios

¿Y por qué es que sólo Juan nos dice de la aparición de Jesús resucitado en medio de sus temerosos discípulos, escondidos detrás de puertas cerradas y bloqueadas, confundidos y desorientados por la crucifixión, y de que Él soplara sobre ellos y les dijera, "Reciban el Espíritu Santo" (20:22)? ¿Sería porque Juan estaba tratando de decir algo sobre la relación entre el Cristo resucitado y el don de re-creación del Espíritu Santo sobre la iglesia como un eco del Génesis, de la primera creación, cuando Dios "sopló en su nariz hálito de vida y el hombre se convirtió en un ser viviente" (Génesis 2:7)? En cada uno de estos casos, encontramos acentos únicos en el relato del gran acontecimiento histórico de la resurrección de Jesús, acentos que no sólo reportan hechos sino que también nos dan teología a través de la narrativa.

La historia es relato, el relato es narrativa y la narrativa está profundamente arraigada en la Biblia. La Biblia como "la historia de Dios", en palabras de Juan Wesley, está llena de historias y de historias dentro de historias. Hay una historia general de Dios, el Creador y Redentor, dentro de la cual leemos las cuatro historias de Jesús (los evangelios) y dentro de las cuales leemos más historias (las parábolas de Jesús). Contar una historia, de hecho, era el método más común de enseñar teología entre los rabinos judíos y sigue siendo un prominente estilo de enseñanza judía aún en el día de hoy. De ello son muestras prominentes las novelas de Chaim Potok (por ejemplo, *Los elegidos; Mi nombre es Asher Lev*), y las obras literarias ganadoras del Premio Nobel, de Elie Wiesel (por ejemplo, *La noche, El alba*).

En cierto sentido, entonces, toda la Biblia es una historia, con un comienzo (la creación), un giro crucial en la trama (el pecado humano), y un final ansiosamente esperado ("un cielo nuevo y una tierra nueva"). Es narrativa teológica, con innumerables pequeñas historias dentro de esa gran narrativa, con innumerables personajes, con infinitas vueltas y giros, pero con una trama básica: que el Dios de Israel (que es el Dios y Padre de nuestro Señor Jesucristo) ha obrado en la creación para alcanzar y redimir a todos los pueblos y, en efecto, a toda la creación. Como cristianos afirmamos que este es un proceso que, comenzado en Abraham, encuentra su cumplimiento en Jesucristo.

La creencia cristiana es que la historia bíblica está arraigada en la historia, en una historia particular de un pueblo particular, Israel, según ha sido interpretada por los profetas (en el Antiguo Testamento) y los apóstoles (en el Nuevo Testamento). Esa historia se compone de una serie de interpretaciones de acontecimientos históricos como plaza de la presencia y actividad de

La Biblia: "los oráculos de Dios"

Dios. Pero ningún acontecimiento histórico, como hemos intentado mostrar, es pura facticidad, puesto que también está el elemento de interpretación humana. Y esto lo que significa es que incluso los acontecimientos de la historia bíblica estaban y están abiertos a interpretaciones distintas a las que ofrece la Biblia. Los escritores bíblicos parece que comparten la suposición de que Dios existe y está trabajando activamente en los asuntos humanos a fin de traer la salvación. Por supuesto, no todas las personas comparten esa suposición. Otras interpretaciones son posibles.

Ser cristiano, entonces, no va a incluir creer que la Biblia sea sencillamente una interpretación, entre otras, del mundo en el que vivimos y nuestro papel en él. Ser cristiano es creer que el mundo es la creación del Dios de Israel, revelada decisivamente en Jesucristo. Es también creer que la Biblia testifica fielmente de las palabras y las obras de Jesús, y que así revela la naturaleza y los propósitos de nuestro Hacedor. De aquí que también es creer que las interpretaciones bíblicas de la historia son inspiradas (como por un soplo) y que Dios les dio a los escritores humanos de la Biblia una dirección y penetración única con el fin de interpretar correctamente la presencia y actividad de Dios en la historia de Israel, y especialmente en el ministerio de Jesús. En pocas palabras, es creer en la revelación divina en el sentido de que la Biblia brinda más que simplemente una perspectiva humana sobre los acontecimientos que describe.

La inspiración no necesita, en forma alguna, la idea de un dictado de parte de Dios (palabra por palabra) al escritor bíblico. De hecho, la evidencia de la Biblia en sí misma tiende a indicar firmemente lo contrario. La inspiración se refiere más obviamente a una presencia viva del Espíritu de Dios (del griego *pnéuma* = soplo, aire en movimiento) que ofrece intuición divina al escritor para interpretar la actividad de Dios sin negar o invalidar la verdadera humanidad del escritor. Mateo nos da un impresionante ejemplo de este proceso interactivo divino-humano en un relato que ya hemos mencionado brevemente en este capítulo: la confesión hecha por Pedro de que Jesús era el Cristo. A las palabras de Pedro de, "Tú eres el Cristo, el Hijo del Dios viviente", Jesús respondió, "Dichoso tú, Simón..., porque eso no te lo reveló ningún mortal [es decir, algún recurso humano], sino mi Padre que está en el cielo" (16:16-17). Mateo es cuidadoso en destacar que fue a partir de ese momento de la confesión de Pedro que Jesús comenzó a contarles a los discípulos de su inminente sufrimiento en Jerusalén. ¡Pero fue Pedro, el mismo Pedro que reconoció el mesianismo de Jesús, y cuya confesión fue reconocida por Jesús como habiendo sido inspirada por Dios, quien apartó a Jesús y le dijo que dejara de decir tonterías! "¡De ninguna manera, Señor! ¡Esto no te sucederá jamás!" (v. 22). Parece que Pedro reprendió a Jesús debido a ciertas ideas preconcebidas sobre lo que un mesías es y hace; ideas que Pedro compartía con la mayoría de sus compatriotas judíos de Galilea.

El punto central aquí es que, aunque Pedro recibió inspiración divina en cuanto a la identidad y la vocación de Jesús, fue un momento de intuición e inspiración divinamente insuflada que Pedro entendió e incorporó de la única forma en que él podía hacerlo: dentro de su propio contexto histórico, social e intelectual. Dios le había revelado esta verdad a Pedro, la cual ciertamente constituye la confesión central de la fe cristiana. Pero ello no le confirió a Pedro un discernimiento infalible sobre las actividades y los propósitos de Dios. Pedro seguía siendo Pedro, humano y falible, aunque un vaso en el cual y por medio del cual Dios podía operar y hablar. Bien puede ser que este incidente de los evangelios deba proporcionarnos un modelo clarificador de la inspiración de los escritores de la Biblia.

En la historia de Israel, como hemos observado, era a los profetas a los que se les consideraba "inspirados" o receptores del hálito de Dios. En los primeros años de la iglesia, fueron los apóstoles, a través de la inspiración del Espíritu, los que nos dieron interpretaciones confiables de la obra reconciliadora de Dios por medio de Cristo. Siempre me ha gustado la definición de inspiración que aprendí de mi primer profesor de teología: "La inspiración es la operación del Espíritu Santo sobre los escritores de la Biblia de forma tal que sus escritos se conviertan en las expresiones de la voluntad de Dios".[1]

Pero la inspiración tiene también un significado secundario: el de la obra esclarecedora del mismísimo Espíritu divino en nuestra vida, particularmente en la práctica de leer la Biblia. La confianza de la iglesia históricamente ha sido que a medida que interpretamos con cuidado la Biblia, abiertos a la guía del Espíritu, podremos recibir la guía de Dios para comprenderla y recibir también un sentido dinámico de la actividad del Espíritu en la historia de nuestras propias vidas. De hecho, como cristianos, estamos convencidos de que a través de la presencia inspiradora y vivificadora de Dios somos traídos a la historia de Dios por medio de Jesucristo. Puesto en palabras de Juan Wesley, el evangelista del siglo XVIII cuya historia escucharemos en el siguiente capítulo: "El Espíritu de Dios no solamente inspiró una vez a

La Biblia: "los oráculos de Dios"

quienes escribieron [la Biblia], sino que inspira continuamente y asiste sobrenaturalmente a aquellos que la leen en ferviente oración".[2]

La tradición: transmitámosla

Una de las maneras importantes de contar la historia de Dios es relatándola de una generación a la que sigue. Cada generación de creyentes se encuentra obligada a interpretar y contar la historia de Dios para sí misma y para sus contemporáneos pero cada generación también depende profundamente de la herencia recibida de los que la han precedido. Porque no es suficiente sólo pasarles la Biblia a nuestros hijos; antes, contamos y vivimos y lidiamos nuevamente con la historia de Dios en cada época; leemos y escuchamos juntos la Biblia, y también legamos a nuestros descendientes el mismo proceso de contar y vivir, de leer y escuchar, y de reñir y lidiar. Y a este proceso se le llama tradición.

La tradición es necesaria debido a que, como hemos visto en el capítulo anterior, el acto de interpretar es un aspecto inevitable de la existencia humana. La Biblia es una vasta colección de escritos unidos principalmente por la convicción de que Dios está obrando de manera activa para redimir a su creación caída. Y esto, como hemos visto, es una interpretación particular del mundo, de la vida y de todo lo que para el cristiano se considera inspirado por Dios. Pero no sólo es el caso que la Biblia ofrezca una interpretación del mundo, y de la existencia humana dentro de éste, sino que también está claro que la Biblia en sí misma siempre deberá ser interpretada por sus lectores. Los diversos libros bíblicos fueron escritos dentro de determinados contextos históricos pero esos mismos libros nosotros también los leemos dentro de *nuestro* contexto histórico específico. La Biblia se lee, entiende y aplica por personas que viven en lugares y épocas particulares, y que enfrentan dificultades y preguntas particulares. Es inevitable, por tanto, que las interpretaciones y aplicaciones de la Biblia varíen según las diferentes circunstancias históricas y sociales de una comunidad dada de creyentes. Esa continua relación dinámica entre la iglesia y su Biblia es, de nuevo, lo que entendemos por tradición, sobre todo cuando esa relación se transmite de una generación a otra.

Para contar bien la historia de Dios debemos reconocer el importante papel que juega la tradición tanto en nuestro escuchar como en nuestro relatar. Las tradiciones que nos rodean y nos nutren nos proporcionan el "lente" a través del cual leemos, entendemos y aplicamos la Biblia. La tradición no es sólo algo que heredamos como un cuerpo de interpretación de la Biblia históricamente acumulado sino que también es algo a lo que podemos contribuir a través de la predicación, la enseñanza, la oración, la adoración, la escritura, el testimonio y, sencillamente, la vivencia (si vivimos bien). La tradición que le ha dado forma a uno incluye los sermones escuchados, las lecciones regulares de escuela dominical recibidas, los libros y los comentarios bíblicos explorados, los pastores u otros líderes cristianos observados en los actos y las virtudes de la vida cotidiana, y hasta las ponencias de la clase de teología a las que tanto se les teme. Las tradiciones son la inevitable realidad de ser una criatura finita y limitada que vive en la historia y dentro de comunidades específicas, incluyendo no sólo las denominaciones religiosas sino también las dimensiones culturales, étnicas y políticas de la vida comunal. Nacemos dentro de tradiciones de fe y de idioma, y de pensamiento y práctica. No estamos absolutamente determinados por nuestras tradiciones pero sí estamos profundamente moldeados por ellas.

La fe cristiana es diversamente rica en su número de tradiciones históricas; es algo así como un caudaloso río con numerosos afluentes. Hay tres corrientes principales que alimentan ese río: el catolicismo romano, la ortodoxia (griega y rusa) y el protestantismo. Aunque tendremos oportunidad ocasional de hablar sobre los aspectos específicos de cada una de estas tres corrientes, la tradición cristiana particular que forma e informa el libro que el lector tiene en sus manos es un afluente de la corriente protestante. Hablamos de la tradición wesleyana, esa interpretación de la fe cristiana protestante derivada principalmente de las enseñanzas de Juan Wesley (1703-1791). Es esta tradición la que proporcionará nuestro "lente" para la lectura y el relato de la historia de Dios.

Juan Wesley y su hermano Carlos fueron dos de las figuras más visibles en el gran avivamiento de la fe cristiana evangélica en Inglaterra durante el siglo XVIII. Ambos nacieron en un hogar anglicano y permanecieron toda su vida en la Iglesia de Inglaterra (Anglicana) pero creían que estaban siendo guiados por Dios para sembrar la semilla de un movimiento religioso dentro

La tradición: transmitámosla

del anglicanismo. Los seguidores de ese movimiento fueron llamados metodistas, los cuales, decía Juan Wesley, estaban llamados a "diseminar la santidad bíblica por toda la tierra". De aquí que una contribución importante de la tradición wesleyana a la fe cristiana haya sido su preocupación por comprender y promover una doctrina de "santidad de corazón y vida". Siendo que esta es la tradición que proporciona la base para el presente libro, deberá resultar útil mirarla más de cerca.

Era importante para Wesley que esta "santidad bíblica" o "perfección cristiana" fuera en esencia una santidad que nos permitiera amar a Dios con todo nuestro ser y amar a nuestro prójimo como a nosotros mismos. Era una perfección "en amor" que tenía que ver, no con ideas abstractas o legalistas de una perfección absoluta, sino con la perfección relativa de las relaciones con Dios y con el prójimo, "perfeccionadas" por el amor. Wesley lo dijo de esta manera: "La perfección cristiana... es nada más y nada menos elevado que esto: el amor puro a Dios y al hombre, el amar a Dios con todo nuestro corazón y alma, y a nuestro prójimo como a nosotros mismos. Es el amor que rige el corazón y la vida, que corre a través de todos los temperamentos [es decir, de los hábitos de pensamiento y emoción], las palabras y las acciones. No pido más. No estoy interesado en ningún otro tipo de perfección o santidad".[1]

Wesley, por supuesto, no estaba diciendo nada nuevo; simplemente había redescubierto y estaba recalcando el corazón de las enseñanzas y los hechos de Jesús. Cada uno de los evangelios sinópticos (Mateo, Marcos y Lucas; *sin* = junto a; *óptico* = ver) relata en diferentes narrativas la importancia absoluta que Jesús adscribió a los mandamientos de Moisés de amar a Dios y amar al prójimo (Mateo 22:34-40; Marcos 12:28-34; Lucas 10:25-37; compárese con Deuteronomio 6:4-5 y Levítico 19:18, 34). Este doble mandamiento fue para Jesús el mayor de los mandamientos de Dios, la pieza clave de "toda la ley y los profetas" (Mateo 22:40), cuyo cumplimiento era la vida eterna. Esta es la perfección para la cual se crean los seres humanos: amar como Dios nos ha amado, amar como ama ese Dios a quien Wesley llamó "el gran océano del amor". Wesley sencillamente creyó que una vida tal era hecha posible gracias al poder energizante y transformador del amor de Dios por nosotros. Una vida así está arraigada en la confesión juanina de que "Dios es amor" (1 Juan 4:8, 16). Este testimonio de que "Dios es amor" proporcionará, de hecho, la llave para gran parte de lo que diremos acerca de Dios a lo largo de este libro.

La historia de Dios

Existen tres características específicas de la manera en que Wesley comprende la vida de amor a Dios y al prójimo, o santificación, que son cruciales para nuestra apreciación de la contribución hecha por la tradición wesleyana a la fe cristiana histórica.

En primer lugar, la santidad es práctica. Esto quiere decir que tiene que ver con las interacciones cotidianas que se viven y se respiran con los que nos rodean. Se preocupa de lo que somos como personas en relación con Dios y con los demás. Wesley, al comentar sobre 1 Juan 4:19, escribió: "'Nosotros amamos a Dios porque él nos amó primero', y no podemos conocer su amor por nosotros hasta que su Espíritu dé testimonio de ello a nuestro espíritu".[2] La santidad no es una cosa o un "eso", sino que es, en primer lugar, una relación en la que podemos permanecer, por gracia, ante Dios. El Nuevo Testamento convenció a Wesley de que la gran demostración de amor de Dios se había producido en un evento histórico en particular, aquel evento en el que "cuando todavía éramos pecadores, Cristo murió por nosotros" (Romanos 5:8). Al mismo tiempo, sostenía Wesley, no es suficiente creer en los eventos de la muerte y la resurrección de Cristo o siquiera creer que Él nos ama; necesitamos el Espíritu Santo de Dios en presencia y poder para imprimir en nuestros corazones y mentes la realidad de ese amor sacrificial. Como veremos más claramente en el capítulo 4, a Wesley lo moldeó profundamente la enseñanza del apóstol Pablo de que el creyente cristiano puede experimentar que, "El Espíritu mismo le asegura a nuestro espíritu que somos hijos de Dios" (8:16).

Por consiguiente, la tradición wesleyana siguiendo a Wesley no como a un gurú sino como a un guía, ha puesto gran énfasis en la experiencia del Espíritu Santo. Una de las ironías peligrosas de la tradición es que, con demasiada frecuencia, se convierte en una forma de vivir y de pensar que simplemente es heredada y transmitida sin la suficiente convicción, compromiso o experiencia personal. Sin embargo, inherente dentro de una tradición verdaderamente wesleyana, siempre estará ese componente de inquietud concerniente a la mentalidad del statu quo. Generalmente, los movimientos religiosos vitales y nuevos con el tiempo se enfrían y terminan endureciéndose como instituciones inflexibles. Y aunque las denominaciones dentro de la tradición wesleyana no sean de ninguna manera inmunes a este proceso de endurecimiento, siempre llevan dentro de sí por lo menos la posibilidad de irrumpir en una nueva apertura a la presencia transformadora de Dios. "¿Cómo sabemos que él permanece en nosotros? Por el Espíritu que nos

La tradición: transmitámosla

dio" (1 Juan 3:24). Por supuesto que este versículo está en la Biblia de todo cristiano, independientemente de su denominación o tradición, pero la tradición wesleyana se ha caracterizado por la peculiar orientación de que tal conciencia de la presencia de Dios en la vida humana ha de esperarse constantemente y ha de experimentarse realmente.

En segundo lugar, la santidad es amar. Como ya se ha mencionado, la visión de Wesley de lo que podría ser la existencia humana se sustentaba en la sencilla declaración bíblica de que "Dios es amor" (1 Juan 4:8, 16). Su hermano Carlos lo captó bien en su himno, "Oh, tú, viajero extraño, ven", una pieza poética de teología narrativa derivada de la historia bíblica en donde Jacob luchó durante la noche con Dios:

> *Amor, tu nombre es sólo Amor:*
> *calladamente percibí*
> *tu voz diciendo al corazón:*
> *«Mi vida entera di por ti».*
> *Las sombras huyen, brilla el sol:*
> *tu nombre, oh Dios, es santo Amor.*

En consonancia con esto, para los hermanos Wesley no había un más elevado objetivo humano que el ser bañado, inmerso, bautizado en ese amor que es Dios. Ser llenos del amor de Dios significaba que no había lugar para los hábitos, la mente o la conducta pecaminosos, siendo el pecado esencialmente el desamor, la falta de amor a Dios y a los demás.

No es casualidad, entonces, que Mildred Bangs Wynkoop, quien está entre los teólogos de mayor peso en la relativamente breve historia de la Iglesia del Nazareno, le llamara a su libro sobre el pensamiento wesleyano, *Una Teología del Amor,* que es verdaderamente lo que enseñó Wesley. No sólo es Dios "el gran océano de amor", sino que también, dijo Wesley, somos creados sencillamente "para existir y amar". La perfección a la que Dios nos llama es precisamente una perfección en amor (1 Juan 4:18). Si el Dios que es amor nos creó para amarlo y amar a los demás, entonces somos perfectos cuando amamos; ya que, al amar estamos siendo y haciendo lo que se quiso que fuéramos e hiciéramos cuando fuimos creados. Este amor se manifiesta en una preocupación práctica por las necesidades espirituales, físicas y emocionales de los demás, una preocupación que caracterizó profundamente a Juan Wesley durante toda su vida.

La historia de Dios

En tercer lugar, la santidad es expansiva. Con esto me refiero a que la tradición wesleyana, con un amor ardiendo en su centro por Dios y por los demás, implica aceptación y apertura hacia las diferentes tradiciones dentro de la fe cristiana. La santidad no era para Wesley una forma de vida estrecha y restrictiva que alentara complejo de superioridad alguno. La santidad no es ser "santurrones".

La visión de Wesley del amor universal de Dios fue lo que lo llevó a reclamar todo el mundo como su parroquia. ¡Wesley no era un sectario de mente estrecha que pensaba que él y sus metodistas tenían la verdad o el amor completamente acaparados! De hecho, en uno de sus sermones más famosos titulado, "El espíritu católico", él buscó un terreno común con los creyentes cristianos cuyas opiniones y prácticas de culto eran diferentes a las suyas, y lo encontró en el amor a Dios y al prójimo.

> "¿Es recto tu corazón, como el mío es recto con el tuyo? … Pues que lo es, dame la mano" (2 Reyes 10:15 [RV60]). No digo, "Comparte mi opinión". No es necesario. No lo espero ni lo deseo. Tampoco quiero decir, "Compartiré tu opinión". No puedo hacerlo; no depende de mí. No puedo pensar como me parezca, como tampoco puedo ver o escuchar como me parezca. Mantén tu opinión; y yo la mía, y más firmemente que nunca. … Deja todas las opiniones a un lado u otro: sólo, "dame la mano". … "Si tu corazón es como mi corazón", si amas a Dios y a toda la humanidad, no pido más: "Dame la mano". … [y] ámame con muy tierno afecto, como un amigo que es más cercano que un hermano, como un hermano en Cristo.[3]

Fue tal el espíritu católico o universal de Wesley, al que llamó espíritu de amor, que de hecho, informaba con gran placer en su diario cuando los católicos romanos asistían a los servicios metodistas de predicación. Su contribución más notable a un espíritu ecuménico en teología es su tratado de 1750, *Una carta a un católico romano,* en la cual se alude a temas conocidos:

> ¿Te aprueba como hijo de tu Padre que está en el cielo tu tierno amor por todos los hombres, y no sólo por los buenos sino también por los malos e ingratos? … Esto y sólo esto es la religión antigua. Este es el verdadero cristianismo primitivo. Oh, ¿cuándo él se extenderá sobre toda la tierra? ¿Cuándo se hallará tanto en nosotros como en ti? …

La tradición: transmitámosla

Oh hermano, que no nos salgamos del camino. Espero verte en el cielo. Y si practico la religión arriba descrita, no te atrevas a decir que yo iré al infierno. No puedes pensar así. Nadie puede persuadirte de hacerlo. ... Luego, si todavía no podemos pensar igual en todas las cosas, por lo menos podemos amar igual. No hay posibilidad de que erremos en eso. Hay un punto sobre el que nadie en ningún momento puede tener dudas: Dios es amor. El que permanece en amor, permanece en Dios, y Dios en él *(1 Juan 4:16).*[4]

La forma, pues, de Wesley de comprender la santidad, alienta una fe cristiana católica o universal antes que estrecha y exclusivista en su actitud hacia otras tradiciones. La tradición wesleyana en su máxima expresión está profundamente abierta a aprender y beneficiarse de otros, y a compartir sus ideas y acentos particulares con otros. Históricamente, y sociológicamente, la tendencia (¿la tentación?) de las tradiciones religiosas ha sido a aislarse dentro del manto de su propia justicia o superioridad. En cambio, la tradición wesleyana posee, y debería cultivar, una incrustada y amplia apertura a otras tradiciones cristianas. La catolicidad caracteriza la tradición wesleyana de santidad en su máxima expresión. Esto tendrá implicaciones importantes para nosotros a medida que continuemos en este libro de teología wesleyana cimentada en la narrativa bíblica puesto que significará que, precisamente por ser wesleyana, estará abierta a escuchar y aprender de las voces de otras tradiciones teológicas.

La razón: pensémoslo cuidadosamente

Hemos estado considerando los roles profundamente entrelazados de la Biblia y la tradición en la tarea de la teología, esa tarea de cuidadosa reflexión sobre la historia de Dios. Pero simplemente al considerar cualquier cosa, desde luego que ya estamos incluyendo un tercer factor: la capacidad humana para pensar, para reflexionar, para razonar. Mi habilidad para escribir esta oración, y la suya para leerla, es en sí mismo un ejemplo básico de la razón en acción.

Juan Wesley vivió en una época y cultura (la de la Europa occidental del siglo XVIII) que destacaba, y hasta celebraba la razón humana. Wesley compartía con sus contemporáneos la confianza en nuestra capacidad para usar nuestras cabezas; lo cual es, por consiguiente, una dimensión importante de la tradición teológica wesleyana. Todos nosotros deseamos dar sentido a nuestras vidas, experiencias y creencias, y este deseo dirige nuestras habilidades de razonamiento.

Nuestra capacidad de dudar también es una función de la razón. Ya hemos visto que la historia de Dios, según la cuenta la Biblia, implica una interpretación particular de los acontecimientos en esa historia, y que estos, de por sí, están abiertos a lecturas alternativas. La inevitable posibilidad de ver las cosas de manera diferente, de creer lo contrario, significa que, incluso el cristiano más profundamente comprometido, puede abrigar dudas. Los teólogos generalmente han sido sensibles a la posibilidad de la duda (demasiado sensibles, según algunos) y por lo tanto, a lo largo de los siglos, han intentado utilizar la capacidad de razonamiento para establecer racionalmente razones justificables para creer en el Dios narrado en la historia bíblica.

La historia de Dios

Estos intentos, llamados tradicionalmente pruebas de la existencia de Dios, no siempre han sido bien recibidos incluso por otros creyentes. Para algunos es suficiente que se tenga la historia de Dios, sin que se pueda ir más allá de la simple fe en Él como el personaje principal. Después de todo, añaden, la Biblia parece simplemente asumir la realidad de Dios, con poca o ninguna preocupación por establecer esa suposición sobre bases racionales. Otros han criticado que argumentar en favor de la realidad de Dios aparte de la apelación al poder de la historia de Dios es invocar una anémica deidad filosófica que tiene poca o ninguna semejanza con nuestro personaje principal. "El Dios de Abraham, el Dios de Isaac y el Dios de Jacob, y no el de los filósofos y los eruditos", escribió el famoso matemático Blaise Pascal (1623-1662), y son muchos los que han hecho eco de sus sentimientos.

Hay mucho que encomiarle a esta sospecha de los intentos de la razón por alcanzar a Dios. Wesley mismo escribió en su sermón titulado, "El Pecado Original", que incluso si llegáramos a una noción general de un creador a través de nuestras observaciones del mundo natural, "por ninguna de ellas podríamos alcanzar el conocimiento de Dios. No podríamos percibirlo por nuestro entendimiento natural más de lo que podríamos verlo con nuestros ojos". Wesley procedió a citar la convicción del Nuevo Testamento de que Jesucristo es la clara y resuelta revelación de Dios para los seres humanos y además insistió en que "Dios cura todo nuestro ateísmo por medio del conocimiento de Él mismo y de Jesucristo, a quien Él ha enviado, cuando nos da la fe, esa prueba y convicción divina de Dios y de las cosas de Dios, y en particular de esta importante verdad: Cristo me amó y se entregó por mí".[1]

Por otro lado, aunque la Biblia no ofrece argumentos racionales para la fe, hay pistas ocasionales en ella de que puede ser humanamente posible y permisible hacerlo. La declaración del salmista de que, "Los cielos cuentan la gloria de Dios, el firmamento proclama la obra de sus manos" (19:1), sin duda apela a glorias de la naturaleza que brindan testimonio sobre la realidad de Dios. El apóstol Pablo declara aún más explícitamente que "desde la creación del mundo las cualidades invisibles de Dios, es decir, su eterno poder y su naturaleza divina, se perciben claramente a través de lo que él creó" (Romanos 1:20). Pasajes como éstos son a menudo citados como proporcionando apoyo bíblico para la creencia en una revelación general; es decir, que Dios, el creador y sustentador de todo el mundo, da a propósito

La razón: pensémoslo cuidadosamente

señales o evidencias de la realidad, presencia y poder divinos en la creación, haciéndolas accesibles a cualquier persona que les preste atención seria.

Ciertamente tales pasajes, y otros similares, apuntan a la posibilidad de encontrar susurros de Dios en la creación. Pero también debe tenerse en cuenta que esos dos autores bíblicos escribieron desde el interior de la perspectiva de la historia de Israel como pueblo escogido de Dios, que fue redimido para un llamado específico en el mundo. Esa historia de Israel, incluyendo la venida del Hijo fiel, ofrece el lugar para lo que se llama revelación especial. Dada esa historia de Dios con Israel, e Israel con Dios, el mundo natural ya tenía para los escritores bíblicos como David y Pablo los acentos de la presencia del Redentor. Sus palabras, pues, nos animan a explorar la posibilidad de ofrecer una justificación racional para la fe en el Dios de la historia bíblica aún cuando lo hagamos con precaución. Con ello los escritores bíblicos nos recuerdan que los seres humanos son criaturas pensantes y pensar rigurosa e intencionalmente sobre lo que se toma generalmente por fe, nunca es una mala idea.

Los argumentos en favor de la existencia de Dios que debemos explorar brevemente en este capítulo son ejemplos clásicos de un tipo de pensamiento acerca de Dios llamado teología natural, debido a que aquellos que los emplean se comprometen a limitar sus reflexiones al mundo de la naturaleza alrededor y dentro de nosotros. La teología natural, por definición, no recurre a la Biblia para proporcionar evidencias de la existencia de Dios. Como ya hemos sugerido, este estilo de pensar a menudo se encuentra en tensión con la teología revelada, la cual es el discurso sobre y hacia Dios que comienza con el testimonio de la Biblia. En pocas palabras,

la revelación general	**es a**	**la teología natural**
(la existencia de Dios revelada en la creación)		(el discurso humano acerca de ese Dios)
	lo que	
la revelación especial	**es a**	**la teología dogmática**
(el carácter de Dios revelado en los actos históricos de la Biblia)		(el discurso humano acerca de las obras salvíficas de ese Dios)

Se ha puesto a menudo una tajante brecha entre la teología dogmática y la natural. Pero si creemos que el Dios a quien la Biblia atestigua es, sin duda, el creador de nuestro cerebro, entonces tal vez encontremos que es posible honrar a Dios utilizando esos cerebros para pensar rigurosamente sobre el mundo en que vivimos e indagar en qué medida, si hay alguna, este mundo nos apunta al Creador. Quizá de esta manera podríamos estar abiertos a las posibilidades de ambos estilos de pensamiento. El gran teólogo católico Tomás de Aquino (1225-1274) proporciona un ejemplo convincente de esa clase de combinación. Aquino es bien conocido por haber formulado "cinco vías" de argumentar racionalmente en favor de la existencia de Dios basados en observaciones empíricas del mundo en que vivimos aún cuando precediera todos sus argumentos racionales con la proclamación de, "Cristo, quien como hombre, es nuestro camino a Dios". Según el teólogo contemporáneo Steve Long, "Aquino nunca pierde de vista este punto [principal], ni siquiera cuando nos da las 'cinco vías' hacia Dios. Todas ellas son sólo y finalmente inteligibles a la luz del 'camino' que es Cristo".[2]

El primer argumento para la existencia de Dios, tanto por ser el más básico como por ser probablemente el más antiguo, remontándose por lo menos al filósofo griego Platón, es el argumento cosmológico (del griego, *kósmos* = mundo, universo). Existen diversas variaciones de este argumento pero su esencia reside en el sentido de asombro por el hecho de que haya algo, ¡cualquier cosa! ¿De dónde viene el universo? ¿Por qué existe y persiste? Los científicos contemporáneos ofrecen teorías sobre lo que ellos llaman un "gran estallido" ocurrido hace casi 14 billones de años, pero la pregunta cosmológica es ésta: si realmente nuestro universo comenzó con un "gran estallido", ¿por qué hubo un "gran estallido"? ¿De dónde salió? ¿Qué lo siguió o lo antecedió? Si ese "estallido" se originó con una masa de hidrógeno tan densa que desafíe nuestra imaginación más extrema, ¿de dónde vino esa cosa que llamamos "hidrógeno"? ¿Por qué andaba por ahí? ¿Es satisfactorio responder simplemente: "Estaba ahí"? La mente humana espera y busca las causas de cada efecto, y el efecto bajo consideración aquí no es simplemente este planeta o sus criaturas, o ni siquiera esa bola original de hidrógeno, sino la "cualidad de ser" básica del universo mismo. El argumento cosmológico comienza con el asombro del ser.

Martín Heidegger, filósofo alemán del siglo XX, plantea la cuestión de esta manera: "¿Por qué hay absolutamente algo, en lugar de nada?" Paul Tillich, su colega en la Facultad de Teología de la Universidad de Marburg, creía que esa vieja pregunta de los filósofos era la más básica, la más profundamente indagadora de todas. En cierto sentido le subyace a todas las otras preguntas. Puede ser casi imposible imaginar un vacío absoluto, nada en

La razón: pensémoslo cuidadosamente

absoluto; antes, en la medida en que podamos, el argumento cosmológico nos insta a preguntarnos por qué tal vacío no es el caso. Nos pide que no simplemente nos preguntemos, "¿Por qué estoy aquí?" sino "¿Por qué hay algo en dondequiera que sea? ¿Por qué planetas y estrellas y neutrones, y por qué hipopótamos, cuásares, pantanos y lo que sea?"

Recordemos que esto es un argumento a favor de la existencia de Dios. Por lo tanto, el argumento señala que debe haber una causa suficiente que dé cuenta del universo y a esa causa le llamamos "Dios". ¿Por qué hay algo? Porque hay un creador de todo.

Algunos críticos han invertido la lógica del argumento en contra de su conclusión diciendo que si todo lo demás debe tener una causa y si nuestras mentes constantemente buscan una causa final en la que puedan descansar, entonces debemos preguntarnos también acerca de una causa para Dios. Puede que sonriamos ante esa acostumbrada pregunta de los niños de, "Mami, ¿quién hizo a Dios?", pero la suposición de causa y efecto del argumento cosmológico podría parecer requerir una respuesta. ¿Por qué detener el proceso en algún punto conveniente, y tal vez arbitrario, llamado "Dios"?

La respuesta sencillamente reside en la comprensión de la lógica de la palabra *Dios*. Por definición, en las tradiciones teístas (judaísmo, cristianismo, islamismo) se entiende esa palabra como el Uno auto existente, increado, sin causa. No podemos preguntar, "¿Quién hizo a Dios?" porque entonces ya no estaríamos hablando de Dios. Tal vez aquí reconozcamos nuestra dependencia, en última instancia, del testimonio con el que abre la Biblia: "Dios, en el principio...". Cuando decimos "Dios", no podemos asumir una realidad anterior, alguna causa primaria que opere para lograr el ser de Dios. Si Dios fuera traído a la existencia por algún otro poder, ese dios (por así decirlo) por definición no sería lo que nosotros entendemos por "Dios". Repetimos, puede que los críticos vean esto como una respuesta arbitraria pero el punto del argumento cosmológico no es tanto demostrar algo, ¡definitivamente no la existencia de Dios!, sino demostrar qué es lo que queremos decir con la palabra *Dios* en relación con el universo como lo conocemos. Tal vez a estas alturas de la argumentación lo que podríamos decir es que Dios es el nombre de lo que sea la causa primaria de la realidad, la primera fuente original del ser, la razón fundamental para el ser del ser.

El segundo argumento para la existencia de Dios, relacionado con el primero, es el argumento teleológico (del griego, *télos* = fin, objetivo).

La historia de Dios

Mientras que el argumento cosmológico encuentra su sentido de maravilla en el hecho de que sencillamente haya algo, el argumento teleológico apunta a la evidencia de orden, armonía, complejidad y belleza en el mundo que observamos. Esto podría incluir todo, desde un increíble atardecer hasta una madre que amamanta a su hijo, desde la simbiótica relación oxígeno-bióxido de carbono entre las plantas y los animales hasta la complejidad del cerebro humano, desde la aparentemente perfecta relación espacial de la tierra con el sol hasta la colonia de hormigas en nuestro jardín.

En la física contemporánea, este argumento ha sido rejuvenecido en la forma del "principio antrópico" (del griego, *ánthropos* = humano). Este principio se deriva de una larga e impresionante lista de características de nuestro universo que juntas hacen posible una vida como la nuestra. Por ejemplo, los astrónomos nos dicen que las condiciones iniciales de nuestro universo estaban precisamente sintonizadas para producir las galaxias y las estrellas. De haber habido la más mínima variación en esas condiciones, el universo temprano se habría colapsado sobre sí mismo o bien habría explotado demasiado rápido para que las estrellas se formaran. Las estrellas, a su vez, son las fábricas productoras de carbón del universo, siendo el carbón uno de los elementos necesarios para la vida. Otro ejemplo: en el nivel subatómico, la carga de los protones y electrones coincide de forma exacta; lo cual es sorprendente, puesto que estas partículas son notablemente diferentes en prácticamente todos los otros aspectos, ¡Pero también es algo extremadamente bueno, ya que su correspondencia es necesaria para la existencia! Por otro lado, el neutrón es sólo una fracción de un uno por ciento más pesado que el protón pero si el protón fuera en lo más mínimo más pesado que el neutrón, la fusión nuclear correría desenfrenadamente destruyendo el universo que conocemos.[3] Estos y muchos otros factores han llevado a los científicos, que de otra manera no serían religiosos, a especular sobre la presencia de una mente con propósito operando en el cosmos.

En su forma más tradicional, este argumento se expresó con mayor vigor como una de las "cinco vías" formuladas por Aquino. Aquino argumentó (sin los beneficios de la física y la astronomía modernas) que el orden y diseño observables en nuestro mundo denotan a uno que ordena y diseña, una mente lo suficientemente compleja para formular objetivos y llevarlos a cabo. Porque, en realidad, ¿cuál sería la alternativa? Que el orden que percibimos ha surgido por accidente y por casualidad; lo que finalmente dejaría el orden con paradero desconocido.

La razón: pensémoslo cuidadosamente

Este último punto, arraigado en el deseo humano de entender y explicar el mundo a nuestro derredor es en sí una variante particular del argumento teleológico. El ser humano es una criatura que se asombra, que constantemente hace preguntas en búsqueda de un propósito: "¿De dónde vengo? ¿Por qué estoy aquí? ¿A dónde voy?" Estas preguntas revelan una mente que continuamente indaga sobre motivos y los motivos sugieren racionalidad, orden, diseño. Reconocer las capacidades indagadoras del cerebro humano es volver a enfrentarse a un par de alternativas: nosotros los humanos (complejos interrogadores como somos) o hemos surgido por factores puramente naturalistas, o lo hemos hecho por la operación de una mente cósmica inmensamente poderosa. Y si la primera opción es la correcta, entonces los seres humanos somos, a fin de cuentas, una tragedia profundamente absurda, puesto que buscamos un significado donde en última instancia no lo hay. Innegablemente, no es imposible que este sea el caso pero parece que a los convencidos por el argumento teleológico les es mucho más probable que el orden y el diseño que la mente humana busca y descubre, se haga presente porque hay uno que ordena y diseña que también es la causa de todo.

Este primer par de argumentos tradicionales para la existencia de Dios, el cosmológico y el teleológico, tienden a centrarse en el mundo de la naturaleza que nos rodea. El segundo par que sigue, por el contrario, tiende a derivar del pensamiento y la experiencia específicamente humanos. Ambos son, sin embargo, ejemplos adicionales de la teología natural.

El siguiente argumento que debemos explorar es el que probablemente ha inspirado la mayor fascinación a lo largo de los siglos, incluso en aquellos que finalmente lo han rechazado. El argumento ontológico (del griego, *ontos* = ser) se asocia más expeditamente con Anselmo (1033-1109), uno de los grandes teólogos de la iglesia medieval, aunque el argumento, en una forma similar, había sido ofrecido mucho antes por Agustín (354-430). Intentemos seguir su sutil senda.

La meditación de Anselmo sobre la existencia de Dios comienza con una cita de los Salmos: "Dice el necio en su corazón: 'No hay Dios'" (14:1; 53:1). Para Anselmo, hay una razón simple y obvia para que el ateo sea un tonto: todo está ceñido a lo que nosotros entendamos por la palabra *Dios*. Dios es "un ser mayor que lo cual nada puede pensarse".[4] Anselmo escribe que incluso el ateo, quien niega la existencia de Dios, está de acuerdo con que la palabra *Dios* se defina como el mayor ser concebible. Pero, pregunta

La historia de Dios

Anselmo, ¿cuál es mayor, un ser que sólo exista en mi mente, o un ser que exista más allá de mi mente, en una realidad externa? ¿Cuál es mayor, un ser perfecto que me imagino que existe, o un ser perfecto que verdaderamente exista en la realidad? Y de hecho, ¿no tendría un ser perfecto que existir a fin de ser realmente perfecto? Estas son las palabras de Anselmo: "Si aquello, mayor que lo cual no puede pensarse nada, está en el entendimiento únicamente, aquello mismo, mayor que lo cual nada puede ser pensado, será algo mayor que lo cual es posible pensar algo".[5]

Esta, entonces, es la razón de porqué el ateo es un necio, según Anselmo: él o ella niegan la existencia del ser que, por definición, debe ser, ya que Dios es ser perfecto. La idea misma de Dios exige la existencia de Dios.

Recuerdo la clase de teología en la que intentábamos entender este argumento simple, aunque sofisticado y resbaladizo en favor de la realidad de Dios como el ser perfecto. Raquel, con brillo en los ojos, levantó desafiante la mano. Cuando le cedí la palabra, su abrupto desafío fue, "¡Yo también puedo imaginarme al hombre perfecto pero eso no quiere decir que en realidad exista!" Fue una respuesta sugestiva, si no hubiera otra razón, al menos porque era similar a la de un monje erudito llamado Gaunilo, contemporáneo de Anselmo. Es cierto que Gaunilo no elevó su protesta con el ejemplo de un "hombre perfecto", sin embargo usó la idea de una "isla perfecta". Simplemente tener la idea de una isla perfecta en su entendimiento, decía Gaunilo (tal vez se encontraba en extrema necesidad de unas vacaciones) no requiere la existencia de dicha isla.

Por supuesto, tanto Raquel como Gaunilo estaban en lo correcto en cuanto a sus ejemplos se refiere, pero la respuesta de Anselmo cubre bien las dos objeciones: el tema de conversación en este caso no es acerca de cosas finitas como chicos, islas, automóviles (¿se imagina usted el auto perfecto?), montañas o sabores de helado; estos son, todos ellos, objetos que se pueden agrupar dentro de clases más grandes. Son objetos contingentes, es decir, no necesitan ser. Este argumento no trata de objetos finitos como islas o coches. No trata de una "isla perfecta" entre un montón de otras islas, sino de un ser perfecto; y mientras que una isla que uno se imagine ser perfecta puede o no existir, el ser perfecto debe ser, o no es perfecto.

Anselmo revela una pizca de sentido de humor en su respuesta:

> Usted dice... que [la lógica de mi argumento] es como si alguien afirmara que no puede dudarse que una cierta isla en el océano (que

La razón: pensémoslo cuidadosamente

es más fértil que todas las otras tierras y que, debido a la dificultad, o incluso, a la imposibilidad de descubrir lo que no existe, se le llama "La isla perdida") verdaderamente exista en la realidad, puesto que cualquiera puede fácilmente entenderlo cuando se le describe con palabras. Ahora, realmente prometo que si alguien descubriera algo existente en la realidad o en la mente sola, excepto "un algo mayor que lo cual nada pueda pensarse" al cual se aplicaría la lógica de mi argumento, entonces encontraré esa isla perdida y se la daré a esa persona para que nunca más se pierda.⁶

Dios, entonces, es un caso absolutamente único, precisamente porque entendemos por la palabra *Dios* aquello que debe necesariamente ser. Puede sonar como un argumento circular, y de hecho es probable que lo sea. Pero quizá el problema radique en pensar en el "argumento" de Anselmo como un argumento. Un considerable número de eruditos sostienen que lo que Anselmo ofrece no es realmente un argumento racionalista per se, sino algo más parecido a una meditación extendida sobre el misterio del nombre divino que trasciende todos los esfuerzos de la razón humana. ¡El hecho de que el "argumento" entero esté escrito en forma de una oración sugiere que puede haber alguna validez en esta interpretación! Por último, y a fin de dirigir esta discusión hacia el marco de la teología narrativa, podríamos interpretar el argumento ontológico como el intento de Anselmo de ofrecer un ejercicio teológico sobre aquellas palabras que oyó Moisés desde la zarza ardiente de: *"Yo soy el que soy"* (Éxodo 3:14, cursivas añadidas por el autor).

El cuarto y último argumento que nos encontramos es el del filósofo alemán Emanuel Kant (1724-1804), un campeón de la Iluminación. Kant, cuyos intereses primarios estaban en la ética y la moral, rechazó los tres argumentos anteriores como una imaginación de la razón especulativa. Los argumentos cosmológico y teleológico, replicó, van mucho más allá de la evidencia. Un mundo finito como el nuestro no puede proporcionar evidencia de aquello que por necesidad lo trasciende (que existe enteramente más allá de éste). En cuanto al argumento ontológico, Kant simplemente preguntó si acaso se podía demostrar que haya algo que responda a la descripción de Anselmo de "un algo mayor que lo cual nada puede pensarse". Kant pensaba que no, aunque tenía su propio y único argumento para la existencia de Dios basado en lo que él llamó "la razón práctica", o el razonamiento que tiene sus raíces en la experiencia moral humana.

La historia de Dios

Kant, fiel a sus intereses más profundos en la moralidad humana, comenzó su argumento con la observación de la universalidad de la conciencia humana. Él no creía que la conciencia de todos dictara el mismo acto como bueno o malo para todos, sino sólo que cada persona tenía algún concepto del bien y del mal. Además argumentaba que nuestra conciencia nos aplaude cuando actuamos según sus dictados pero nos condena cuando actuamos de manera contraria.

Desde este cimiento relativamente sencillo, Kant propuso sus "tres postulados de la razón práctica". En primer lugar, debe haber libertad para la voluntad humana, de lo contrario la conciencia sería una farsa; no podríamos ser condenados cuando actuáramos equivocadamente a menos que hubiéramos podido hacer lo contrario. Asimismo, cuando actuamos según la conciencia sería el peor autoengaño sentirnos bien acerca de tal acto si en realidad no hubiéramos sido libres para hacer otra cosa. En segundo lugar, debe haber una inmortalidad humana. Nuestra conciencia exige justicia en el sentido de recompensa por el bien y castigo por el mal pero en esta vida a menudo encontramos que esas demandas son terriblemente frustradas. Por ejemplo, ¿quién no sentiría que la muerte por sus propias manos en un búnker debajo de Berlín, fuera simplemente un fin demasiado bueno para Adolfo Hitler? ¿Y qué de toda la gente inocente y buena que sufrió indeciblemente por causa de él? ¿No merecía esa gente algo mejor? Por lo tanto, la razón práctica postulará otro mundo más allá del nuestro en el que la virtud moral y la felicidad se abracen. En tercer lugar, debe haber un Dios, decía Kant, puesto que sólo un ser como el que hemos llamado "Dios" podría proporcionar la garantía de nuestra inmortalidad y también la de una justicia perfecta. Dios es el ordenante y garante moral.

Claro está, ninguno de los cuatro argumentos anteriores demuestra en sí la realidad de Dios, ¡y gracias a Dios que no lo hacen! Cualquier Dios que pudiera ser "demostrado", cualquier Dios que viviera en la conclusión de un silogismo lógico, sería una deidad verdaderamente poco impresionante. Además, si la realidad de Dios pudiera probársele a alguien más allá de toda duda, como con la evidencia indiscutible de un experimento de laboratorio, no habría lugar para la duda y por lo tanto no habría lugar para la fe, ni lugar para la lucha, ni para el crecimiento del agente humano y de la responsabilidad. Ello tampoco dejaría lugar para nosotros, ni para una verdadera relación con Dios. Siendo las cosas como son, vivimos "por fe, no por vista" (2 Corintios 5:7). Y si es el caso que Dios respeta y alienta nuestro

La razón: pensémoslo cuidadosamente

sentido de agentes morales, y del crecimiento en carácter, entonces vivir por fe es altamente preferible.

En el relato bíblico, la creencia de que Dios existe (o mejor) la fe en Dios, no es sólo un asunto de intelecto y razonamiento, aun cuando ninguna de las dos cosas sea menospreciada. Sino que el "conocimiento de Dios", como la Biblia lo expresa, implica un reclamo sobre toda nuestra vida, una motivación para nuestra existencia entera en todas sus dimensiones. Venir al conocimiento de Dios es asunto de responder al Dios que se encuentra en la historia de Dios, y de arriesgar nuestras vidas para formar parte de esa historia. Una respuesta así no puede ser generada por las pruebas teóricas; deberá ser arriesgada y recompensada en el trabajo y sudor de la vida humana cotidiana, a la luz del evangelio. Recordemos lo que Jesús dijo a los que dudaban de su misión: "Mi enseñanza no es mía… sino del que me envió. El que esté dispuesto a hacer la voluntad de Dios reconocerá si mi enseñanza proviene de Dios o si yo hablo por mi propia cuenta" (Juan 7:16-17). O, en palabras del teólogo Heinrich Ott:

> El que alguien esté seguro de la existencia de Dios, y de su realidad, no tiene que ver con una certeza teórica que pueda ser comprobada por la demostración. Tiene que ver con una certeza práctica que implica un compromiso personal. La certeza de una prueba consiste en poder considerar cierto asunto como más o menos resuelto, estando de una vez y por todas convencido de ello. Por el contrario, la certeza de la fe significa una espera renovada y confiada en Dios que implica comprender, orientar y ajustar la vida conforme a esa certeza.[7]

Los argumentos introducidos en este capítulo han proporcionado a lo largo de los siglos una medida de apoyo o justificación a las personas que ya son creyentes y sin duda han ayudado a inspirar a otros a acercarse más a la fe. No obstante, ninguno de los argumentos prueba exactamente nada, aunque en su conjunto posean una fuerza acumulativa para el teísta (el creyente en Dios, del griego, *théos* = Dios) que se interesa en reunir argumentos racionales para afianzar su propia creencia, o para ofrecerle pruebas al incrédulo. Finalmente, sépase que ninguna pieza de evidencia racional podrá eliminar el riesgo de la fe y la obediencia al Dios cuya historia cuenta la Biblia.

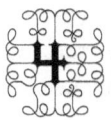

La experiencia: entremos de corazón en la historia de Dios

Hemos hablado de la Biblia como el libro que cuenta la historia de Dios, el recurso principal para la teología, el inspirado testimonio de las actividades salvadoras de Dios en la historia de Israel, y particularmente en Jesucristo. Pero la interpretación global específica de la historia y significado de nuestro mundo que la Biblia ofrece puede ser disputada, y de hecho a menudo lo es. Además, la Biblia misma puede ser interpretada de diferentes maneras y regularmente lo es. Esto apunta a la realidad y necesidad de las tradiciones como cuerpos históricamente acumulados de interpretar y vivir la Biblia, las cuales se transmiten de una generación a la siguiente. Sin embargo, la naturaleza misma de las tradiciones es que existan en contradicción, o por lo menos en tensión, las unas con las otras. Por ejemplo, hay diferencias muy concretas en creencia y práctica entre el típico protestante, y el católico romano típico. Y también produce resultados ambiguos la manera de razonar que empleamos en la interpretación de la historia de Dios en el intento de hacer sentido de nuestras vidas dentro de la estructura de esa historia. Los mismos procesos del pensamiento humano que pueden ayudar a establecer buenas razones para una interpretación protestante pueden ayudar igualmente para una interpretación católica. Mucho depende de los supuestos con los que uno comience, ¡supuestos que a menudo son heredados de las tradiciones que nos nutren! Tan es así que, como hemos visto, las mismas habilidades de razonamiento humano que pueden proporcionar buenas razones para la fe, también pueden levantar profundas dudas sobre la fe. No es extraño, pues, que numerosos cristianos hayan buscado una manera de salir de este callejón de ambigüedad apelando a la experiencia personal.

Es, ciertamente, uno de los sellos de la tradición teológica wesleyana hacer ese llamado a la experiencia. En la época de Juan Wesley, la mayoría de los teólogos anglicanos hablaban de la Biblia como la fuente primaria y autorizada para la fe y la práctica cristianas pero a la vez reconocían el importante papel de apoyo de la tradición y la razón. Sin embargo, Wesley va a añadir el papel de la experiencia como una manera de confirmar las afirmaciones teológicas. Siguiendo las premisas del eminente teólogo metodista Albert Outler (1908-1989), los cristianos de la tradición wesleyana regularmente recurren a la cuadrilátera wesleyana de la Biblia, la tradición, la razón y la experiencia como necesaria para escuchar y contar la historia de Dios.

El reconocimiento de Wesley del papel de la experiencia surgió, al parecer, tanto de su propia historia como de la historia bíblica. Como joven estudiante de teología y clérigo anglicano, luchó con las preguntas intensamente inquietantes de la autoridad y la certeza religiosas. ¿Cómo podría él saber que era salvo? Es más, ¿cómo podría saber que el Dios y la salvación de la fe cristiana eran reales? Wesley era perseguido por estas palabras pronunciadas por su padre Samuel en su lecho de muerte: "El testimonio interno, esa... es la mejor prueba del cristianismo". No mucho tiempo después, el joven Wesley sería desafiado por las preguntas incisivas de un cristiano moravo llamado Augusto Spangenberg: "¿Tienes el testimonio dentro de ti? ¿Da testimonio el Espíritu de Dios a tu espíritu de que eres un hijo de Dios? ... ¿Conoces a Jesucristo? ... ¿Te conoces a ti mismo?"[1]

Pero preguntas como esas sólo lograban hacer miserable a Juan Wesley. Y su situación se agravó cuando su incursión en la obra misionera, en el campo extranjero de Savannah, Georgia, fracasó estrepitosamente. Durante el viaje de regreso a Inglaterra escribió en su diario que se había atrevido ir "a América para convertir a los indios, pero, oh, ¿quién me convertirá a mí? ¿Quién, o qué, será lo que me pueda librar de este corazón malo de incredulidad?". Y tras ese ruego añadió, "Creo que, ciertamente, si el evangelio es la verdad, soy salvo. ... Pero en medio de una tormenta pienso, '¿Y qué si el evangelio no es la verdad?'"[2]

Gran parte del malestar de Wesley residía en que no tenía certeza alguna, autoridad incuestionable alguna, sobre la cual basar su fe y obediencia cristianas. Se sentía sacudido por las olas y llevado de aquí para allá "por

La experiencia: entremos de corazón a la historia de Dios

todo viento de enseñanza" (Efesios 4:14), rebotando, primero, del énfasis católico en las buenas obras al énfasis luterano en la fe sola, y luego a la "unión con Dios" de los escritores místicos, para terminar simplemente en la duda. Tenía los recursos de la Biblia, la tradición de la iglesia y la razón, pero le faltaba otro elemento: una experiencia segura. "Yo no tenía corazón, ni vigor, ni celo en la obediencia; dudaba continuamente si estaba bien o mal y nunca salía de las perplejidades y los enredos".[3] Ante tanta incertidumbre, a Wesley no le era posible descansar. El mismo día que vio de nuevo las costas inglesas escribió en su diario:

> La fe que quiero es "una segura dependencia y confianza en Dios de que, por los méritos de Cristo, mis pecados son perdonados y yo estoy reconciliado al favor de Dios"... algo que nadie que lo tenga no sepa que no lo tiene (aunque muchos se imaginen que lo tengan, sin tenerlo), ya que todo aquel que lo posee es liberado del pecado,...liberado del miedo,...y liberado de la duda.[4]

Es una suposición popular que Wesley obtuvo esa fe en su famosa "experiencia de Aldersgate" del 24 de mayo de 1738. Lo que le sucedió lo describe así en su diario:

> Por la noche, fui con muy pocos deseos a una sociedad en la calle Aldersgate, donde alguien estaba leyendo el prefacio de Lutero a la Epístola a los Romanos. Como a las 8:45, mientras se describía el cambio que Dios obra en el corazón por la fe en Cristo, sentí que mi corazón ardía extrañamente. Sentí que confiaba en Cristo, y solamente en Cristo, para la salvación; y se me dio la seguridad de que Él había quitado mis pecados, incluso los míos, y me había salvado de la ley del pecado y de la muerte.[5]

Aunque esta dramática experiencia en realidad no puso completo fin a los trastornos espirituales y frustraciones ocasionales de Wesley, no hay duda de que fue un capítulo fundamental en su historia y un momento formativo en el desarrollo de su doctrina de la seguridad.

Pero notemos que esta experiencia no fue tanto acerca de Wesley y la historia de su vida como lo fue acerca de Cristo y la salvación que Él trae. Que el corazón de Wesley ardiera no es lo principal, sino la confiabilidad de Cristo. De hecho, el lenguaje mismo que Wesley empleó en su diario, de que su "corazón ardió extrañamente", lo debió haber recogido de la historia del camino a Emaús en el Evangelio de Lucas. Los dos discípulos que atestiguaron al Cristo resucitado se dijeron el uno al otro, "¿No ardía nuestro corazón mientras conversaba con nosotros en el camino y nos explicaba las Escrituras?" (Lucas 24:32). Entonces vemos que esta narrativa lucana le proporcionó a Wesley el marco lingüístico para la interpretación de su propia experiencia, ayudándole a dar testimonio de su confianza de que era el Cristo viviente quien le había traído ardiente certeza de la salvación.

Pero, ¿por qué creyó Wesley que tal experiencia era posible? ¿Por qué esperaba esa garantía, esa certeza? Principalmente porque había leído de ella en el Nuevo Testamento, particularmente bajo la influencia de los cristianos moravos cuya tradición le consignaba valor a la experiencia intensamente personal con Cristo. Cuando Wesley más tarde describió su momento especial en Aldersgate (y experiencias similares), lo enmarcó una vez más en términos bíblicos: "El Espíritu mismo le dio testimonio a mi espíritu que yo era un hijo de Dios y me dio una presente evidencia e inmediatamente clamé, '¡Abba, padre!'" Esta descripción de su experiencia nos lleva específicamente a dos pasajes en los escritos del apóstol Pablo:

> Porque todos los que son guiados por el Espíritu de Dios son hijos de Dios. Y ustedes no recibieron un espíritu que de nuevo los esclavice al miedo, sino el Espíritu que los adopta como hijos y les permite clamar: «¡*Abba!* ¡Padre!»" El Espíritu mismo le asegura a nuestro espíritu que somos hijos de Dios. Y si somos hijos, somos herederos; herederos de Dios y coherederos con Cristo, pues si ahora sufrimos con él, también tendremos parte con él en su gloria (Romanos 8:14-17).

> Pero cuando se cumplió el plazo, Dios envió a su Hijo, nacido de una mujer, nacido bajo la ley, para rescatar a los que estaban bajo la ley, a fin de que fuéramos adoptados como hijos. Ustedes ya son hijos. Dios ha enviado a nuestros corazones el Espíritu de su Hijo, que clama: «¡*Abba!* ¡Padre!»" (Gálatas 4:4-6).

Es fascinante que la frase "¡*Abba!* ¡Padre!" se produzca sólo tres veces en los escritos del Nuevo Testamento: las dos veces aquí en los escritos del apóstol Pablo y una vez en el Evangelio de Marcos. Y porque generalmente se cree que el Evangelio de Marcos fue el primer evangelio escrito, podríamos especular que el Apóstol estaba familiarizado con su material, aunque sólo fuera a través de la tradición oral. Existe la enorme posibilidad de que

La experiencia: entremos de corazón a la historia de Dios

Pablo, cuando usó la frase "*¡Abba!* ¡Padre!" estaba recordándoles a sus lectores de un relato del evangelio con el que ellos también habrían estado familiarizados:

> Fueron a un lugar llamado Getsemaní, y Jesús les dijo a sus discípulos: «Siéntense aquí mientras yo oro.» Se llevó a Pedro, a Jacobo y a Juan, y comenzó a sentir temor y tristeza. «Es tal la angustia que me invade que me siento morir —les dijo—. Quédense aquí y vigilen.» Yendo un poco más allá, se postró en tierra y empezó a orar que, de ser posible, no tuviera él que pasar por aquella hora. Decía: «*Abba*, Padre, todo es posible para ti. No me hagas beber este trago amargo, pero no sea lo que yo quiero, sino lo que quieres tú» (Marcos 14:32-36).

Tamaña dinamita es esta, si Pablo estaba intencionalmente llevando las mentes de sus lectores de nuevo a Jesús en el Getsemaní como paradigma de lo que significa recibir el testimonio poderoso del Espíritu de Dios en nuestros corazones, en lo más profundo de nuestras vidas. En efecto, eso significaría que, en este par de pasajes paulinos, nos encontramos con una teología narrativa del Espíritu Santo. Interpretada de esta manera, la doctrina paulina del testimonio del Espíritu a nuestra adopción de Dios como hijos, no es la promesa de un lecho de rosas, sino quizá, a veces, una corona de espinas en una frente sudorosa. Ciertamente esto haría sentido de las palabras de Pablo en el mismo pasaje de Romanos 8 con respecto a nuestra próxima glorificación como coherederos de Cristo, "si ahora sufrimos con él" (v. 17). Nuestra experiencia de "¡Abba! ¡Padre!" del Espíritu de Dios, entonces nos remontaría a Jesús en Getsemaní, echado en el suelo y clamando a Dios, "Padre mío, si es posible… Pero no sea lo que yo quiero, sino lo que quieres tú", para luego movernos profundamente dentro de nosotros para que ofrezcamos esa misma oración (Mateo 26: 39; Lucas 22:42).

Tal vez esto ayude a colocar la noción de experimentar el Espíritu Santo en un nuevo contexto, un contexto narrativo. Una experiencia del Espíritu, o el sentir la presencia de Dios, puede no ser necesariamente una cuestión de sentirse elevado, feliz o eufórico; de hecho, más probablemente implicará una profunda, y a la vez determinante ofrenda de nosotros mismos a la voluntad divina. El mismo divino Espíritu que obró poderosamente en Jesús de Nazaret (ver el capítulo 17) puede también propiciar en nosotros una conciencia de Dios, y el deseo de obedecer la voluntad de Dios. En palabras del Libro de Hebreos, el Hijo fiel que "ofreció oraciones y súplicas con fuerte clamor y lágrimas al que podía salvarlo de la muerte" fue también el que "por medio del Espíritu eterno se ofreció sin mancha a Dios" (5:7; 9:14). El Espíritu que testifica a nuestros corazones que somos hijos de Dios es el Espíritu de Getsemaní.

Este enfoque de la doctrina del testimonio del Espíritu, o de la seguridad, desde Juan Wesley hasta el apóstol Pablo, y desde el apóstol Pablo hasta Jesús en Getsemaní, ciertamente puede arrojar nueva luz sobre el significado de la experiencia en la vida cristiana. Significaría que el mismo Espíritu que actuó en la historia de Israel, y especialmente en la vida y ministerio de Jesús, es el Espíritu que podría hacer esa historia tan vital y viviente en nuestros corazones como para que seamos arrastrados hacia ella a medida que nos encontramos con la historia de esos actos salvadores a través de la Biblia, ya sea en sermones, clases de escuela dominical o en la lectura en privado. Nos convertimos en participantes, en actores dentro de la historia permanente de Dios. No es de extrañar que el apóstol Pablo, por el mismo Espíritu divino, pudiera decir, "He sido crucificado con Cristo, y ya no vivo yo sino que Cristo vive en mí. Lo que ahora vivo en el cuerpo, lo vivo por la fe en el Hijo de Dios, quien me amó y dio su vida por mí " (Gálatas 2:19-20). La historia de la propia entrega de Jesús en la cruz se había convertido en el centro mismo de la propia vida y comprensión de Pablo.

En honor a la verdad, la sabiduría de la tradición cristiana generalmente ha establecido un punto similar: cualquier supuesta experiencia de Dios siempre debe ser juzgada a la luz y en el contexto de la Biblia, puesto que el Espíritu que está obrando en nuestros corazones y vidas no va a obrar contrariamente a la persona y obra de Jesucristo, de quien la Biblia da testimonio. Tanto nuestras expectativas como nuestra experiencia de la presencia de Dios en nuestras vidas son, y deben ser, forjadas y formadas por las narrativas bíblicas de los actos salvadores de Dios, especialmente por los testimonios del evangelio sobre Jesús, el Cristo.

Hasta aquí, nuestras reflexiones sobre la categoría de la experiencia han tenido en mente la experiencia específicamente cristiana. Es decir, han tratado con la conciencia del creyente cristiano de la presencia y actividad del "Espíritu de su Hijo [del de Dios]" (Gálatas 4:6) en su vida. Pero esa consideración plantea preguntas muy importantes (y más audaces) con respecto a (1) cómo podríamos interpretar los reclamos experienciales de las personas de otras tradiciones religiosas; y (2) cómo podríamos interpretar de forma

La experiencia: entremos de corazón a la historia de Dios

más general la obra del Espíritu en las vidas de los seres humanos. El acercamiento teológico narrativo intenta abordar esas preguntas desde el interior de la lógica y las convicciones de la historia de Dios. Tal vez podemos lograr algunos avances en este tipo de preguntas teniendo en cuenta lo que Wesley llamó gracia preveniente (del latín, *pre* = antes, y *vene* = viene), siguiendo a Jacobo Arminio, el teólogo holandés de finales del siglo XVI (1560-1609), a quien conoceremos más adelante.

Esta "gracia que viene (o va) delante de nosotros" sencillamente significa que Dios está amante y bondadosamente presente y activo en todas las vidas humanas, desde el ferviente cristiano hasta el ateo convencido y el budista consciente. Ese es el Espíritu Santo, la propia presencia de Dios, esa "luz" de la que Juan habla en su Evangelio, la "luz verdadera, la que alumbra a todo ser humano" (1:9). Según lo que enseñaba Wesley, es esa luz, esa bondadosa presencia de Dios en la vida humana, la que nos encuentra, nos llama, y nos requiebra del pecado y la idolatría de regreso hacia Dios. La gracia preveniente es Dios nunca renunciando a nadie. Es esa bondadosa presencia de Dios en la vida humana, en todas sus relaciones, y la que nos hace y nos mantiene humanos. La doctrina de la gracia preveniente afirma que ningún ser humano se encuentra sin al menos un poco de luz, de brillantez, de parpadeo en cuanto a la conciencia del Santo. Ciertamente, esta doctrina puede proporcionar alguna base en el pensamiento wesleyano para seguir la teología natural según se exploró en nuestro último capítulo, puesto que sólidamente afirma que ni la creación de Dios ni nuestras percepciones de este mundo carecen de la cercanía del Espíritu.

A menudo Wesley hablaba de esta presencia del Espíritu de Dios, universal y a la vez particular, como siendo experimentada en la vida humana en forma de conciencia. Puede que en este punto seamos tentados a hacer una conexión entre Wesley y el tratamiento de Kant de la conciencia como se presentó brevemente en el capítulo anterior pero hay una distinción importante. Kant creía que la conciencia era la esfera verdaderamente libre y autónoma (del griego, *autos* = propio, y *nómos* = ley, regla) en la existencia humana, la capacidad distintivamente inherente dentro de los seres humanos. Pero Wesley veía la conciencia, en términos específicamente teológicos, como la experiencia de los seres humanos al ser encontrados por Dios, aun cuando lo más seguro fuera que ellos no reconocieran en lo absoluto la presencia divina en sus experiencias. En palabras de Wesley:

La historia de Dios

> No hay hombre que se encuentre en un estado de mera naturaleza; no hay nadie, a menos que haya apagado el Espíritu, que esté totalmente desprovisto de la gracia de Dios. No vive hombre alguno que esté completamente desposeído de lo que vulgarmente se denomina conciencia natural. Pero esto no es natural: es más correctamente denominado gracia que previene [= preveniente]. Cada hombre tiene una mayor o menor medida de ella, sin que el hombre tenga que esperar pedirla. ... Cada uno tiene cierta medida de luz, algún rayo débil de resplandor, que, tarde o temprano, más o menos, alumbra a cada hombre que viene a este mundo.[7]

Al igual que Kant, Wesley reconocía que la conciencia no dicta el mismo conjunto de cosas buenas y malas para cada persona, y que ciertamente hay diferencias considerables en este sentido entre las personas, y en todas las culturas. Esto es un reconocimiento importante, ya que subraya un aspecto crítico de la teología wesleyana: el Espíritu que ilumina a cada persona necesariamente lo hace con respecto a (y para) la cultura, la ética y las creencias religiosas distintivas de esa persona. En palabras de Wesley, "La conciencia... es esa facultad por la que al mismo tiempo somos conscientes de nuestros propios pensamientos, palabras y acciones, y de su mérito o demérito", con la condición necesaria de que, lejos de hablar con una sola voz universal, el juicio de la conciencia "varía enormemente, según la educación y mil otras circunstancias".[8] Esto es una expresión de lo que se llama sinergismo (del griego, *syn* = junto a; *erg* = trabajo) la idea de que Dios se complace en cooperar con los seres humanos donde estemos, en toda nuestra opaca humanidad, en toda nuestra particularidad social e histórica, a medida que el Espíritu comienza a movernos hacia donde deberíamos estar.

Si aplicamos las reflexiones de Wesley sobre la conciencia, considerándola como ese obrar sinérgico del Espíritu de Dios que incide sobre la conciencia humana dentro de su propio contexto social, histórico y religioso (sus "mil y tantas circunstancias") podemos ver las posibilidades de afirmar que en las tradiciones religiosas que no sean la cristiana haya una relativa autenticidad en la que la gente esté consciente de Dios. Aunque el hindú, el budista o el judío, por ejemplo, apenas van a interpretar y describir su experiencia religiosa en términos cristianos reconocibles, una estimación wesleyana sería que estas personas verdaderamente (o por lo menos posiblemente) experimentan y responden a Dios según sus capacidades y comprensión, o "luz". Wesley, en efecto, tipificaba tal conciencia de Dios como la "fe de un

La experiencia: entremos de corazón a la historia de Dios

esclavo", mientras que la relación con Dios a través de Jesucristo era la "fe de un hijo" (Romanos 8:15; Gálatas 4:1-7). Este entendimiento de la gracia preveniente no daría automáticamente un sello de aprobación a todo reclamo de una experiencia espiritual, puesto que todos deberíamos estar conscientes de la capacidad humana para el autoengaño, el error y la distorsión; después de todo, ocurre también entre los cristianos. Sin embargo, es un entendimiento que proporciona un punto de partida importante para un enfoque teológico wesleyano concerniente a los que practican tradiciones no cristianas, y para interpretar sus reclamos de la experiencia de una presencia supra-mundana.

Uno podría ciertamente argumentar que este acercamiento a las experiencias de una sensibilidad de Dios fuera de la tradición cristiana es un desarrollo teológico de tres pasajes en el libro de los Hechos, todos los cuales involucran a judíos teológicamente entendidos que predican a gentiles que se encuentran en gran medida fuera de la esfera de la revelación especial.

Pedro tomó la palabra, y dijo:

—Ahora comprendo que en realidad para Dios no hay favoritismos, sino que en toda nación él ve con agrado a los que le temen y actúan con justicia. (10:34-35)

En épocas pasadas [Dios] permitió que todas las naciones siguieran su propio camino. Sin embargo, no ha dejado de dar testimonio de sí mismo haciendo el bien, dándoles lluvias del cielo y estaciones fructíferas, proporcionándoles comida y alegría de corazón. (14:16-17)

De un solo hombre [Dios] hizo todas las naciones para que habitaran toda la tierra; y determinó los períodos de su historia y las fronteras de sus territorios. Esto lo hizo Dios para que todos lo busquen y, aunque sea a tientas, lo encuentren. En verdad, él no está lejos de ninguno de nosotros," puesto que en él vivimos, nos movemos y existimos". (17:26-28)

Nos apresuramos a añadir que en cada uno de estos tres sermones, Pedro (en el primero) y Pablo (en los otros dos) pasaron de un reconocimiento de la bondadosa presencia de Dios entre todos los seres humanos y culturas, a la proclamación de Jesucristo como la revelación decisiva de ese mismo Dios. De igual manera, una valoración wesleyana de otras religiones (como posibles ejemplos de la "fe de un esclavo"), aunque no tenga que menospreciar las experiencias que sus adeptos tengan de la divinidad, "elevará a Cristo" como Aquél por medio de quien todas las convicciones, prácticas y experiencias han de ser analizadas y juzgadas (la "fe de un hijo").

Con lo que hemos dicho, y teniendo la gracia preveniente en mente, podemos pasar provechosamente a la segunda pregunta, la que se refiere al asunto de la presencia activa de Dios en la especificidad de las vidas humanas reales en el mundo. Muy a menudo, el papel de la experiencia queda reducido a nuestras consideraciones anteriores específicamente sobre la experiencia cristiana del Espíritu Santo y en términos del testimonio del Espíritu a nuestros corazones con respecto a nuestra adopción en la familia de Dios. Pero si recordamos que Wesley veía en la Biblia la afirmación de una gracia o presencia del Espíritu Santo de Dios que "va antes de" en la existencia humana en general, entonces repentinamente la idea de la experiencia, en el sentido religioso, asume una proporción mucho mayor. A decir verdad, nos encontramos con que Wesley, reflejando la influencia del filósofo empirista inglés John Locke (1632-1704), estaba constantemente tratando de prestar considerable atención a la totalidad de la experiencia. Es fascinante leer acerca de la obra de Wesley y descubrir cuán cuidadosamente observó la vida y las personas, incluyendo, y quizá sobre todo, la de él mismo. Pero por cuanto él también creía profundamente en la presencia universal del Espíritu de Dios en las vidas de los humanos en todas sus relaciones, su atención a la experiencia vivida asumió una profundidad religiosa. Citando a Thomas Langford, un wesleyano contemporáneo nuestro, "Una principal característica de la teología de Wesley es que pone importancia en los datos empíricos así como en la experiencia directa inmediata. ... [Wesley] estaba... muy consciente de la apropiación personal de la gracia de Dios y fue cuidadoso en sus observaciones, sobre todo porque creía que el Espíritu Santo ejercía influencia directa en la experiencia humana".[9]

Luego, en la tradición wesleyana, hay una confianza en la clemente presencia de Dios en toda la creación de Dios, incluyendo (y probablemente de manera especial) a cada ser humano. Esto a su vez conduce a una cierta atención a la experiencia vivida, una verdadera apertura al aprendizaje en y del mundo que nos rodea. En definitiva, el concepto de experiencia, como se entiende aquí, es que no hay ningún aspecto o avenida de nuestras vidas, ninguna observación o experiencia, que necesite ser ignorada o menospreciada mientras tratamos de escuchar, interpretar y contar la historia de Dios. Y es que es una historia que involucra la totalidad de nuestras vidas en sus

La experiencia: entremos de corazón a la historia de Dios

todo abarcadores contextos: sociales, históricos, educativos y religiosos. La humanidad particular nuestra, con todas sus peculiaridades y dilemas, con todas sus "mil y tantas circunstancias", aquí es bienvenida.

Por supuesto, el hecho es que ninguno de nosotros podría descartar de la tarea de la teología su propio cúmulo de experiencia, ya sea religiosa o general. Nosotros no podemos negar quiénes somos, ni decir que nuestras historias "no cuentan" al lidiar con la historia de Dios. Aunque ninguno de nosotros sea el centro de la historia (después de todo, ese es el papel del Señor Jesucristo) no obstante creemos que Dios nos ama intensamente a cada uno de nosotros en nuestra particularidad. Y al amarnos así, el Espíritu nos reúne con la familia de Dios por medio de Jesucristo, incluyendo todas nuestras historias que han discurrido en la elaboración de quiénes somos en este preciso momento. A medida que nos disponemos a estudiar los capítulos que siguen, ojalá que podamos verdaderamente ser así reunidos.

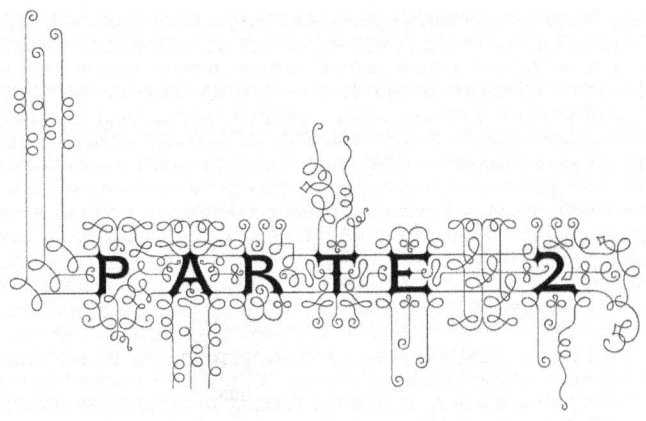

El principio de la historia de Dios: la doctrina de la creación

En los cuatro capítulos anteriores, que juntos conforman una introducción a la historia de Dios, hemos intentado valorar las diversas contribuciones a la reflexión teológica aportadas por la Biblia, la tradición, la razón, y la experiencia. Sin embargo, es importante destacar que, aunque podamos pensar que es posible separar sobre el papel estos cuatro elementos y dedicar un capítulo a cada uno, en la experiencia real los cuatro se compenetran y se incluyen mutuamente. Por ejemplo, no podemos evitar utilizar nuestra razón en el acto de la lectura e interpretación de la Biblia y siempre lo hacemos a través del lente de la tradición y en el contexto de nuestra amplia gama de experiencia en el mundo. Cada uno de los cuatro elementos sustrae de los otros tres pero también arroja de vuelta nueva luz sobre los otros tres.

Como hemos mencionado brevemente en el capítulo 4, esta intradinámica de la Biblia, la tradición, la razón y la experiencia es a menudo llamada la cuadrilátera wesleyana. Es cierto que Juan Wesley no andaba por dondequiera hablando de la cuadrilátera (aunque fuera lo suficientemente capaz en geometría), pero lo que está claro es que todos los cuatro elementos son importantes en su entendimiento de cómo hemos llegado a una comprensión adecuada de la fe y la práctica cristianas. Y este no es el caso solamente con Wesley. Para todos los que se dedican a leer la Biblia es inevitable que todos estos elementos desempeñen un papel en el complejo acto de interpretarla.

Para ilustrar lo que acabamos de afirmar, permítasenos proveer cierto engranaje narrativo por medio de una historia provocativa ligada a la resurrección de Jesús, una historia única en el Evangelio de Lucas, la historia de un par de desalentados discípulos en el camino a Emaús (24:13-35), y a la cual nos hemos referido en el capítulo anterior. Claro está, incluso el acto de elegir este pasaje para nuestras reflexiones implica el uso de la razón. Yo no cerré los ojos, abrí la Biblia al azar y apunté. Hay razones por las que creo que esta historia es pertinente e iluminadora. Ya yo he utilizado la razón en la selección de este pasaje y supongo que el lector utilizará la suya al leer lo que sigue.

Leemos que, durante la tarde de aquel primer domingo de resurrección, estos dos discípulos iban por el camino de Jerusalén a Emaús, "conversando sobre todo lo que había acontecido" (24:14). Estaban tratando de encontrarle sentido a la traición, el arresto, el sufrimiento y la crucifixión de Jesús; es decir, estaban tratando de encontrarle sentido a su reciente y traumática experiencia. En las propias palabras dirigidas al Cristo no reconocido que se les unió en el camino abrigaban "la esperanza de que era él quien redimiría a Israel" (v. 21). Pero, ¿cómo era posible que el redentor de Israel tuviera un final tan horrible? No tenía ningún sentido para ellos; era contrario a la razón.

Estos discípulos, entonces, estaban empleando *la razón* para tratar de interpretar sus *experiencias* en Jerusalén durante ese fin de semana. Debemos añadir que la esperanza de ellos de que Jesús fuera el redentor de Israel había sido impulsada por ciertas *tradiciones* de interpretación de *las Escrituras*

El principio de la historia de Dios: la doctrina de la creación

hebreas. Los dos discípulos estaban reflejando una de las influyentes tradiciones judías con respecto a un mesías, una tradición arraigada en la lectura fiel y esperanzada de la Torá y los profetas. Ellos, como nosotros, no podían ni siquiera leer sus Escrituras aparte de las tradiciones de interpretación que les proporcionaban ciertos "ojos" para la lectura.

En medio de la confusión y decepción de los dos discípulos, leemos que "Jesús mismo se acercó y comenzó a caminar con ellos" (v. 15). Después de escuchar sus letanías de esperanzas frustradas, el Señor resucitado, "comenzando por Moisés y por todos los profetas, les explicó lo que se refería a él en todas las Escrituras" (v. 27). Este extraño les estaba prestando ojos para que leyeran las Escrituras en una forma radicalmente nueva. Y se los prestó, debemos señalar, por medio de un intercambio de conversación, de interpretación y de enseñanza; es decir, por medio de la actividad de la razón. Pero esto era mucho más que simplemente el uso de la razón: ¡era un uso de la razón por parte de nada menos que Jesús, nuestro Señor resucitado de entre los muertos! Claro que el Evangelio de Lucas nos informa que, "no lo reconocieron, pues sus ojos estaban velados" (v. 16). Aquí hay algo misterioso, algo escurridizo y trascendente. El pequeño estudio bíblico que Jesús les está dando sobre la marcha definitivamente llena los requisitos de una experiencia religiosa por excelencia.

Esto se vuelve todavía más obvio cuando recordamos cómo esos discípulos describieron más tarde su paseo con su incógnito Señor. "¿No ardía nuestro corazón mientras conversaba con nosotros en el camino y nos explicaba las Escrituras?" (v. 32). Esta es una experiencia de corazón ardiente que incluye una comunicación y discusión racional por medio del acto de la explicación de las Escrituras. Pero Lucas narra que no fue sino hasta que Jesús tomó el pan, dio gracias, lo partió y lo distribuyó (reviviendo así todas aquellas comidas con sus discípulos, aquellas alimentaciones de hambrientos, aquella última cena de Pascua) que "se les abrieron los ojos y lo reconocieron, pero él desapareció" (v. 31). La implicación es inevitable: Dios les abrió los ojos (compárese con Hechos 10:40-41), se dieron cuenta que estaban en la compañía del Señor Jesús viviente y luego Él desapareció al instante. Esta es una experiencia espiritual para las edades.

Pero la historia no se detiene ahí. La sorprendida pareja regresó apresuradamente a Jerusalén para divulgarles su experiencia a los otros discípulos, y sobre todo, "cómo habían reconocido a Jesús cuando partió el pan" (Lucas 24:35). Esta historia de la Biblia atestigua así una experiencia del Cristo resucitado alrededor de la mesa fraternal que proporcionaría un rico recurso para el desarrollo de una nueva tradición, a saber, que la Santa Cena es el momento en el cual nosotros también creemos y esperamos que Jesús sea reconocido "en el partimiento del pan". Al partir de ese pan juntos, nos sentimos trasladados a la historia de un vivir como discípulos por los caminos de la vida, tratando de encontrarle sentido a nuestra dura realidad en la presencia misma del Cristo viviente. Es Él quien, confiamos, continúa explicándonos las Escrituras y es su presencia de resurrección la que todavía incendia corazones. En ese sentido, cabe destacar que cuando Juan Wesley intentó describir en su diario lo que le sucedió en la noche del 24 de mayo de 1738 dependió específicamente de la terminología de estos dos perplejos discípulos: "Sentí que mi corazón ardía extrañamente...". Si partimos de esta descripción bíblica y narrativamente formada de Wesley, es evidente que él entendió su experiencia de seguridad en términos de la presencia del Señor viviente, de Jesucristo, y precisamente dentro del marco narrativo de la absorbente historia de Lucas.

En esta historia lucana es ineludiblemente profundo el entrelazamiento de los elementos de Biblia, tradición, razón y experiencia. Aunque la mayoría de nosotros probablemente nunca tendrá un encuentro así de dramático con Dios por medio de Jesucristo sigue siendo cierto que toda reflexión teológica, incluyendo el simple acto de leer un pasaje bíblico, involucra estos cuatro elementos en mayor o menor grado. Por lo tanto, aunque sean los wesleyanos los que tiendan a hablar más de estos cuatro elementos cuadriláteros, es inevitable que, cualquiera que pretenda pensar en la teología cristiana necesariamente incorpore en la mezcla la Biblia, la tradición, la razón y la experiencia.

A consideraciones como estas se les llaman generalmente cuestiones de método, las que tienen que ver con el modo en que uno, en efecto, va haciendo la tarea teológica. Hasta el momento hemos intentado ofrecer reflexiones iniciales sobre cómo un creyente cristiano de tradición wesleyana intenta pensar sobre Dios y sobre la relación de Dios con la creación, incluyendo, y sobre todo, a los seres humanos. Sin duda mucho más podría decirse acerca de tales cuestiones metodológicas pero el enfoque narrativo de la teología se interesa más definitivamente en sumergirse en la historia de Dios. El apóstol Pablo, al emplear la razón en el acto de seleccionar y citar las Escrituras, escribió hace mucho tiempo a la iglesia de Corinto que "nadie puede poner un fundamento diferente del que ya está puesto, que es Jesu-

El principio de la historia de Dios: la doctrina de la creación

cristo" (1 Corintios 3:11). Para la fe, la vida y el pensamiento cristiano, Cristo Jesús es el fundamento que Dios ha puesto, tal como Él lo puso al abrir los ojos de aquellos dos confusos, desgastados y desolados discípulos tras un desgarrador fin de semana en Jerusalén. El escritor de este libro espera que podamos orar por el mismo tipo de gracia que abre los ojos a medida nos adentramos en la Parte II de la historia de Dios, la cual se orientará hacia las doctrinas y cuestiones más obviamente sustantivas de la fe cristiana. Así, a medida que empezamos a pensar en la doctrina de Dios como el Creador de todas las cosas, esperamos hacerlo sobre esa base algo sorprendente, incluso extraña, que ese Creador ha establecido ahora para nosotros en medio de la historia de la creación aquí en el planeta tierra: el Señor crucificado y viviente, Jesucristo.

*E*l Dios que crea

"Y dijo Dios: «¡Que exista!" (Génesis 1:3).

El testimonio bíblico proclama que Dios es el creador de todas las cosas, el "creador del cielo y de la tierra" (Credo de los Apóstoles). También es comúnmente observado que, según la Biblia, Dios es creador en virtud de la palabra divina. A la expresión, "¡que exista!", en el principio de la historia de Dios, se le hace eco y es ampliada posteriormente en el prólogo del Evangelio de Juan: "En el principio ya existía el Verbo, y el Verbo estaba con Dios, y el Verbo era Dios" (1:1). La Biblia celebra repetidamente el poder creador y redentor de la palabra de Dios. ¡Cuando Dios habla, suceden cosas!

Además, la Carta a los Hebreos en el Nuevo Testamento insiste en que este poder creativo de la palabra divina continúa sustentando la creación para llamarla a existencia, puesto que Dios, en Cristo, es "el que sostiene todas las cosas con su palabra poderosa" (1:3). Por lo tanto, la historia de Dios tiene su principio y su continuación en el Dios que habla, el Dios cuya palabra ofrece la posibilidad de las palabras humanas que componen esta historia en curso en la que participamos.

Es absolutamente apropiado para un enfoque narrativo de la teología que Dios sea un Dios que hable y que su hablar inicie el universo mismo. Y es que la narrativa es el arreglo significativo de palabras para contar una historia, para insertar en esa historia a los que la escuchan, para involucrar a los oyentes en el mismísimo contar y escuchar de esa historia. Así es en el Génesis: es el hablar de Dios, el arreglo con significado de palabras divinas, lo que comienza la historia de nuestro universo. "¿Por qué Dios creó el mundo?", le preguntó un estudiante del Talmud a su rabino. ¿La respuesta? "Porque a Dios le encantan las historias".

Sin embargo, es fundamental que oigamos la naturaleza de la palabra creadora que Dios habla. En varias ocasiones, en el primer capítulo del Génesis, nos encontramos con la frase, "que exista...", o frases similares. La palabra de Dios contiene la naturaleza de dejar que exista, de permitir que las cosas sean (las cebras y los cigotos, los lagartos y los leones, las rocas y los ríos, los microbios y las montañas, los plancton y las personas, *ad infinitum*). Hay algo acerca de esta expresión, "que exista", que revela la generosidad de Dios en concederle el ser a todas las cosas, un amor y fascinación divinos por los seres de todo tipo, un maravilloso echarse para atrás de parte de Dios a fin de permitir que la creación verdaderamente exista.

Las principales tradiciones judías y cristianas también han insistido en que este universo, creado por la palabra de Dios, verdaderamente sólo llega a ser en virtud del poder y la voluntad y la palabra del Creador. Es decir, no hay ninguna otra energía, ninguna otra fuente, ningún otro material del que nosotros y nuestro mundo hayamos salido, que el que Dios ha creado. Esto significa que no hubo un "granizado" preexistente, ni materia (ni incluso energía) con lo que Dios comenzara, como lo haría un alfarero que moldea arcilla. El lenguaje tradicional empleado para esta creencia es *creatio ex nihilo* (creación de la nada), un lenguaje que subraya la afirmación bíblica de que hay un Dios soberano, y que Él solo es Dios. Algunos teólogos modernos han sugerido, sin embargo, que *creatio ex nihilo* suena algo estéril, como si Dios simplemente conjurara el universo de la nada por puro capricho. La sugerencia del teólogo Paul van Buren (1924-1998), de que es más apropiado hablar de *creatio ex amore* (creación a partir del amor), es quizá más cercana a la naturaleza de la narración bíblica. No hay que dudar que esta frase tenga mayor resonancia con el foco de la tradición wesleyana en Dios como amor santo. La frase *creatio ex amore* implica que el Dios que habla la palabra "que exista" lo hace por amar un algo que no es Dios, y por un deseo enriquecedor de que ese algo exista.

En todo caso, la convicción de que Dios crea el universo por el poder de la palabra hablada es una afirmación importante del monoteísmo (creencia en un solo Dios). Según la trama de esta historia, Dios no tiene competidor, ningún superior al cual responder, ni ningún material preexistente del cual crear, ideas estas características del dualismo. Todo dualismo, por definición, compromete la doctrina de la soberanía de Dios, de la verdadera diosidad de Dios. Por cierto, este es uno de los puntos críticos en el que la teología de los Santos de los Últimos Días (mormones) parece quedarse corta, puesto que alega que existe un infinito engendrar de "Dioses" (incluyendo el Dios que creó este mundo y que nos engendró a todos nosotros) y que el

El Dios que crea

universo material, al igual que la progresión y la proliferación de deidades, es eterno. No hay, en una teología tal, lugar, persona o deidad alguna que sea en última instancia responsable; por lo tanto, la palabra *Dios* para los mormones funciona de forma diferente a la de las implicaciones tradicionales de ultimidad religiosa. Distinto a las tradiciones monoteístas del mundo (principalmente el judaísmo, el cristianismo y el islamismo), la palabra *Dios* para la teología mormona no nombra la fuente última o creador del universo; sólo nombra a un hombre que, como muchos otros dentro del universo, ha alcanzado el estatus de divinidad. Lo que sucede es que estamos más estrechamente relacionados con este Dios en particular.

Por el contrario, el monoteísmo tradicional afirma que la palabra *Dios* se refiere al creador del universo, y de cualquier y todo otro posible universo o dimensión: Dios es el Creador. Ciertamente es permisible especular sobre la posibilidad de otros universos creados que han precedido el nuestro, o que vendrán después del nuestro, o que incluso estén operando en otro conjunto de dimensiones junto con el nuestro, ya que el punto principal que afirma la fe cristiana es que donde quiera que se produzca creación será por la acción de un creador, del Dios que se nos ha revelado en Cristo Jesús.

La tradición cristiana se ha desarrollado de tal manera que salvaguarde la doctrina de la soberanía divina sobre y a través de la creación. Y lo ha hecho principalmente hablando de la omnipotencia, la omnisciencia y la omnipresencia de Dios.

La definición más estricta de la omnipotencia es que toda potencia o poder le pertenece inherentemente a Dios. No hay otro poder contra el cual Dios deba competir; no hay otra fuente de energía o del ser. Dios es potencia única, para usar la sucinta frase del teólogo judío Emil Fackenheim (1916-2003). Llevado a un extremo simplista, la doctrina de la omnipotencia podría sugerir que cualquier cosa y todas las cosas que suceden se dan porque Dios, que después de todo es omnipotente, las causa, las quiere o las hace directamente que sucedan. Hay que reconocer que ha habido cristianos que han sostenido una doctrina de la omnipotencia divina parecida a esta.

Del mismo modo, la omnisciencia significa que Dios, la mente soberana, sabe todas las cosas. No hay ningún acontecimiento, ningún detalle, por pequeño o insignificante que sea, que eluda la omnisciencia divina. La mayoría de las veces, esta creencia en la omnisciencia supone incluir el futuro en todos sus detalles (conocimiento previo), al punto de que Dios el omnisciente nunca puede ser sorprendido por algo. Todo se conoce, y de hecho es conocido de antemano. Filósofos y teólogos a través de los siglos han luchado con la pregunta de si tal presciencia divina cancela la posibilidad de la libertad humana y han llegado a diversas respuestas. Por ejemplo, los teólogos calvinistas, en términos generales, no han estado especialmente preocupados por proteger la idea de la libertad humana, siendo que la soberanía divina es su mayor preocupación. Por el contrario, el teólogo holandés Jacobo Arminio (1560-1609), aunque afirmaba la presciencia divina, creía que ella no mitigaba la libertad de una persona para responder a la gracia. Más adelante tendremos ocasión de seguir trabajando en los matices más selectos de la omnisciencia en su relación con la presciencia divina.

Finalmente, la omnipresencia significa que Dios está presente en cada punto en el universo entero, en cada momento. No hay lugar alguno donde Dios no esté. La doctrina de la omnipresencia afirma que Dios está real y totalmente presente, aun hasta en las partículas subatómicas más infinitesimales. Pensándolo de otra forma, Dios es más que, y mayor que, la inmensidad del universo en su totalidad, y el que lo abraza y lo sustenta.

Evidentemente, los teólogos, a través de los siglos, han encontrado los textos bíblicos de prueba para cada una de estas afirmaciones. Sin embargo, hay una sospecha relativamente reciente, y puesta en marcha entre algunos pensadores, de que las doctrinas omni deben su existencia más al análisis abstracto y a la lógica deductiva acerca de lo que Dios "debe ser a fin de ser Dios", y menos a la manera en que Dios se halla y se describe en la historia bíblica. El Dios-omni es metafísicamente intachable, ¿pero no es acaso esa deidad una construcción filosófica, una invención idealista de la mente humana, antes que el Dios vivo de Abraham y Sara, y de Isaac y Rebeca, y de Jacob y Lea y Raquel?

Sin lugar a dudas, una de las razones primarias de esta sospecha sobre las doctrinas omni, al menos como a menudo se conciben, es una preocupación por la teodicea (del griego, *théos* = Dios, y *dike* = justificación), o el esfuerzo por justificar las maneras de Dios en el mundo. La teodicea tiene que ver más específicamente con la tarea teológica de defender la creencia en Dios ante el dolor y el sufrimiento extremo y sin sentido. La creencia en un creador soberano y personal satisface el anhelo religioso de una causa última del ser pero también allana el camino para el problema siguiente y más preocupante de las personas de fe: ¿cómo puede un Dios bueno y amoroso permitir un mundo con tanto sufrimiento sin sentido? Después del Holo-

El Dios que crea

causto, después de Hiroshima y Nagasaki, después de Camboya y Uganda y todas las otras escenas horriblemente gráficas de tortura deshumanizante, de sufrimiento y de violento derramamiento de sangre que hemos presenciado sólo en este último siglo, ¿es todavía posible creer en un Dios bueno, poderoso y protector? Muchas personas, persuadidas por la protesta existencialista de autores como Albert Camus, en su clásica novela, *La Peste,* han respondido a esta pregunta con un "ateísmo de protesta". No hay probablemente ninguna otra razón que la gente moderna ofrezca para su incredulidad que el problema del mal así visto.

El problema normalmente se ha planteado así:

- Un Dios omnipresente ciertamente estaría consciente de la presencia del mal.
- Un Dios omnisciente seguramente sabría cómo superar ese mal.
- Un Dios omnipotente ciertamente sería capaz de hacer valer la victoria sobre el mal.
- Un Dios de amor presumiblemente desearía deshacerse del mal.
- Sin embargo, el mal nos sigue asolando a todos.

El mal podría aquí incluir las guerras, los asesinatos, la opresión, la tortura, el abuso de todo tipo (particularmente cuando se inflige a niños indefensos), el hambre y la inanición, la falta de vivienda, los accidentes fatales y las enfermedades, así como los defectos congénitos; y, por supuesto, la lista podría seguir. Elie Wiesel, en su pequeño pero apasionante libro, *La Noche,* cuenta que ve montones de niños judíos siendo arrojados a fosas enormes y ardientes, literalmente un infierno en la tierra. Se ha sugerido que cualquier teología que hagamos la debemos hacer al borde de esas fosas, en presencia de los niños quemándose. Una demanda tal debe zaherir hondamente, con un profundo sentido de insuficiencia, humildad y dolor, toda teodicea que podamos ofrecer. Ningún intento de justificar las maneras de Dios en el mundo debe disminuir la gravedad de tales sufrimientos o comprometer nuestra obligación de poner fin a tales males. No obstante, una búsqueda de fe en Dios honesta y penetrante exige que hagamos el mejor esfuerzo posible para forjar nuestra teología ante la grotesca cara del sufrimiento humano en toda su amplitud y profundidad.

Se podría empezar destacando la distinción que la tradición cristiana ha hecho entre el mal natural y el mal moral. El mal moral incluye todo sufrimiento que resulte de la libertad humana, o más exactamente del abuso de esa libertad. La defensa del libre albedrío de Dios es más eficaz cuando trata con el mal moral, ya que esencialmente sostiene que el mal existe en el mundo por causa del pecado humano, no por voluntad o hechura divina. En tal caso, Dios no puede ser directamente culpado por las ocasiones en que una persona sufre o muere a manos de otra porque Dios no quiere que los seres humanos se traten así unos a otros. Por supuesto, Dios sigue siendo finalmente responsable por haber creado agentes morales capaces de pecado pero por lo menos en este caso, Dios es sólo indirectamente responsable del mal. Dios, al dotar a los seres humanos con una medida de acción, también ha instituido el potencial para el mal en la creación.

Esta sencilla defensa del libre albedrío también comienza a abrir la puerta a una forma más adecuada de entender la omnipotencia divina. En la creación de un mundo como el nuestro, y especialmente en el "que existan" seres humanos con el poder de elegir lo contrario, Dios bondadosa y misteriosamente actuó para compartir el poder con las criaturas. Dios muestra el máximo poder creativo por ese "que exista" de algo que sea verdaderamente otro que no sea el Creador, algo que pueda agitar su puño y decir, "¡No!". Hay un misterio en el poder divino, y es el misterio de compartir, de dar, de permitirles a otros vivir y actuar. Quizá sea posible que el poder divino se entienda mejor como una potenciación del otro, de modo que a la vez que decimos "omnipotencia", también preveamos una especie de todo poder que es, por su propia naturaleza, compartido. Este es el misterio entrelazado del poder divino y el agente humano.

Pero hay otra dimensión del problema del mal, llamada generalmente mal natural. En este caso nos ocupamos, no con resultados evidentes de la acción humana equivocada, sino con situaciones tales como sequías, huracanes, volcanes y enfermedades mortales. El hecho, por supuesto, es que la elección humana sabiamente empeñada puede reducir mucho el sufrimiento causado por el mal natural: a las víctimas de la sequía, de la hambruna y de otros desastres de la naturaleza se les puede enviar alimentos y agua para aliviar su necesidad; a las enfermedades se les pueden descubrir o desarrollar curaciones. Para tales efectos, fenómenos como huracanes, terremotos y volcanes son generalmente considerados un mal sólo cuando amenazan o destruyen vidas o sociedades humanas.[1] En muchos casos, pues, uno podría ampliar la defensa del libre albedrío señalando que la gente podría

El Dios que crea

haber optado por vivir en otro lugar, y no donde el desastre azotó. Esto no significa, por ejemplo, que haya sido "su culpa" el que la gente perdiera bienes materiales o seres queridos por estar viviendo demasiado de cerca del monte Santa Helena cuando hizo erupción en 1980. Sencillamente significa que, a través de lo que normalmente es una larga serie de decisiones complejas, a veces terminamos en el lugar equivocado y en el momento equivocado. Esta respuesta al mal natural por tanto implica, objetivamente, una variación de la defensa del libre albedrío.

Tal vez podamos admitir que muchos de los fenómenos naturales de nuestro mundo que causan destrucción no sean malos en sí, sino neutrales. (Mejor aún, tal vez a menudo sean buenos; por ejemplo, los terremotos y los volcanes ayudan a que el planeta libere presiones que, de no habérseles "desatado", hubieran creado problemas aún mayores). Claro que esto no nos ayuda a lidiar con el problema del mal al nivel en donde realmente nos golpea: al nivel personal, existencial; al nivel en el que con demasiada frecuencia nos sentimos a merced de fuerzas destructivas más allá de nuestro control.

Es en ese nivel de la teodicea en el que opera el libro de Job. A primera vista, puede parecer que Job nos da la forma más fácil de respuesta, ya que habla de una especie de apuesta entre Satanás y Dios, con el pobre Job como premio (1:6-12; 2:1-7). Sería muy sugestivo culpar a este personaje satánico por todas las cosas malas que suceden, ¡y reservar todas las cosas buenas para Dios! Pero entiéndase que después del pasaje que sirve como prefacio, Satanás no vuelve a aparecer en el resto de la historia de Job. Además, el prólogo hace claro que Satanás le tiene que rendir de todos modos cuentas a Dios y que es capaz de ir sólo hasta donde Dios lo permita. Esto nos recuerda una implicación importante de la doctrina de la soberanía de Dios como creador y sustentador de todo: Satanás, también, es creado y sustentado por Dios. Como todos los otros componentes de la creación, la existencia de Satanás depende inmediatamente del poder sustentador de la palabra de Dios. Por lo tanto, culpar a Satanás de nuestras experiencias de maldad y destrucción sólo retrasa el problema por un momento, ya que Dios sigue siendo la fuente soberana de todas las cosas, incluyendo el diablo.

Además, cuando la petición de Job de una audiencia ante Dios finalmente es contestada, Dios no muestra vacilación alguna en cuanto a asumir responsabilidad por el mundo con todas sus alegrías y dolores. El estruendoso discurso de Job desde un torbellino (capítulos 38–41) alcanza su cenit en el capítulo 41, donde dice que el Creador habla de un "Leviatán", o, ¡lo menos que uno se podría imaginar!, de un cocodrilo. Por lo general, experimentamos más repulsión que admiración cuando de cocodrilos se trata. Pero al parecer Dios no comparte nuestros sentimientos:

Si llegas a ponerle la mano encima,
¡jamás te olvidarás de esa batalla, y no querrás repetir la experiencia! ...
No hay quien se atreva siquiera a provocarlo;
¿quién, pues, podría hacerle frente? ...
¿Quién se atreve a abrir el abismo de sus fauces,
coronadas de terribles colmillos? ...
Con su aliento enciende los carbones,
y lanza fuego por la boca. ...
Cuando se yergue, los poderosos tiemblan;
cuando se sacude, emprenden la huida. ...
Es un monstruo que a nada teme;
nada hay en el mundo que se le parezca.

(Versículos 8, 10, 14, 21, 25, 33)

Escuchar las largas reflexiones de Dios sobre los méritos del cocodrilo es empezar a desarrollar un aprecio por Dios como creador y señor de toda la naturaleza, incluyendo "uñas y dientes". Es verdad que el argumento teleológico para la existencia de Dios, el cual fue incluido en el capítulo 3, puede conducir a la idealización de la belleza y la armonía del mundo de la naturaleza. Pero sabemos que hay un anverso en la naturaleza donde el pez grande se come al más pequeño, y donde la sangre se derrama en luchas salvajes. El libro de Job nos desafía a apreciar este modo anverso de la naturaleza como obra igualmente de Dios. Sí, la armonía se mantiene pero es a menudo una armonía feroz que podría sugerir un poder casi bruto que opera en la creación.

Seguramente no es casualidad que Dios hable desde un torbellino, puesto que sugiere energía desatada, incontrolable. Y puede ser instructivo recordar que fue "un fuerte viento del desierto [que] dio contra la casa" lo que les trajo la muerte a los miembros de la familia de Job (1:19). Y que es de ese torbellino que surge una palabra de deleite divino en la diversidad incalculable de la creación. Dios habla de la inmensidad de los océanos, de la luz y la oscuridad, de la nieve y el granizo, y de las inundaciones y los

El Dios que crea

rayos. Dios le recuerda a Job del rocío y el hielo, de las constelaciones y las nubes, e incluso de terrones de tierra. Dios habla también de los leones, los cuervos y las cabras monteses, y de los ciervos y burros. El buey es de Dios, así como el avestruz y el caballo y el halcón y el hipopótamo. Este majestuoso discurso desde el torbellino, como lo hizo con Job, podría inspirarnos a nosotros a asombrarnos ante la presencia de la imaginación creadora de Dios, puesto que sólo Dios puede contener un orden creado tan heterogéneo y rebosante de vida y vitalidad, y sostener e integrar su inmensa variedad y precaria armonía. Tan precaria que, de hecho, a veces parece tambalearse al borde del caos.

Esto nos trae de nuevo al cocodrilo. ¿Por qué, después de todo, sería el remate del discurso de Dios una larga reflexión sobre el cocodrilo, la evidencia que finalmente condujo a Job a un profundo sentido de finitud y humildad? Los eruditos bíblicos se aprestan rápidamente a señalar que el cocodrilo, o Leviatán, era una criatura de importancia en la mitología cananea. Para los cananeos, cuya imaginería religiosa a menudo se refleja (y es duramente juzgada) en la Biblia hebrea, el Leviatán-cocodrilo representaba a Lotan, un monstruo de siete cabezas de los agitados mares, una personificación de los elementos caóticos que fueron conquistados en el acto de la creación. Salmos 74 refleja esta imaginería mítica en la que Dios conquista y controla el caos:

> *Tú, oh Dios, eres mi rey desde tiempos antiguos;*
> *tú traes salvación sobre la tierra.*
> *Tú dividiste el mar con tu poder;*
> *les rompiste la cabeza a los monstruos marinos.*
> *Tú aplastaste las cabezas de Leviatán*
> *y lo diste por comida a las jaurías del desierto.*
> *Tú hiciste que brotaran fuentes y arroyos;*
> *secaste ríos de inagotables corrientes.*
> *Tuyo es el día, tuya también la noche;*
> *tú estableciste la luna y el sol;*
> *trazaste los límites de la tierra,*
> *y creaste el verano y el invierno.*

(Versículos 12-17)

Es una posibilidad tentadora, entonces, que el cocodrilo que Dios tanto aprecia en Job 41 no sea simplemente la bestia en el pantano, aunque ciertamente lo es. Más bien, en un nivel más profundo, simbólico (y narrativo), el cocodrilo evoca la imagen del Leviatán caótico, de esos poderes turbulentos de las aguas profundas que amenazan el orden y el bienestar necesario para la vida de las criaturas. Dios tiene el monstruo bajo control, y de hecho es su creador. Génesis 1:21 evidentemente insiste en esto: "Y creó Dios los grandes animales marinos", lo que significa que los profundos y turbulentos poderes de destrucción caótica, deificados por el mito pagano como monstruos de las profundidades, en realidad son sólo criaturas creadas por el Creador, el Dios de Israel. Salmos 104 va aún más lejos al asumir un enfoque liviano y juguetón del monstruo del caos: "Allí está el mar, ancho e infinito…Allí navegan los barcos y se mece Leviatán, que tú creaste para jugar con él" (vv. 25, 26).

Estas reflexiones nos invitan a regresar a Génesis 1, donde el acto de creación de Dios incluye el Espíritu-viento-aliento divino (*ruaj*) que sopla sobre las aguas caóticas y oscuras, y que finalmente separa con los cielos "las aguas que están abajo de las aguas que están arriba", y luego reúne "las aguas que están abajo… en un solo lugar" para que la tierra seca pueda aparecer (vv. 7, 9). Esta convincente imagen de la creación implica, en pocas palabras, el acto de Dios de "hacer retroceder el caos", simbolizado por el vacío turbulento y sin forma de las profundas y oscuras aguas, a fin de que puedan surgir el orden y la estructura ("lo seco"). La creación no es menos de Dios cuando se caracterice por el caos turbulento y amenazador, pero la creación como un contorno ordenado para las criaturas vivientes, y especialmente los seres humanos, dándoles "un lugar donde estar", es lo que es traído por el Espíritu vivificante de Dios que respira y sopla sobre las aguas.

A veces se sugiere que el relato de la creación del Génesis es narrado a la luz del éxodo judío de Egipto. Si mantenemos en mente que el éxodo es la historia formativa de salvación en la experiencia y memoria judías, una sugerencia así tiene mérito. El salmo que hemos citado anteriormente parece, en efecto, traer a convergencia imágenes de la creación y del éxodo a la semejanza de una foto de doble exposición; la creación es ensalzada como una de las grandes obras "de salvación" en la que Dios "divide el mar" (74:12, 13). La lógica de esta manera de enfocar la creación sería, en esencia, la siguiente: "El Dios que nos libró de la esclavitud de Egipto, es también el creador del cielo y de la tierra". En ambos eventos se encuentra el poderoso Espíritu-aliento de Dios "dividiendo" las aguas, soplando para que se retire el caos, de forma tal que pueda ocurrir una nueva creación. En Éxodo, es la creación

El Dios que crea

de un pueblo ante Dios, un pueblo de identidad y vocación; en Génesis, es la creación de un mundo. En ambos casos la palabra de Dios es la palabra de un "que exista", de que exista una verdadera creación, un pueblo real, un verdadero "otro" que sea diferente a Dios, y no "bajo el dedo de Dios" o al final de los hilos de una marioneta.

En el plano humano, ese sentido de alteridad se experimenta en la libertad humana, en nuestra capacidad de rechazar el amor y la voluntad de Dios para con nosotros; lo cual se traduce en maldad moral. A nivel del resto del orden creado, tal vez esa alteridad se encuentre precisamente en la noción del caos (noción que, aunque profundamente bíblica, también fascina a los físicos modernos), un caos que le presta cierta indeterminación, incluso obstinación, a la creación misma de Dios. ¿Podrían interpretarse nuestras experiencias de lo que llamamos "mal natural" como la intrusión del "caos" en nuestras vidas? Recordemos que, después de todo, es su sufrimiento lo que inspira en Job sus preguntas acerca de Dios y que es el discurso de Dios desde el torbellino acerca del Leviatán, el monstruo de las profundidades caóticas, lo que finalmente silencia esas preguntas. El "monstruo" (en ambos niveles, el literal y el simbólico) es efectivamente creación de Dios pero ello no impide que nos amenace o nos hiera de vez en cuando.

Por supuesto que si la comprensión judía de la creación está enmarcada por la memoria colectiva del éxodo, también podemos esperar ver a los cristianos interpretar la creación del mundo a través de su "narrativa de liberación", el evangelio de Jesucristo. Y, evidentemente, ese es el caso: el Evangelio de Juan, por ejemplo, nos dice que la palabra creativa (*logos*) que Dios habló en la creación es el mismo Verbo que se unió con la creación en la persona de Jesús de Nazaret (1:1, 14). Del mismo modo, el apóstol Pablo insiste en que "Dios, que ordenó que la luz resplandeciera en las tinieblas, hizo brillar su luz en nuestro corazón para que conociéramos la gloria de Dios que resplandece en el rostro de Cristo" (2 Corintios 4:6). El señalamiento aquí es que la comunidad cristiana primitiva, viviendo en la luz de la poderosa redención de Cristo, vio incluso la obra de Dios de la creación desde ese punto de vista. "Él es la imagen del Dios invisible, el primogénito de toda creación... Él es anterior a todas las cosas, que por medio de él forman un todo coherente" (Colosenses 1:15, 17).

Esto tiene implicaciones ricas y profundas para nuestra comprensión de Dios, de la creación y del problema del mal. Para nuestra comprensión de Dios significa que nuestra confesión cristiana consiste en que el corazón mismo de Dios en el acto de la creación es un corazón semejante a Cristo. La atrevida declaración de 1 Juan de que "Dios es amor" (4:8, 16), que no es el resultado de la especulación teológica sino de que Cristo se entregara a sí mismo en la cruz, nos proclama que Dios es eterna e invariablemente amor. Si Cristo está en el centro de la doctrina cristiana de la creación, entonces es factible que el acto de creación de Dios refleje ese mismísimo amor que se entrega, un amor personificado en la crucifixión que se entrega y que otros reciben, esa palabra de un amor que comparte el estar con el otro que es la creación, esa palabra de "que exista", ese Verbo de amor que se hizo carne y habitó entre nosotros y se entregó por nosotros. Hay una cruz en la creación.

Si, en efecto, Cristo en la cruz es la revelación decisiva de Dios el creador, si es la gran parábola histórica del sufrimiento de Dios y su vulnerabilidad en relación con la alteridad de la creación, entonces el Creador es realmente amor y el poder divino no es un puño dominante sino una mano abierta y sangrante. Esto sólo confirma nuestros indicios anteriores acerca de la necesidad de una comprensión más adecuada de la omnipotencia divina. El hecho de que Cristo, el Verbo hecho carne, fuera clavado en una cruz por otros seres humanos revela vulnerabilidad de parte de Dios, la disposición de sufrir nuestros abusos de la libertad. Dios, el omnipotente, no acumula poder sino que comparte poder. En el acto mismo de la creación, el Dios que es amor que se entrega, ha compartido con la criatura el poder de ser. El teólogo anglicano John Macquarrie ha escrito: "Su creación fue también un vaciarse de sí mismo. ... Su amor y generosidad le llevaron a compartir la existencia con sus criaturas. [Esto no es sencillamente] una limitación de poder sino también el que Dios se esté haciendo vulnerable, porque no puede haber amor, ese compartir y otorgar de libertad, sin la posibilidad de sufrimiento por parte del que ama y comparte y confiere".[2] El Dios que llamamos omnipotente no ejerce todo el poder si realmente ese poder ha sido compartido con nosotros. Pero esto es mucho más que una cuestión de cantidad, de división de poder; antes, puede ser más preciso decir que la naturaleza misma del poder divino es la habilitación de ese otro que es su criatura.

La doctrina de la omnisciencia divina también pasa por un cambio significativo cuando se interpreta a través del lente de la cruz de Cristo, como la revelación decisiva de Dios como amor. Esto nos recuerda la representación de la tradición hebrea de la idea de conocimiento (*yada*), como en, "Cono-

El Dios que crea

ció Adán a su mujer Eva" [Génesis 4:1, RV60]. En este conocimiento conocer a otra persona requiere involucramiento activo, participación, reciprocidad transformadora con la otra persona, relaciones con la otra persona en el sentido más profundo. Esto aleja la idea de la omnisciencia, del tipo de conocimiento desinteresado, pasivo, como de un ordenador o computadora, de cada detalle del universo, acercándolo en cambio hacia la omnisciencia de un amor que ahonda profundamente en nuestras vidas. Dios nos ama activamente y, por lo tanto, Dios nos conoce. Esto parece estar mucho más en armonía con la siguiente declaración del salmista:

> *Señor, tú me examinas,*
> *tú me conoces.*
> *Sabes cuándo me siento y cuándo me levanto;*
> *aun a la distancia me lees el pensamiento.*
> *Mis trajines y descansos los conoces;*
> *todos mis caminos te son familiares.*
> *No me llega aún la palabra a la lengua*
> *cuando tú, Señor, ya la sabes toda.*
>
> (139:1-4)

De manera similar, interpretar la omnipresencia a la luz del amor revelado en la cruz nos devela nuevos matices de significado. Sí, Dios está presente en todas partes porque Dios es amor eterno, morando fielmente con y para toda la creación. "Dios es amor" significa que el Espíritu estaba en los ardientes hornos de Auschwitz durante la quema de los niños, en el cegador calor de la explosión de Hiroshima y más particularmente en la cruz de la que colgaba Jesús. Pero además habrá un sentido en el que, porque Dios es amor, esa santa presencia esperará silenciosa y humildemente que la reconozcamos y que le respondamos. Dios no obliga nuestro reconocimiento y adoración. Nos viene a la mente la historia de un rabino que preguntó a sus alumnos, "¿Dónde está Dios?" Una estudiante brillante y ansiosa respondió, "¡En todo lugar, por supuesto!" A lo que el rabino respondió, "Dios está dondequiera que lo dejemos entrar". La omnipresencia de Dios es una omnipresencia de amor, que en silencio y con paciencia, espera la respuesta de nuestro amor.

Esta meditación sobre el carácter del Creador como se revela en la cruz es importante porque ofrece un enfoque diferente para la teodicea, o el problema del mal. Si, como la tradición wesleyana ha tendido a decirlo, la soberanía divina es en realidad un nivel más fundamental y en última instancia una soberanía de amor, entonces la primera cosa que hay que decir sobre el sufrimiento humano es que Dios, que es amor, lo comparte. Cuando la tradición cristiana preste atención a la cruz de Jesús pondrá fin a toda noción de una deidad impasible y omnipotente en un trono celestial distante, no afectada ni tocada por los dolores de la creación. El Dios revelado en el sufrimiento de Jesús, con y por nosotros, es un Dios vulnerable, que comparte en el dolor. El filósofo Alfred North Whitehead refleja su aprecio por esta visión cristiana cuando llama a Dios, "el sufriente-compañero que entiende".

Pero por importante que esto sea en una teodicea cristiana, no es suficiente. Es bueno que Dios sufra con nosotros y entienda nuestras penas pero, al final de cuentas, Jesús nos ha enseñado a orar para que seamos librados del mal. Y esto es lo que nos promete la resurrección de Jesús de entre los muertos. Si la cruz revela que Dios está dispuesto a sufrir a manos de la criatura, a sentir con nosotros el caos punzante que nos amenaza y a veces nos daña, entonces la resurrección nos recuerda que Dios es en última instancia el poder de la victoria. Nuestro Creador ha creado con un propósito, un *telos,* que los profetas hebreos con frecuencia llamaban *shalom. Shalom* es una abarcadora sensación de bienestar que impregna toda la creación, una visión de paz que sostiene al pueblo de Dios en este mundo caído y sufriente. Será asunto de especulación el que Dios pueda anular en algún momento en el futuro la libertad de la criatura en aras del *shalom* universal. Pero las indicaciones de la Biblia son que el Santo preferirá nuestra cooperación activa para lograr una plena creación. En la medida en que nos ofrezcamos como socios de Dios seremos sostenidos por la convicción de que "Dios es amor", de que el amor encarnado en Cristo es el poder creativo, el Alfa y la Omega, del universo. Esta es la confianza en la soberanía divina celebrada por el apóstol Pablo en el siguiente pasaje, que el cual no trata con que Dios determine cada evento en nuestras vidas como un maestro ajedrecista solitario sino de que el amor de Dios por nosotros sea el único poder indestructible en el universo.

> Sabemos que toda la creación todavía gime a una, como si tuviera dolores de parto. Y no sólo ella, sino también nosotros mismos, que tenemos las primicias del Espíritu, gemimos interiormente, mientras aguardamos nuestra adopción como hijos, es decir, la redención de nuestro cuerpo. ... [E]n todo esto somos más que vencedores

El Dios que crea

por medio de aquel que nos amó. Pues estoy convencido de que ni la muerte ni la vida, ni los ángeles ni los demonios, ni lo presente ni lo por venir, ni los poderes, ni lo alto ni lo profundo, ni cosa alguna en toda la creación, podrá apartarnos del amor que Dios nos ha manifestado en Cristo Jesús nuestro Señor. (Romanos 8:22-23, 37-39)

El universo como creación

"Dios miró todo lo que había hecho, y consideró que era muy bueno"
(Génesis 1:31).

El escenario que la Biblia presenta para esta historia de Dios es el de "los cielos y la tierra", el mundo en que vivimos. En Génesis leemos que la creación es "muy buena" a los ojos de quien la ha llamado a existencia y la implicación más inmediata de esto es que la creación es capaz de cumplir con los propósitos de Dios. La Biblia no comienza en un reino espiritual lejano, distante, sino literalmente con nuestro planeta y su atmósfera. Este mundo y esta vida, como la propia creación de Dios, son profunda y hondamente afirmados en la Biblia.

Pensar cuidadosamente sobre el universo que habitamos como creación de Dios y, de hecho, como "muy buena" creación, da lugar a algunos temas teológicos importantes. En este capítulo exploraremos dos de ellos.

En primer lugar, decir que el universo es la creación de Dios es reconocer su dependencia radical en el poder creativo que se nos revela en Cristo Jesús. Su existencia se basa, no en sí mismo, sino en "Dios Padre Todopoderoso" (Credo de los Apóstoles) que lo quiere y lo llama a ser. Por lo tanto, es totalmente dependiente, contingente y finito. Mientras tanto, Dios sigue siendo Dios, con o sin creación; Dios es creador trascendente (del latín, *trans* = más allá; *scandere* = escalar; estar más allá, superior) de todas las cosas.

Esta proclama de que Dios es creador de todo es, de hecho, el mensaje fundamental de Génesis 1. En otras palabras, el relato de la creación está estableciendo un punto teológico. Este punto teológico se les escapa a aquellos que intentan conciliar el relato de la creación con teorías científicas débiles, o que lo usan como arma contra la teoría evolutiva. El peso de la opinión teológica es que Génesis 1 no es una declaración científica como tal; por el contrario, es una polémica teológica contra la idolatría de las culturas vecinas de Israel. Génesis 1 no puede usarse hoy como polémica científica contra ninguna cosmología particular (la teoría de los orígenes), ya sean antiguas o modernas. Para la mayoría de los pueblos antiguos, los distintos elementos de la naturaleza eran divinos: sol, luna y estrellas; dioses de la luz y de las tinieblas; ríos y vegetación; animales; y los procesos reproductivos. El mundo estaba poblado, incluso sobre poblado, de deidades de la naturaleza. Y en culturas como las de Egipto y Asiria, los gobernantes también eran adorados como dioses. Génesis 1, ante todo, establece que a cualquier cosa, criatura o persona en el orden creado, hay que negarle la adoración porque sólo hay un Dios que crea todas las cosas, el Dios de Israel, el Dios del éxodo. Génesis 1 es un sermón narrativo contra la idolatría.

En Génesis 1, ese impulso iconoclasta (literalmente, "romper o aplastar ídolos") es ilustrado por el uso que la narración hace en el versículo 16 de las frases "astro mayor" y "astro menor", en lugar de "sol" y "luna", palabras que tenían connotaciones específicamente idólatras. El sol y la luna no son dioses para ser adorados sino elementos de la creación de Dios. En el capítulo anterior de este libro conocimos a "los grandes animales marinos" (v. 21) que jugaban un papel crítico en la mitología cananea de la creación, pero que en Génesis 1 son radicalmente criaturizados: son buenas creaciones del Dios único. Alusiones así a las ideas religiosas de pueblos vecinos abundan en los primeros capítulos del Génesis y dejan en claro que la intención del primer capítulo de la Biblia no es en realidad ofrecer una descripción literal de los eventos de la creación, sino afirmar la convicción de Israel de que hay un solo Dios, el Dios de Israel, quien es el creador de todo. De hecho, esta convicción sería incorporada a la vida colectiva del pueblo de Israel en su observancia semanal del día de reposo.

Entendido de esta manera, Génesis 1 no fue escrito para proporcionar información científica; antes, su propósito estaba más cercano a la formación del pueblo judío especialmente como pueblo que vivía en el exilio. En un escenario como ese, la interacción cercana con las naciones paganas poderosas y sus prácticas religiosas siempre se prestaba para tentaciones a la idolatría. Así, Génesis abre con la proclamación de que el Dios que adoraban los judíos, el Dios de ese pueblo conquistado, en efecto es el creador de todas las cosas. Además, la forma fundamental en la que fueron llamados a recordar al creador a quien pertenecían, era observando el día semanal de

El universo como creación

reposo. Por lo tanto, Génesis 1 ofrece una historia de la creación que invita al pueblo judío a una práctica que contribuiría profundamente con la conformación de su identidad colectiva como Israel, el pueblo de Dios. Ciertamente no hay ninguna duda de que esta gran historia de la creación sigue funcionando de esta forma para mucha de la gente de la sinagoga hoy en día.

Los que intentan utilizar el Génesis como un libro científico así como los que simplemente lo rechazan como antiguas conjeturas en cosmología que han quedado obsoletas según las ideas científicas modernas, a ambos igualmente se les escapa el punto de la narrativa. No es ciencia y leerlo como tal es violentar sus intenciones. Es, por el contrario, teología poética, un "himno de la creación" (H. Orton Wiley) que atestigua que el Dios de Israel es creador de todo, y que llama al Israel de Dios a vivir bajo el poder de esa convicción.

Los cristianos, entonces, pueden (realmente deben) creer que Dios es creador y sustentador de todas las cosas y al mismo tiempo pueden (y deberían) permitir a los científicos naturales hacer el mejor esfuerzo posible por descubrir cómo se producen los procesos de la creación, e incluso, tal vez, cuándo empezaron. El problema con el enfoque científico-literal de Génesis 1 es que a menudo parece asumir que la Biblia nos da descripciones científicas que hacen nula la búsqueda científica para la comprensión de los procesos de los orígenes de la vida. Esa búsqueda, sin embargo, es positivamente una faceta de nuestra vocación como seres humanos creados a la imagen de Dios, una idea que exploraremos más a fondo en el capítulo siguiente.

Hay que reconocer que el estado de la teoría evolucionista en la comprensión cristiana del mundo como creación de Dios continúa provocando controversia entre muchos. Pero lo que hay que ver aquí es que la validez de la teoría es una cuestión científica que se resolverá tan seguramente como sea posible apelando a los datos observables que ofrece nuestro mundo, como los fósiles y la evidencia del ADN, y no a la Biblia, por no ser esa la función de nuestros escritos sagrados. En su mayoría, las denominaciones wesleyanas han tendido a ver la Biblia, no como una ciencia infalible o texto de historia, sino como un testimonio de las bendiciones de una relación salvadora con Dios a través de Cristo, "revelando infaliblemente la voluntad de Dios respecto a nosotros en todo lo necesario para nuestra salvación".[1] (Ver el Apéndice.)

La historia de Dios

Por lo tanto, lo único que un cristiano, por definición, debe decir es que la teoría evolucionista nunca puede ser totalmente adecuada o cierta si omite a Dios como se ha revelado en el amor sufriente de Jesucristo. La teoría de la evolución de por sí es religiosamente neutral; el científico que erróneamente crea que una teoría tal elimina decisivamente a Dios, se ha trasladado de la ciencia a la filosofía. Concedemos que la mayoría de los evolucionistas han sido evolucionistas naturalistas por creer que el mundo se explica mejor sólo sobre las bases de las capacidades propias de la naturaleza. El universo por el cual ellos abogan se erige puramente por un ciego azar y la selección natural. Una historia evolutiva del universo, sin embargo, no excluye automáticamente, ni puede excluir, la posibilidad de la evolución teísta; es decir, que la manera de Dios de crear y sostener el universo es por medio de los procesos evolutivos así descritos.

Pero recordemos: Génesis 1 no puede utilizarse para apoyar la evolución ni ninguna otra teoría científica de los orígenes; leerlo con fines científicos es como leer la parábola de Jesús del samaritano compasivo como si se tratara de un reportaje periodístico. La Biblia afirma que el Dios de Israel, que más tarde sería revelado decisivamente en Jesucristo, es el Creador y Sustentador del universo. Lo que le preocupa a Génesis 1 es el quién de la creación. Cómo Dios crea es asunto de Dios; cómo tratar de descubrir y comprender la obra de Dios, que es la creación, es asunto nuestro.

Un segundo tema importante en la doctrina de la creación es que, independientemente de los procesos con los que Dios crea, todo lo creado es bueno. La creación, que procede de la mano creadora de Dios, es algo que hay que afirmar y celebrar. Hay una sensualidad bíblica eminentemente adecuada que nos invita a disfrutar de este mundo: sus deliciosas comidas, su belleza física, sea un cielo estrellado o una playa del océano, o el rostro y el cuerpo humano, la buena música, el placer de tocar, ya sea pasándole la mano al pelo del gato o acostándose sobre la hierba o tocando a otro ser humano, y los fragantes aromas, desde la de la rosa hasta la del heno recién cortado. El mundo de los sentidos es un mundo de placer, un mundo que es "muy bueno" a los ojos del Creador. "Todo lo que Dios ha creado es bueno, y nada es despreciable si se recibe con acción de gracias. . . [porque] Dios… nos provee de todo en abundancia para que lo disfrutemos" (1 Timoteo 4:4; 6:17).

Todo esto es importante cuando se tiene en cuenta el impulso religioso recurrente de negar la carne, los sentidos y los placeres de la vida a fin de

El universo como creación

llegar de alguna manera a Dios o al menos a una etapa más espiritual. Gran parte de la fascinación popular por dejar este mundo para ir al cielo participa, a decir verdad, de una estimación menos que bíblica de la creación. Las doctrinas bíblicas de la creación, la encarnación del Verbo y la resurrección del cuerpo, históricamente han ayudado a protegernos de esa clase de ascetismo negador del mundo. En las conmovedoras palabras de Martin Buber, el filósofo judío del siglo XX:

> El amor exclusivo a Dios, porque es Dios, es amor inclusivo, listo para aceptar e incluir a todos los amores.... Dios se limita en todo lo ilimitado de Él; le hace espacio a las criaturas y, en amor por Él, le hace espacio al amor por las criaturas.... La creación no es un obstáculo en el camino hacia Dios; es el camino mismo. Somos creados los unos con los otros y dirigidos a una vida de los unos con los otros.[2]

Así mismo, Juan Wesley escribió que los cristianos han de "amar a la criatura como conducente al Creador",[3] lo que implica que el reino de lo creado es verdaderamente capaz de cumplir el propósito que Dios le tiene, como el lugar donde ocurre la relación entre Dios y los seres humanos. Esto nos señala la forma específica en que la creación es "muy buena": es el ámbito en el cual es posible una relación responsable y verdadera con el Creador, puesto que Dios confirma, y más aún, valora, la otredad real de esa creación. Los filósofos han discutido durante siglos si este es el mejor mundo posible y la única respuesta provechosa es, "Todo depende". Si se cree que el mejor mundo posible es uno sin dolor, sin amenazas, daño o riesgo, donde "todos pasan un buen rato", entonces este no es el mejor mundo posible. Pero si se considera la eventualidad de que el mejor mundo posible sea el que mejor se adapte a los propósitos de Dios de establecer una interactividad pactual y real con nosotros, con todo y la libertad y los riesgos que esto conlleve, y con las realidades de luchas y dolor y crecimiento que esto permita, entonces quizá ese mundo sí se acerque de manera colosal al mejor mundo posible.

La humanidad:
la criatura a imagen del Creador

"Cuando Dios creó al ser humano, lo hizo a semejanza de Dios mismo. Los creó hombre y mujer, y los bendijo. El día que fueron creados los llamó «seres humanos [adam]"
(Génesis 5:1-2).

"Cuando contemplo tus cielos, obra de tus dedos, la luna y las estrellas que allí fijaste, me pregunto: «¿Qué es el hombre, para que en él pienses? ¿Qué es el ser humano, para que lo tomes en cuenta?"
(Salmos 8:3-4)

¿Qué son los seres humanos? ¿Qué significa ser humano? Entre las preguntas más intrigantes y misteriosas que los seres humanos puedan hacerse están éstas, porque son las preguntas que nos vuelven hacia nosotros, los interrogadores. Enseguida, pues, nos encontramos con los primeros destellos de una respuesta a las preguntas que la humanidad se hace a sí misma: somos las criaturas que podemos preguntarnos sobre nosotros mismos. Porque podemos preguntarnos, "¿Quién, o qué, soy yo?", y porque así lo hacemos, los seres humanos parecemos ser únicos entre los seres vivos de Dios en el planeta tierra.

La respuesta que la Biblia ofrece a esta pregunta es compleja pero, en un enfoque bíblico narrativo de la antropología teológica, hay varias características que se podrían identificar. Si nos volvemos a los antiguos relatos de las Escrituras hebreas y los leemos con la intención de buscar su criterio teológico, a saber: el punto de la historia de Dios en su relación salvífica con el mundo, las características aparecen.

La historia de Dios

Ya se nos ha alertado de la probabilidad particular de que pensar que el Génesis dé a sus lectores una descripción científica de los orígenes de los humanos es pedir más de lo que se propone el texto. Por ejemplo, en Génesis 1 leemos sencillamente que Dios creó a la humanidad, como hombre y mujer, a imagen de Él (1:26-27). El método por el que Dios logró esto no es parte de la narración, aunque resulta significativo que la creación de los seres humanos se produzca el mismo día (el sexto) que las otras criaturas de la tierra. En esta historia de la creación, los seres humanos no tienen su día especial de creación; no hay un tiempo especial o una era única para ellos; somos, pues, criaturas semejantes entre y dentro de toda la obra creada de Dios.

Sin embargo, esta criatura que llamamos ser humano tiene un lugar único delante de Dios. La narrativa de la creación da un giro radical cuando, repentinamente, Dios le habla a la humanidad. El creador se dirige al hombre y a la mujer y les da dominio sobre la tierra y los hace responsables de ella. Las palabras del Salmo 8 proporcionan la respuesta que el salmista mismo le dio a su pregunta de, "¿Qué son los seres humanos?"

> *Pues lo hiciste poco menos que un dios,*
> *y lo coronaste de gloria y de honra:*
> *lo entronizaste sobre la obra de tus manos,*
> *todo lo sometiste a su dominio.*
>
> (Versículos 5-6)

Aquí descubrimos la raíz de lo que significa para la humanidad haber sido creada a imagen de Dios. Dios le habla a la criatura y por la palabra divina, esta criatura es llamada a una relación, a una rendición de cuentas, a una capacidad de respuesta ante el Creador. Esto permite que los seres humanos tengan la oportunidad de responderle a Dios, de expresarse, de ofrecerle sus propias y significativas palabras a esta gran historia de Dios. Según el relato de la creación, que el Creador creara a los seres humanos a la imagen y semejanza divinas es la gran aventura de Dios de arriesgarse a una relación. Fuimos creados para ser imagen de Dios, para reflejar la gloria y el amor de Dios, para representar a Dios en el planeta tierra.

Es interesante que Juan Wesley anticipara una buena dosis de esta comprensión de la antropología teológica cuando escribió que Dios creó a los seres humanos "para existir y amar". Existir significa, literalmente,

La humanidad: la criatura a imagen del Creador

"mostrarse", lo que implica un sentido de identidad, una conciencia de libertad y de responsabilidad. Según lo sugerido por Wesley, no somos creados por Dios para ser marionetas tiradas por hilos. La paradoja de ser un humano es que, a la vez que somos enteramente dependientes de nuestro Creador en cada momento de nuestra mismísima existencia, Dios nos sostiene en cada momento precisamente para que nos "mostremos", para que seamos capaces de tomar decisiones y asumir responsabilidad por ellas. De hecho, sin la primera mitad de la fórmula de Wesley, "para existir", es imposible poseer la segunda mitad, "para amar". Para comprometernos a amar, sea Dios o el prójimo el objeto de ese amor, es necesario que nos mostremos como personas aparte, distintas, del que es amado. La relación con Dios y el prójimo ("amar") no puede ocurrir sin un firme sentido de responsabilidad y de libertad ("existir").

Esto, a su vez, sugiere que el mismo tipo de rendición de cuentas o responsabilidad ante Dios para la cual nosotros somos creados a la imagen divina, pertenece también a nuestras relaciones con los demás. De hecho, podría sugerirse que nuestra capacidad para preguntar por, o sobre nosotros mismos, que fue con lo que comenzamos este capítulo, puede derivarse de que el Creador pregunte por nosotros, y de nuestro preguntarnos los unos por los otros. En todo caso, el ser humano, ese misterioso ser creado a "imagen y semejanza" de Dios, es el ser que es cuestionado, a quien se le habla, al que se le llama a cuentas, pero quien puede hacer sus propias preguntas, y hablar y llamar a cuentas, ya sea a Dios, al prójimo o a sí mismo.

Gran parte de esta antropología teológica la encontramos tejida bellamente en la textura de la narrativa del Génesis, en sus primeros capítulos. En el capítulo 2, por ejemplo, leemos una historia de la creación que retrata a Dios algo así como un alfarero que forma al ser humano (*adam*, en hebreo, de *adamá*, "tierra") del polvo de la tierra y que sopla en esa criatura de polvo el hálito, el *ruaj*, de la vida. El texto anuncia que, con esto, el ser humano se convierte en un *nefesh*, un "ser viviente" (v. 7). La traducción de la versión Reina-Valera antigua, "y fue el hombre en alma viviente", ha ejercido una influencia considerable sobre la forma en que los cristianos han pensado acerca de lo que significa ser humano. Sin embargo, en el idioma español es permisible traducir la palabra hebrea *nefesh* como alma sólo si estamos preparados para ver que el Génesis la usa para referirse a otros animales, siendo entonces "almas" todos los seres vivos (la palabra *nefesh* significa "cosa viviente"). Génesis 2, por consiguiente, sólo afirma que la criatura humana fue hecha viva, animada, por el aliento de Dios. El concepto filosófico griego del alma como una sustancia imperecedera y eterna que le es única a los seres humanos tiende a desviarnos de nuestro intento de armar una antropología teológica arraigada en la historia de Dios.

A lo ya dicho, nuestro Creador y Moldeador añade que, "No es bueno que el hombre esté solo" (2:18) y procede a moldear otras criaturas de la tierra y las lleva hasta el ser humano "para ver qué nombre les pondría. El hombre les puso nombre a todos los seres vivos, y con ese nombre se les conoce" (v. 19). Dios le confía a la racionalidad humana, a su lenguaje y a su ingenio, esta tarea de nombrar a las otras criaturas y en el proceso, Él no se queda con ninguna carta bajo la manga. El ser humano queda, pues, en libertad de crear nombres apropiados para las otras criaturas de Dios, y para explorar la naturaleza de la creación de Dios, y para interpretar el mundo en palabras humanas. Es iluminador comparar la historia de Génesis 2 con la versión de esa historia en el Corán: ahí Dios le enseña al humano los nombres correctos de todo.

Por cierto, no es necesario tomar literalmente el relato de Génesis 2 para poder apreciar su profunda contribución teológica a la historia humana dentro de la historia de Dios, en el sentido de que los seres humanos compartan de la materialidad de la tierra; es decir, que nuestros cuerpos provengan de los elementos de este mundo y de que a su tiempo vuelvan a la tierra. Y de que nuestra vida, nuestra vivencia, dependa de la presencia del espíritu-soplo de Dios que confiere vida. Y de que estemos dotados por nuestro Creador con la tarea de nombrar y de interpretar la creación a través del lenguaje. Somos, bíblicamente hablando, sólo "polvo en el viento" (el viento del Espíritu viviente de Dios) pero también se nos ha confiado el que comprendamos al resto de la creación y cuidemos de ella. Y es así como en uno de los primeros pasajes de la Biblia nos encontramos con los temas de apertura de la antropología teológica, basados en la historia de Dios: los seres humanos son criaturas finitas. Sin embargo, de entre todas las criaturas, es al humano a quien Dios le agrada acercársele, inclinársele de cerca, e inspirarlo. El Creador respira sobre esta criatura de una manera única e íntima, forjando una relación que otras criaturas no comparten, al menos no en la misma estrecha medida. Somos criaturas finitas, de tierra, pero también criaturas con las que Dios desea mantener relación de pacto. Somos las criaturas más claramente capaces de responder a Dios y de responder a las preguntas que se nos plantean. ¿Es acaso una coincidencia que, temprano en la

La humanidad: la criatura a imagen del Creador

historia de Dios, cada vez que Dios le habla a un ser humano, este hablar tome la forma de una pregunta? La primera fue aquella, la más profunda de las preguntas: "¿Dónde estás?" (3:9). No mucho tiempo después, aquella otra estrechamente relacionada: "¿Dónde está tu hermano Abel?" (4:9). Y hay muchas otras preguntas dentro de esos capítulos, todo lo cual demuestra el deseo de Dios de evocar en nosotros una respuesta, una contestación.

De la misma manera, las preguntas de Dios, las cuales tienen la intención de invocar nuestras respuestas, también abren la posibilidad real de que nosotros le hagamos preguntas a nuestro Creador. La Biblia, particularmente en los escritos de los profetas y de los salmistas, abunda en preguntas. Por ejemplo:

¿Por qué, Señor, te mantienes distante?
¿Por qué te escondes en momentos de angustia?

(Salmos 10:1)

¿Hasta cuándo, Señor, me seguirás olvidando?
¿Hasta cuándo esconderás de mí tu rostro?

(Salmos 13:1)

Y, claro está, también tenemos el grito quejumbroso del salmista, el cual también pronunciara Jesús en la cruz:

Dios mío, Dios mío,
　¿por qué me has abandonado?
Lejos estás para salvarme,
　lejos de mis palabras de lamento.
Dios mío, clamo de día y no me respondes;
　clamo de noche y no hallo reposo.

(Salmos 22:1-2)

Por tanto, la Biblia nos enseña que Dios nos crea para conversar, para un diálogo permanente dentro de los vaivenes de la existencia histórica. Dios nos llama, pero con la misma seguridad también nos invita a que lo llamemos. Dios pregunta por nosotros pero también nos permite, y hasta nos anima a que nos sintamos en libertad de preguntar por Él, de clamar en lamento con el salmista como lo hizo Jesús en la cruz, de luchar como Jacob, e incluso de desafiar al Todopoderoso como lo hizo Abraham: "¿De veras vas a exterminar al justo junto con el malvado? ... ¡Lejos de ti el hacer tal cosa! ... Tú, que eres el Juez de toda la tierra, ¿no harás justicia?" (Génesis 18:23, 25). Esto es, por lo menos, parte de lo que significa ser creado a imagen de Dios. Presumiblemente, Dios no es tan inseguro como para negarnos nuestra capacidad para hacer preguntas, inclusive (¡por supuesto!) las teológicas. La tradición religiosa judía ha tendido a tomar más en serio, y hasta alentar este rol humano de lucha con Dios ("el que lucha con Dios", después de todo, es lo que la palabra *Israel* esencialmente significa), aunque los cristianos ciertamente pueden encontrar un ejemplo sorprendente de esto en la contendida oración de Jesús en Getsemaní. De hecho, hacer preguntas difíciles es un aspecto vital del crecimiento dentro de una relación honesta, ya sea con otras personas o con Dios.

En la Biblia, no obstante, es definitivamente Dios el principal Formulador de preguntas y nosotros los que respondemos a ellas. Pero, ¿por qué cosa hemos de responder? El relato del Génesis sugiere que hemos de responder por nuestras relaciones con Dios ("¿Dónde estás?"), por las de los unos con los otros ("¿Dónde está tu hermano?") y con el resto del reino de las criaturas. Tal vez esta tercera dimensión de nuestra capacidad de responder merezca un poco más de atención. Porque está claro que, junto a la capacidad para las relaciones con Dios, y la de los unos con los otros, un elemento importante en ser creado a imagen de Dios es nuestra vocación divina: "...llenen la tierra y sométanla; dominen [sobre ella]" (1:28). Se ha vuelto popular entre algunos críticos acusar a la fe bíblica, en gran medida sobre las bases de este pasaje, de haber fomentado una visión del papel de la humanidad como usuaria despótica y codiciosa de los recursos de la tierra. Por lo tanto, argumentan esos críticos, la crisis ecológica actual puede ser arrojada a los pies de una mentalidad científica occidental formada históricamente por la fe cristiana. Este argumento ha recibido una enérgica crítica en los últimos años pero, si en alguna medida es legítimo, lo que más revela es el maltrato humano típico de los textos bíblicos. Génesis no alienta en nosotros una actitud consumista y rapaz hacia la tierra; estamos para atenderla, para cuidar de ella, para ser representantes de Dios dentro de ella al representar el carácter amante del Creador para la creación. En todo momento hemos de dar cuentas al Creador por la manera en que la cuidemos.

Al mismo tiempo, Dios nos ha dado una libertad maravillosa aunque terrible en el ámbito de la creación. Como se mencionó anteriormente en este capítulo, nosotros también tenemos el poder de hablar, lo cual es una capacidad creativa (así como potencialmente destructiva). De nuevo, ese poder

La humanidad: la criatura a imagen del Creador

es representado gráficamente en la narrativa de Génesis 2, donde el humano les pone nombre a los animales. La riqueza de esa narrativa emergerá cuando recordemos la importancia que tenía un nombre, y el proceso de otorgarlo, para los antiguos hebreos. Dios nos da a nosotros, los seres humanos, el poder de nombrar, de conferir significado al mundo de Dios en nuestros actos de otorgar nombres. Ciertamente, la humanidad posee la capacidad, derivada de la bondad y la generosidad de Dios, de participar en la conquista del caos mientras nos esforzamos en hacer sentido, lingüísticamente hablando, de la buena creación de Dios. Tal es el poder del "que exista" de Aquél a cuya imagen hemos sido creados, un poder que nos hace humildes a la vez que nos faculta.

Seguramente, incluso mientras usted lee estas palabras, hay científicos que están descubriendo y nombrando nuevas especies en la gran y vasta creación de Dios. Hay otros que sueñan con algún día buscar, y tal vez hallar, otras formas de vida en mundos totalmente diferentes. Los seres humanos tenemos una sed insaciable de descubrir, de aprender, de entender más sobre nosotros mismos y sobre el misterioso universo que habitamos, a fin de poder suplantar el caos de la ignorancia y el miedo con el orden del conocimiento y el entendimiento. Y este impulso, dice el Génesis, se deriva de nuestra vocación divina de vivir a la imagen de Dios, y en pos de ella.

La tragedia de la historia de Dios: la doctrina del pecado

Al tornar nuestra atención de las doctrinas de la creación y la antropología a la doctrina del pecado o hamartología (del griego, *amartía* = errar el blanco), habremos encontrado que ya en el capítulo 5 hemos anticipado algo de la problemática de esta área del pensamiento cristiano. Allí, al bregar con el problema del mal, sugeríamos que la defensa del libre albedrío logra solucionarlo de manera considerable. En esencia, la defensa del libre albedrío afirma que muchos, si no la mayoría de los males del mundo, se deben al mal uso que el humano le da a su libertad. La implicación de esta línea de argumentación es que Dios está dispuesto a darnos una medida de libertad con todo y los riesgos que esa libertad crea. Y no sería desacertado especular que este tipo de capacidad moral es necesario para las relaciones auténticamente responsables con Dios y con el prójimo.

Ahora bien, tenga el valor que tenga la defensa del libre albedrío en la tarea de la teodicea o la defensa de la bondad de Dios ante el sufrimiento radical, ¡no es mucho el favor que la teodicea le hace al ego del ser humano! Y es que la teodicea va a insistir en que somos nosotros, los seres humanos, y no Dios, los que tenemos la culpa por los males del mundo. Pero, por muy cierto que esto sea, todavía deja sin sondear las profundidades del misterio de la pecaminosidad humana. ¿Por qué hay pecado en el mundo?

Evidentemente, hay algunos filósofos modernos que pretenden no estar impresionados con el argumento de un libre albedrío que justifique la creencia en un Dios bueno. Estos filósofos se preguntan, "Si el mal en el mundo se debe a la libertad dada por Dios, ¿no pudo Dios haber creado a seres humanos que eligieran siempre y libremente hacer lo que es amoroso, seres humanos que constantemente eligieran el bien?" Esta pregunta, sin embargo, parece empantanarse inextricablemente en una contradicción de sí misma. Porque, ¿qué clase de libertad sería esa cuyas opciones estuvieran tan severamente limitadas? Incluso si decimos que siempre habría elecciones entre opciones buenas y amorosas, ¿cómo podrían imponerse límites sobre la libertad al punto de que otras opciones menos amorosas, y hasta destructivas, no pudieran perseguirse? ¿No abre la experiencia de elección, del tipo que sea, la puerta a un gran abanico de posibilidades? ¿Podría Dios crear seres verdaderamente responsables de toda relación sin correr el riesgo de la rebelión pecaminosa y destructiva?

Preguntas como estas, las cuales en última instancia son probablemente impenetrables, nos indican la profundidad del misterio del pecado humano. Es irónico que Dios, quien es amor santo, deba estar lo suficientemente interesado en la posibilidad de las relaciones verdaderas arraigadas en la libertad y la responsabilidad humanas, pero a la misma vez dispuesto a crear la posibilidad del pecado y llamar así a existencia la posibilidad del odio, la envidia y el recelo; la violación sexual, el asesinato y la tortura; y la guerra e instrumentos derramadores de sangre, desde las rocas afiladas hasta las bombas nucleares. Sin embargo, ese es precisamente el misterio de la libertad divinamente ordenada, y el precio que tanto Dios como nosotros hemos pagado por un don tan grande.

La tragedia de la historia de Dios: la doctrina del pecado

Y aceptémoslo: ¿realmente lo hubiéramos querido de alguna otra manera?

La responsabilidad humana y el pecado

La gran historia de Dios, que se inicia con la brillante promesa de una buena creación por un buen Creador, queda demasiado rápidamente interrumpida por el pecado humano. Y es claramente una interrupción, un escindir, un hacer pedazos la integridad y la plenitud del ámbito de la creación que simbolizaba el jardín del Edén. El pecado es un intruso, un estorbo en los buenos propósitos de Dios.

La Biblia es clara en que la desobediencia humana es realmente una tragedia, puesto que trae consecuencias destructivas no sólo al pecador, sino a otras personas y, finalmente, al resto de la creación. La posibilidad de la desobediencia debe ser real a fin de que una auténtica responsabilidad, una habilidad para responder, prospere; sin embargo la Biblia nunca acepta el pecado como una consecuencia inevitable de la libertad humana. El pecado es un uso indebido, una perversión, de las intenciones de Dios y de la creación de Dios.

Leer de la caída de la humanidad en Génesis 3, es encontrarnos con una historia mucho más profunda que un simple relato de eventos ocurridos hace mucho tiempo. La saga del pecado humano suena parecido a algo muy claro en nuestra propia experiencia: nosotros también conocemos el bien y el mal y lo vivimos en la lucha con la tentación, en la desobediencia a la voluntad divina y en la racionalización y la proyección. Somos los pecadores en aquel jardín y hacemos bien en recordar que el nombre Adán significa, literalmente, "la humanidad". Leer, pues, de la caída de Adán es leer, en efecto, de la nuestra. La narrativa de la caída en Génesis 3 es en realidad "la historia suya y mía".[1] De hecho, hacerla sólo la historia de nuestros primeros padres es imponer el problema del pecado, de nuestro pecado, sobre otros, como si nosotros no tuviéramos ninguna responsabilidad y ellos la tuvieran toda. Tal proyección evidentemente puede ser una manifestación del pecado, siendo que el pecado a menudo incluye la abdicación de la responsabilidad propia, de la capacidad de la persona para responder por sus propias acciones. A menudo contamos la historia como si todo fuera "la culpa de Adán", sin reconocer que la desobediencia a Dios es siempre una buena posibilidad para nosotros los humanos quienes constantemente estamos ejerciendo el escogimiento. El pecado es simplemente demasiado accesible para las criaturas que eligen y una vez que el efecto dominó del pecado empieza, no es fácil detenerlo.

Si es el caso que Génesis 3 nos representa a todos nosotros, y si somos todos, en cierto sentido, Adán o Eva, "porque todos pecaron" (Romanos 5:12), entonces la simple pero profunda historia de la caída bien puede arrojar una crítica luz sobre la doctrina del pecado humano y sus efectos. Consideremos, pues, algunas verdades importantes sobre la naturaleza del pecado, tal y como se presentan en "su historia y la mía".

En primer lugar, el pecado tiene su arraigo en un desplazamiento de atención del Creador a la criatura. Es importante darse cuenta de que la narrativa del Génesis dice que la serpiente, "más astuta que todos los animales del campo que Dios el SEÑOR había hecho" (3:1), se acercó a Eva (literalmente, "viviente" o "la vida") con una pregunta acerca de lo que Dios había ordenado. Aunque el texto todo el tiempo trata a la serpiente como sólo una criatura, concretamente como una de las criaturas de Dios, hay que deberle mayormente a la tradición cristiana el que inmediatamente insertemos a Satanás en la narrativa (vv. 1, 14). De todos modos, si toda la creación era "muy buena" (1:31), ¿de dónde sale este astuto tentador?

Debe resultar claro que la historia del Génesis ofrece una observación crítica sobre la naturaleza del pecado y la tentación. La serpiente es una criatura de Dios, sin embargo ella parece representar la posibilidad humana recurrente de divinizar cierto aspecto del orden creado: Eva presta atención a la serpiente, en lugar de al creador de la serpiente. En la belleza, sensualidad y atractivo de la buena creación de Dios (3:6), siempre existe el peligro de la idolatría, de fijar nuestros afectos en las alegrías y bendiciones legítimas de la creación, sin reconocer al dador de esos bienes. "Ama a la criatura y te conducirá al Creador",[2] escribió Juan Wesley y para los que vivimos vidas cristianas dedicadas, toda la creación debería inspirarnos amor por Dios. Pero también debemos estar conscientes de la tentación de consumir los

La responsabilidad humana y el pecado

bienes de la creación de una manera lujuriosa, egocéntrica, idólatra. Cuando el apóstol Pablo escribe acerca de la caída de la humanidad en el pecado, lo hace precisamente en estas categorías: nosotros los humanos cambiamos "la gloria del Dios inmortal por imágenes que eran réplicas del hombre mortal, de las aves, de los cuadrúpedos y de los reptiles… [porque]cambiaron la verdad de Dios por la mentira, adorando y sirviendo a los seres creados antes que al Creador" (Romanos 1:23, 25). Se nos escapará el profundo señalamiento del Génesis y de Pablo si pensamos de manera simplista acerca de la idolatría pagana como sólo la adoración de imágenes de animales, ya que la idolatría se produce cada vez que ofrecemos nuestra lealtad, dedicación y amor a sólo parte de la buena creación de Dios (por ejemplo, la sexualidad, la comida, el placer, los seres queridos) con una obsesión impetuosa y auto gratificante.

En segundo lugar, el pecado es con frecuencia un asunto de la afirmación de la soberanía de uno contra la soberanía divina. Dios es el Creador y Sustentador del universo mientras que nosotros sólo somos criaturas. La tentación de la idolatría consiste en que persigamos los bienes de la creación como si nosotros fuéramos el centro mismo del universo, excluyendo a menudo las legítimas necesidades de otras personas menos afortunadas que nosotros. La idolatría, la adoración de la criatura, se puede dirigir hacia adentro, hacia uno mismo, así como puede buscar un objeto fuera de uno mismo. La dinámica del pecado suele ser captada en la pintoresca frase del reformador Martín Lutero: "el yo encorvado en sí mismo", que es precisamente una apta descripción de Eva cuando toma el fruto prohibido por Dios. Pero el pecado no es siempre una obsesión o un egoísmo tan obvio en sí mismo. Los teólogos del feminismo sabiamente nos han alertado de la viva posibilidad de que el pecado también reine en las relaciones donde una persona le rinda a otra su identidad, dignidad y responsabilidad. En este caso, el pecado es, no tanto egocentrismo, sino la negación de uno. Ciertamente ambas expresiones son formas de idolatría. Ni en un caso ni en el otro nos estamos encomendando nosotros mismos a Dios como nuestro creador amante, quien es nuestro sumo bien y quien tiene nuestro mayor bien en mente.

En tercer lugar, el pecado teje rápidamente su telaraña por toda la dimensión social y corporativa de la humanidad. No estamos solos. Como las ondas creadas por la piedra arrojada a un estanque, las cosas que pensamos, decimos y hacemos proceden de nosotros e influyen (literalmente, "fluyen a") a los que nos rodean. Y esto sucede debido a que los seres humanos están verdaderamente interrelacionados; somos realmente Adán y Eva los unos para los otros.

La narrativa del Génesis en este punto nos advierte en contra de subestimar el poder de nuestra influencia de los uno para con los otros. Lamentablemente, las especulaciones ocasionales de Agustín acerca del pecado como algo que se pasaba a través del acto sexual, han ejercido demasiada influencia en la tradición cristiana (¡cualquier cantidad era demasiado!). Sin embargo, está claro en la narrativa del Génesis que el pecado sí se "pasa" por medio de la influencia de las relaciones entre los seres humanos aparte de la sexualidad: "Luego le dio a su esposo, y también él comió" (3:6). Es seguro que nosotros también tenemos nuestras formas relacionales e intergeneracionales de heredar y transmitir el poder alienante del pecado contra Dios y el prójimo.

En cuarto lugar, el pecado implica la ruptura de relaciones y el intento de ocultar. Cuando se abren los ojos de Adán y Eva no sólo perciben su desnudez, sino que su desnudez los avergüenza. Antes de la intrusión del pecado "estaban desnudos, pero ninguno de los dos sentía vergüenza" (2:25). La imperturbable desnudez ante la otra persona sugiere la apertura y la vulnerabilidad de relaciones sin las trabas del engaño y la deshonestidad. Antes del pecado, la de ellos era una relación de transparencia; después del pecado, esa relación quedó manchada por la vergüenza que los hizo cubrirse, y por el engaño propio y del otro (3:7).

Por supuesto, el pecado implica más que sólo escondernos los unos de los otros. Más profundamente aún, es nuestro escondernos de un Dios que nos ama y nos busca. Sin embargo, el evangelio resuena ya en el Génesis, siendo que Dios "llamó al hombre" (y nos sigue llamando a cada uno de nosotros) "y le dijo: '¿Dónde estás?'" (v. 9). Es difícil para nosotros responder a esta pregunta escudriñadora de Dios porque hacerlo es permitir que nuestros pecados y vergüenza salgan de su escondite y caigan bajo el escrutinio divino. No es de extrañar, pues, que el apóstol Juan escribiera así de cómo rechazamos al Dios que nos busca por medio de Jesús: "Pues todo el que hace lo malo aborrece la luz, y no se acerca a ella por temor a que sus obras queden al descubierto" (Juan 3:20).

En quinto lugar, el pecado a menudo incluye la negación de responsabilidad. Adán decide salir de su escondite detrás del árbol pero tiende a encar-

La responsabilidad humana y el pecado

nar demasiado bien nuestros intentos de encontrar a alguien más a quien culpar por nuestro pecado. Es fácil leerlo entre líneas: "La mujer [¡es culpa suya!] que me diste [bueno, ¡tal vez sea tu culpa!] por compañera me dio de ese fruto, y yo lo comí" (3:12). Pero, por supuesto, la abdicación de responsabilidad no termina con el hombre; la mujer, también, cuando es enfrentada por Dios encuentra un chivo expiatorio: "La serpiente me engañó [no fue mi culpa; sólo fui la víctima inocente] y comí" (v. 13).

No queremos sugerir con esto que no haya momentos cuando los seres humanos sean, en efecto, las víctimas inocentes de los pecados de otros; ciertamente, tal victimización es una experiencia demasiado común. Algunos sin duda han sido victimizados más que otros pero hay un sentido en el cual la doctrina del pecado original va a insistir en que todos somos víctimas, en que todos hemos sido victimizados por los pecados y la violencia de nuestros antepasados y contemporáneos. Sin embargo, es significativo que la Biblia nunca exima a los seres humanos de su responsabilidad por ellos mismos y por sus acciones. A cada uno de nosotros está dirigida la edénica pregunta, "¿Qué es lo que has hecho?" (v. 13). Es, pues, un aspecto profundo del engaño del pecado el que nos empuja a trasladar nuestra responsabilidad a alguien o a algo ya sean los padres, el medio ambiente, un trauma, una tragedia o el diablo.

Finalmente, el pecado se vuelve un factor destructivo en todas nuestras relaciones. No es sólo nuestra relación con el Creador la que se tuerce y pervierte por nuestra desobediencia. Ya hemos visto que el pecado planta la semilla de la alienación en nuestras relaciones con otros seres humanos (Adán y Eva se esconden el uno del otro; Adán culpa a Eva; la envidia posterior de Caín e incluso el asesinato de su hermano Abel). Pero el juicio de Dios sobre esta rebelión también parece incluir un reconocimiento de los efectos alienantes y destructivos del pecado en el entorno más amplio en el que habita la humanidad. El odio entre la serpiente y la mujer, al que se alude en Génesis 3:15, bien puede apuntar a la relación de enfrentamiento con su entorno en la que los seres humanos parecen a menudo haberse arrojado por causa de su egoísmo. La tierra incluso parece endurecerse contra este hombre y esta mujer endurecidos (vv. 17-19), y hasta la relación de uno con el otro adquiere un sentido de regla jerárquica y de antagonismo (v. 16) que desmiente la forma lado-a-lado en que Dios los creó (1:27; 2:22-25). Ninguna relación, ya sea con Dios, de los unos con los otros o con el entorno natural queda sin ser afectada por el pecado humano.

La historia de Dios

Esperemos que este modo de leer Génesis 3 haya sugerido algunas de las ricas implicaciones teológicas de esta narrativa hebrea antigua. Claro que estas observaciones están lejos de ser exhaustivas pero ellas no obstante nos deben ayudar a ver cómo la historia y la teología se entretejen a menudo en la Biblia para revelar verdades profundas acerca de nosotros mismos, de nuestras tentaciones y pecados, y de la presencia escudriñadora de Dios y de su gracia que nunca nos deja ir.

El Pecado y la solidaridad humana

Una de las profundas observaciones acerca de la existencia humana en las narrativas con las que abre la Biblia es que estamos profundamente interconectados los uno con los otros. "Ningún hombre es una isla", escribió el poeta John Donne y ciertamente esa verdad cobra vida ante nosotros en el Génesis. Es nuestro Creador quien dice: "No es bueno que el hombre esté solo" (2:18) subrayando así la dimensión profundamente social de la vida humana. En verdad nos influimos unos a otros por lo que decimos, pensamos y hacemos, y sencillamente por ser quienes somos. Y es esta interconexión, esta solidaridad del uno con el otro, lo que está implícito en la doctrina cristiana del pecado original.

Ya vimos en el capítulo anterior que el pecado ejerce el poder para corromper o incluso destruir nuestras relaciones con Dios, con el prójimo y con el resto de la creación. Irónicamente, es por la precisa razón de que somos seres relacionales y sociales, creados para una relación con Dios y con los demás, que el pecado puede ejercer un poder así. El pecado es la distorsión de nuestro ser mismo, lo que le da nombre a la situación en la que nos hemos vuelto de nuestro Creador hacia la idolatría, envenenando así las reales relaciones sin las cuales no podemos verdaderamente vivir. Y envenenar nuestras relaciones es envenenar a las personas con quienes existimos. Así, el apóstol Pablo pudo escribir, "Por medio de un solo hombre el pecado entró en el mundo, y por medio del pecado entró la muerte; fue así como la muerte pasó a toda la humanidad, *porque todos pecaron*"; y "por la desobediencia de uno solo muchos fueron constituidos pecadores" (Romanos 5:12, 19, cursivas añadidas por el autor). No hay acción, palabra, pensamiento, ni siquiera estado de ánimo en el ser humano que ocurra en el aislamiento.

La historia de Dios

De seguro, es esta situación relacional del pecado la que se describe con más detalle en la narrativa de Caín y Abel (Génesis 4). En esa historia encontramos la más cruda de las emociones humanas puesta al desnudo: una rivalidad entre hermanos que da paso a la envidia, la envidia al odio, y el odio a la violencia y el asesinato, y todo seguido por una tranquila y displicente negación de la totalidad de lo acontecido. Caín y Abel son hermanos, son familia, pero este parentesco no impide que el pecado crezca. De hecho, el parentesco puede fomentar su propagación.

Recuerdo bien la vez que escuché al fenecido erudito judío Pinchas Peli dar una conferencia en Jerusalén y usar esta historia para proveer una base bíblica que nos permita entender cómo podrían ocurrir atrocidades como el Holocausto. "Caín ejerció su libertad dada por Dios", decía Peli, "y destruyó una cuarta parte de la raza humana... mientras que Dios lo miraba todo y no hacía nada".

Peli, de hecho, sugirió que Dios había llegado a la escena del crimen pavoneándose con arrogancia y provocando a Caín con la pregunta, "¿Dónde está tu hermano Abel?", puesto que ya era demasiado tarde para hacer algo al respecto (v. 9). Si Dios pudo hacer esa clase de pregunta después de la muerte de Abel, ¿no pudo haber dicho o hecho algo para impedir el acto de Caín en primer lugar? La manera de pensar de Peli reflejaba una tradición rabínica sobre el comentario de este pasaje que, en efecto, pone palabras como las siguientes en la boca de Caín: "Dios, ¡tú eres el Todopoderoso! ¡Vienes aquí, y me preguntas dónde está Abel, cuando tú sabes muy bien que podrías haberme detenido antes de que yo hiciera una cosa tan horrible! ¿Dónde estabas cuando maté a mi propio hermano? Me pudiste haber detenido, ¡pero no levantaste un dedo! ¡Tal vez sea tu culpa que Abel esté muerto!"

Esa línea de pensamiento puede que nos suene familiar. Hay algo aterrador, algo demasiado amenazante respecto a la capacidad de decisión que Dios nos ha confiado. Sería preferible, en cierto modo, ser capaz de renunciar a ese poder en favor de una dictadura dominante de Dios. Nos gustaría poder culpar a alguien fuera de nosotros mismos cuando nuestras decisiones nos salen mal. Seguramente un horror como el del Holocausto hubiera sido un lugar perfecto para hacer lo que Dios no hizo en el caso de Caín: intervenir y evitar un derramamiento de sangre sin sentido.

El pecado y la solidaridad humana

Lo que sucede es que esta interpretación rabínica particular tiende a pasar por alto la porción anterior de la narrativa, donde Dios ciertamente entra en escena. Sin embargo, la intervención de Dios no es una intromisión en la agencia moral de Caín, ni una negación de su libertad. Dios sencillamente se nos presenta como alguien que, apacible pero persistentemente, prueba a Caín con una serie de preguntas: "¿Por qué estás tan enojado? ¿Por qué andas cabizbajo? Si haces lo bueno puedes andar con la frente en alto. Pero si haces lo malo, el pecado te acecha, como una fiera lista para atraparte. No obstante, tú puedes dominarlo" (vv. 6-7). Dios, el otorgador e incentivador de la responsabilidad humana, no anula las intenciones asesinas de Caín. Dios sencillamente habla con Caín e intenta atraerlo para que ejerza su poder de una manera diferente, menos destructiva. Dios está con Caín, susurrándole, interrogándolo, intentando alejarlo del odio y el asesinato. Pero Dios no obligará a Caín y, por lo tanto, permitirá que se desate el derramamiento de sangre humana.

En la violencia cometida por un hermano contra su hermano alcanzamos otro ángulo en el cuadro de lo que la tradición cristiana ha querido decir con pecado original. Nos referimos a nuestra negativa a confiar en Dios y en cambio entronarnos a nosotros mismos como centros y señores de nuestro mundo. Caín tuvo su momento durante el cual Dios le suplicó que no se rindiera ante un impulso tan odioso, sino que hiciera "lo bueno" (v. 7), y así evitara el pecado que se agazapaba a la puerta. ¿Pudo haber elegido Caín lo contrario? La tradición cristiana afirma que Caín, en efecto, pudo haber elegido lo contrario, de otra manera a Caín no se le hubiera podido hacer responsable de su acto criminal. Por otro lado, la tradición cristiana reconoce que, una vez que el pecado (como ese fundamental alejarse de Dios y volverse a la idolatría) entró en el mundo, un cierto impulso se puso en marcha. Caín era responsable pero su acto es más comprensible en un mundo en el que las rivalidades, los celos, la desconfianza y la animosidad ya están entretejidas en el complejo de las relaciones humanas. Y aunque la santa presencia de Dios enfrentó a Caín con la posibilidad de elegir en contra de su animosidad creciente hacia Abel, Dios no podía hacer nada para evitarlo si es que iba a mantener un mundo en el cual la capacidad y responsabilidad humanas, necesarias como lo son para las relaciones verdaderas y auténticas, iban a contribuir con su parte correspondiente.

Ireneo, el gran teólogo del siglo II, consecuente con esto, insistió en que aunque el pecado nos tiraniza con una especie de avaricia violenta, Dios se niega a redimir a la creación "por la fuerza". Dios, en cambio, nos redime "mediante la persuasión, siendo lo apropiado para Dios recibir lo que desea por delicadeza y no por la fuerza". Presumiblemente, esto es "lo apropiado para Dios" porque está en armonía con la naturaleza de Dios como amor que se vacía a sí mismo. Ireneo continúa: "Así que ni la norma de lo que es justo fue infringida, ni tampoco pereció la antigua creación de Dios". El significado aparente de esto para Ireneo es que la "antigua creación" de Dios incluía la libertad humana, y la responsabilidad, y no sería justo ni imparcial, de conformidad con el propósito de Dios en la creación, simplemente cambiar las reglas y forzarle al mundo su cumplimiento. Evidentemente, un acto tal de parte de Dios habría significado para Ireneo la destrucción (o "el perecer") de la creación de Dios. No necesitamos profundizar en lo obvio, puesto que destruir la creación está completamente lejos de redimirla. Por lo tanto, Dios redime "mediante la persuasión".[1] Del mismo modo, otro escritor cristiano del siglo II insistía en que Dios "quiso salvar al hombre por persuasión, no por obligación, porque la compulsión no es la manera de obrar de Dios."[2]

Juan Wesley ciertamente acogió de forma profunda esta corriente de pensamiento del cristianismo primitivo. Pero también comprendió que el poder del pecado original en las vidas humanas es tan fuerte que, de hecho, es únicamente el Santo Espíritu de Dios trabajando en nuestras vidas (o la gracia preveniente) lo que nos permite avanzar contra el pesado impulso del poder del pecado. Pero aún aquí, Wesley insistía, Dios no opera irresistiblemente como para obligarnos a la fe y la obediencia. En Génesis 4 Dios no violó la libertad de Caín, aunque al menos intentara influir en él para que ejerciera esa libertad en una dirección positiva y constructiva. En las reflexiones del rabino Peli sobre la manera de Caín abusar de la libertad, recuerdo que nos preguntó a nosotros, sus estudiantes, "¿Dónde estaba Dios cuando una cuarta parte de la población humana fue destruida de un solo golpe?" Sólo una respuesta es posible: Dios estaba ahí con Caín en cada momento, intentando persuadirlo para que eligiera la vida en lugar de la muerte.

Gran parte de la Biblia y de la tradición, efectivamente, afirman que Dios ha estado "ahí" en cada momento de la vida de todas las personas en todas partes, cortejándolas y atrayéndolas hacia el amor divino, hacia la justicia y la vida. Pero nosotros hemos hecho difícil para nosotros mismos escuchar la voz de Dios, o ser receptivos al Espíritu Santo, precisamente por

El pecado y la solidaridad humana

la tendencia acumulada en la historia humana (y en cada una de nuestras vidas) de suprimir esos susurros de gracia exactamente como lo hizo Caín. Esa tendencia histórica, en la medida en que se ha agravado a través de los siglos y se ha infiltrado en nuestra conciencia colectiva, es el pecado original. El hecho de que todos seamos afectados por ese pecado original es señal de solidaridad humana, así como de idolatría humana. Nos guste o no, nuestras vidas se entrelazan de una manera tal que el pecado de uno ejercerá efectos destructivos a lo largo de la vida de todos, así como una piedra arrojada a un estanque formará ondas.

De acuerdo con lo ya dicho, el pecado es un abuso de la libertad que Dios nos ha otorgado. En Cristo somos llamados a libertad, como escribe el apóstol Pablo, pero no a libertad para hacer lo que queramos ("para dar rienda suelta a sus pasiones"), sino libertad para amar ("sírvanse unos a otros en amor") (Gálatas 5:1, 13). Por lo tanto, el pecado, en primer lugar, puede describirse como un giro fundamental que se aleja del amor de Dios y de la dinámica de una vida comprometida con el amor. "En efecto", continúa Pablo, "toda la ley se resume en un solo mandamiento: «Ama a tu prójimo como a ti mismo»" (v. 14). El pecado, pues, es un término que describe una vida vivida en relaciones idólatras, en lugar de exteriorizarse hacia Dios y el prójimo en un servicio amante. Esta es la orientación pecaminosa esencial, ese pecado original del cual surgen las acciones pecaminosas.

Pero si Dios nos crea para (y hacia) una vida amorosa que se da y que otros reciben, resulta claro que el pecado no es esencialmente un aspecto de la naturaleza humana tal y como fue creada y deseada por nuestro Creador. El pecado es un intruso. El pecado no ha de identificarse con las limitaciones humanas naturales, con la finitud o las deficiencias; por el contrario, es esencialmente el acto fundamental de rebelión contra el Dios que es amor. Y ese acto de rechazo es la base de nuestro distanciamiento de Dios (de que le resultemos unos desconocidos). Esto no significa que Dios vea a los seres humanos como extraños, sino que nosotros podemos, a través de nuestro rechazo del amor divino, hacernos extraños (nosotros mismos) para con Aquél que nos hizo y nos conoce mejor que nosotros a nosotros mismos. Pero si hemos sido creados para el compañerismo con Dios y los unos con los otros, entonces hacernos extraños a este gran amor es "errar al blanco", que es la metáfora principal del Nuevo Testamento para el pecado. Es estar "privados de la gloria de Dios" (Romanos 3:23), privados de la semejanza y la imagen de Dios en nuestras vidas, errar al blanco del llamado ideal de Dios para nosotros en Cristo Jesús.

Pero nuestro reconocimiento de la solidaridad humana en este capítulo nos lleva un paso más adelante. Ninguno de nosotros toma este tipo de decisiones de manera aislada. La Biblia no enseña que cada uno de nosotros sea su propio Adán o Eva. Esencialmente, fue este punto el que marcó el famoso debate entre Agustín (354-430) y el monje británico Pelagio (355-425). Haciendo hincapié en la idea bíblica de la solidaridad humana, Agustín argumentó que el pecado de Adán había resultado en una esclavitud universal de la humanidad al pecado. Según la interpretación de Agustín, los seres humanos somos incapaces de elegir otra cosa que no sea el pecado y sólo la gracia divina puede salvarnos. Como resultado, Agustín giró hacia la predestinación alegando que ciertos seres humanos son divinamente favorecidos y elegidos por Dios, ya que no puede ser la elección de los seres humanos creer y arrepentirse.

Pelagio, por su lado, temía que las personas influenciadas por tales enseñanzas tendieran a descartar totalmente la responsabilidad por sus propias acciones. Los pecados de las personas, según este punto de vista, se convierten en "culpa de Adán". Pelagio contrarrestó a Agustín insistiendo en que el pecado de Adán no afecta negativamente la libertad humana, excepto en que nos da un mal ejemplo de cómo comportarnos. Pelagio, por tanto, enseñaba que la libertad humana no ha sido esencialmente obstaculizada por el pecado de Adán, y que la gracia de Dios se manifiesta naturalmente en nuestra libertad dada por Dios. Ciertamente, somos nuestro propio Adán y Eva, argumentaba Pelagio.

Como suele suceder con los debates, éste llevó las ideas de los participantes a los extremos. Las ideas de Agustín sobre el pecado original y la predestinación tendieron a convertir a los seres humanos en poco más que peones esclavizados en un tablero cósmico de ajedrez. Las ideas de Pelagio sobre la libertad humana absoluta tendieron a convertir a los seres humanos en unidades aisladas de libertad individual. No tenemos que tomar la posición extrema de Agustín para reconocer que Pelagio no le hizo justicia a la realidad de nuestra solidaridad; no vio claramente que lo que cada uno de nosotros dice, hace y cree impacta e influye profundamente a los que nos rodean, y así *ad infinitum*. Y, por supuesto, no vio que la realidad de esta influencia continúa más allá de nuestra muerte. Pelagio no reconoció que no hay nadie que venga a este mundo que no tenga lastres del pasado, porque precisa-

El pecado y la solidaridad humana

mente el mundo al cual llegamos ya es una historia llena de pecado que se manifiesta en guerras, derramamiento de sangre, esclavitud, abuso, tortura, miedo y mil otras pesadillas. Hay también, sin duda, cosas buenas que heredamos pero cuando tratamos con la hamartología, el énfasis recae correctamente en un mundo en el cual el rechazo del amor de Dios y del camino de amor de Dios, es una realidad manifestada, que ya está ahí antes que nosotros, que nos espera tan pronto como somos concebidos. Somos miembros los unos de los otros y así el pecado de nuestros antepasados continúa afectándonos profundamente, al punto de infectarnos a todos. Es esa realidad, que estaba ahí antes de que nosotros fuéramos, y a la que somos arrojados al nacer, la que Pelagio aparentemente no pudo considerar.

Las doctrinas de Agustín del pecado original y la predestinación divina, por el contrario, condujeron a una manera extrema de entender a Dios, la cual aparecería más adelante en la reforma Protestante: Dios decreta a ciertos individuos para la salvación; ya que los seres humanos, esclavizados al pecado, no pueden tener ninguna opción real en el asunto. Tanto para Agustín, como para las teologías de Lutero y Calvino más de mil años después, Dios es misericordioso incluso para no salvar a nadie, en lo absoluto, ya que toda la humanidad es una "masa maldita" (*massa perditionis*). Si Pelagio parece haber pasado por alto la realidad bíblica y experiencial de la solidaridad humana, Agustín parece haber pasado por alto el énfasis de la narrativa bíblica en la responsabilidad humana y en el llamado bíblico a los seres humanos a cooperar voluntariamente con las intenciones de Dios para la vida humana. Y es que es evidente que la Biblia nos hace responsables. Así que, sin importar lo que pudiéramos decir sobre la realidad del "pecado original" que nos rodea y nos invade incluso antes de nuestro nacimiento, es imposible que permitamos que ello disminuya nuestro sentido de capacidad de respuesta ante Dios. Esta tensión entre solidaridad/pecado e individualidad/responsabilidad sería eventualmente resuelta, al menos para los cristianos de la tradición wesleyana, por un reconocimiento de la gracia preveniente, como en la narrativa de Caín con la que comenzamos este capítulo: que Dios está siempre presente en nuestras vidas y que nos capacita, si lo queremos, a desear y elegir incluso la voluntad divina. El Espíritu y palabra de Dios pueden ser resistidos pero si cedemos a ellos, podemos ser liberados a la verdadera libertad del servicio amante a Dios y al prójimo. En cierto sentido, una explicación más completa de la doctrina de la gracia preveniente debe esperar a un capítulo posterior en la historia de Dios pero en otro sentido profundamente bíblico, es la base misma de lo que encontraremos en la Parte 4 de este libro en lo referente a una teología de pactos divino-humanos.

El pecado humano y la persistencia divina

Y el Señor "se arrepintió de haber hecho al ser humano en la tierra, y le dolió en el corazón" (Génesis 6:6).

El primer capítulo del Génesis resuena con la bondad de la creación de Dios, bañada por el pronunciamiento divino de que todo era "muy bueno" (1:31). El entusiasmo de este punto de vista bíblico de la creación revela un sentido de alegría divina por el acto de crear. Pero con todo y la satisfacción que Dios aparentemente deriva del acto de la creación, ahora nos encontramos con una respuesta contraria de profunda decepción. El pecado, con lo cual nos referimos al rechazo humano del amor soberano de Dios, se ha extendido como un temible virus a lo largo de la humanidad y de todas sus relaciones: de Eva a Adán, a su descendencia, Caín y Abel, y hasta la torre de Babel. Y la Biblia dice que Dios se arrepintió de incluso haber creado al ser humano y le dolió. ¡Qué retrato este de Dios el que ofrece la narrativa bíblica, un Dios que puede sufrir, que puede experimentar tristeza!

Pero, después de todo, Génesis está en lo correcto. La creación no ha resultado particularmente buena y al parecer esto le duele al Creador. Tal retrato de Dios puede causarle problemas a algunas personas pero generalmente se debe a que abordan la historia de Dios a partir de sus propias ideas preconcebidas acerca de cómo debe comportarse el Protagonista. Me parece que las estoy oyendo: "Si Dios lo sabe todo, seguramente Dios sabía desde antes de la creación del mundo que los seres humanos pecarían, ¿no?" Pero si tomamos en serio la historia de Noé, la cual hemos introducido como epigrama de este capítulo, una respuesta legítima sería, "No". Por lo menos, Génesis 6 sugiere que las cosas habían ido mucho peor de lo que Dios había anticipado. Los teólogos a lo largo de la historia han intentado esquivar pasajes como estos, llamándolos antropomórficos (del griego, *anthropos* = humanidad, y *morphe* = perfil o forma) o un pensar acerca de Dios en términos humanos. El antropomorfismo puede ser permisible para los pueblos antiguos, ¡pero sería apenas digno de teístas sofisticados! O, al menos, así va el argumento. Pero aunque se conceda el antropomorfismo de un pasaje como éste, ¡no necesariamente hay que concluir que el pasaje no nos pueda sugerir nada acerca de Dios! Tomemos en serio la narrativa: puesto que el Creador estaba dolido por los resultados del pecado humano, cabría considerar que Dios no había estado totalmente seguro del resultado de este experimento en la libertad.

Pero, ¿cómo puede ser esto? La manera más sencilla de responder a esta pregunta parece ser: porque Dios ha creado un mundo en el que la libertad y la contingencia juegan sus papeles, y en donde la imprevisibilidad, y tal vez incluso el azar, son factores con los que el Creador del cielo y de la tierra está dispuesto a trabajar. Recordemos: lo que Dios crea es verdaderamente un otro aparte del Creador, aun cuando ese otro esté sostenido por su Creador en cada momento de su existencia. A las criaturas humanas, hechas a imagen de Dios; es decir, llamadas a reflejar el carácter de Dios, se les ha concedido un sentido de capacidad de acción que les es suficiente para amar como Dios ama (Mateo 5:43-58). Dios, al crearnos así, aparentemente impone limitaciones al poder y conocimiento divinos en el momento en que extiende a todos los seres humanos las posibilidades reales de elegir.

En Génesis, no mucho más tarde, se produce una ilustración adicional de lo dispuesto que está Dios a darle paso a la libertad humana en el proceso de moverse hacia un futuro indeterminado y abierto. En el capítulo 22 leemos la historia de la obediencia de Abraham a Dios, incluso al punto de casi ofrecer a su hijo Isaac en sacrificio. Pero, ¿por qué Dios pidió esto? Algunos han sugerido que, como toda otra prueba, esta experiencia atroz pretendía fortalecer a Abraham; revelarle a Abraham la profundidad de su compromiso. Pero eso fue probablemente un efecto secundario, ya que cuando la narrativa alcanza su clímax dramático, Dios dice: "No pongas tu mano sobre el muchacho, ni le hagas ningún daño —le dijo el ángel—. Ahora sé que temes a Dios, porque ni siquiera te has negado a darme a tu único hijo" (v. 12). Ahora bien, como ya hemos argumentado en el capítulo 5, la omnisciencia de Dios, ese conocer profundo y exhaustivo en amor que Dios tiene de nosotros, desnuda nuestros corazones y vidas ante la presencia divina

El pecado humano y la persistencia divina

(compárese con Hebreos 4:13). ¿No conocía tan completamente Dios el corazón de Abraham como para no someterlo a tal tortura emocional?

Y es que hacer esa pregunta es pasar por alto la verdad que esta historia de Dios nos quiere enseñar: que la fe humana en Dios es una relación viva que debe expresarse en este mundo a través de acciones y decisiones humanas. Las promesas de compromiso y las promesas de fidelidad no son suficientes. La fe en Dios es una fe que se prueba, se demuestra y se expande en el crisol de la vida cotidiana en este mundo, en el ámbito del verdadero sacrificio, y no en un simple santuario interno del corazón. La relación con Dios se mide en acciones concretas, en nuestra respuesta real a la voluntad conocida de Dios. El libro de Santiago en el Nuevo Testamento aprovecha de manera positiva esta historia del Génesis para enfatizar el lugar de las obras humanas dentro de la fe. "¿No fue declarado justo nuestro padre Abraham por lo que hizo cuando ofreció sobre el altar a su hijo Isaac? Ya lo ves: Su fe y sus obras actuaban conjuntamente, y su fe llegó a la perfección por las obras que hizo... y fue llamado amigo de Dios" (2:21-23). Estas historias de Noé y Abraham nos dicen, en breve, que Dios es el Dios de la historia, de las decisiones cotidianas y del aquí y el ahora.

En repetidas ocasiones, pues, Génesis nos va a proponer un Dios que dice, "Que exista", uno que ha incursionado en el riesgo de crear seres libres y que ha traído a existencia la vida; efectuando así un cambio real, no solo en lo que compone la realidad sino en la experiencia divina en sí misma. Habiéndose tomado el riesgo de crear y mantener seres que fueran libres y habiéndonos llamado a nosotros los humanos a funcionar como imágenes de lo divino en la creación, Dios nunca pudo ser el mismo. La tradición cristiana dice que Dios no cambia pero Génesis, por otro lado, nos dice que Dios no se queda meramente Dios: Dios crea y Dios concede el don preciado del ser a ese-otro-que-no-es-Dios y que llamamos universo. La doctrina de la inmutabilidad divina, o invariabilidad, evidentemente no nos debería sugerir que Dios es plano y estático, sino que Dios es inmutable y eternamente amor. Pero esto, a su vez, implica que el Dios que es amor está eternamente listo y dispuesto a amar y ser amado, a involucrarse y compartirse y arriesgarse en la creación y con las criaturas. La decisión de Dios de compartir la libertad con los seres humanos (y tal vez de manera análoga, con toda la creación), de crear seres que puedan actuar en contra de los propósitos divinos y que a menudo lo hagan, es aparentemente, y de manera misteriosa, una profunda limitación de sí mismo. Por tanto, como lo dice

La historia de Dios

Génesis 6, Dios se arrepiente y se duele y, en respuesta a las profundidades pecaminosas en que ha caído la humanidad, se prepara para dejar que un caos total se desate nuevamente.

Pero incluso en la decisión de higienizar el mundo con un diluvio y volver a empezar, es sorprendente que Dios no eche todo el proyecto a la basura. Dios está aún decidido a trabajar con estos socios finitos y frágiles, estas criaturas humanas hechas a la imagen divina. En Noé, Dios encuentra a alguien con quién trabajar. Sin duda que esto debe decirnos algo acerca del compromiso profundo de Dios, un compromiso de pacto, de hacer que esta creación tenga éxito. Dios persiste y a esta persistencia le llamamos gracia; puesto que gracia se refiere, en parte, a que Dios nunca esté dispuesto a renunciar a nosotros. Tal vez Dios ha invertido tanto en la labor de crear que renunciar a ello sería negar su propio carácter como Creador.

Pero sigue siendo natural que nos encontremos retorciéndonos con la noción de Dios como el gran tomador de riesgos. Tal vez es porque nos enfrentamos con tantas incertidumbres en nuestra vida, porque tomamos tantos riesgos y decisiones tan cuestionables, ¡que queremos sentir que alguien deba poder tener todo bajo control! O tal vez es porque creemos que los atributos divinos de la omnisciencia y la omnipotencia exigen que Dios ejerza este tipo de gobierno en el universo. Sin embargo, tal vez pasamos por alto el verdadero poder de Dios si sólo nos lo imaginamos como un jugador de ajedrez trascendente que simplemente mueve peones tipo criaturas aquí y allá, en lo que finalmente equivalga a un juego de solitario. Lo único que aquí habría que argumentar es que esto sería una señal de debilidad y de inseguridad, en lugar de verdadero poder. Pero si el poder divino consiste fundamentalmente en potenciar a la criatura para que sea y ame, entonces hay que asumir que a Dios no le amenaza nuestra capacidad de acción, incluso si significara un futuro incierto y abierto para el mundo. Dios no teme perder el control sino que a la vez que sostiene la creación de manera amante pero libre, nos permite espacio para ser personas, espacio para tomar nuestras decisiones y vivir con sus consecuencias. En palabras del filósofo Frederick Sontag:

> Si Dios premia la libertad,...un mundo que no la refleje no podría ser su creación. ... Puesto que la confianza de Dios en sí mismo es alta puede permitirse correr riesgos. Él no siente la necesidad de obligarnos a un sistema de control personal estricto sólo para garan-

El pecado humano y la persistencia divina

tizar su protección. En realidad, somos nosotros los que suplicamos por un futuro fijo, no Dios. Su poder es totalmente adecuado para sostenerse en contra de la incertidumbre.[1]

Si Sontag está en lo correcto, entonces haríamos bien en reconsiderar nuestras ideas acerca de Dios y del futuro. Si Dios disfruta correr el riesgo de crear seres libres, entonces tal vez Dios prefiera no conocer el futuro, al menos en detalle. ¿Qué alegría habría en leer primero la última página de una novela de misterio? Dios ciertamente tiene poder suficiente para escribir la última página del "misterio" que es la historia de Dios. Entretanto, Génesis 6 sugiere que la historia de Dios es, en cierto sentido, un "libro abierto". Incluso para Dios, el futuro no es una serie de inevitabilidades pre programadas, sino un horizonte abierto en el que cada uno de nosotros desempeña algún papel. También sugiere que Dios es persistente y que Él, bondadosa y vulnerablemente, sostiene el ámbito de la creación y sus poderes. En un mundo así, el Creador invita a un futuro abierto en el cual, debido a la capacidad que tenemos de actuar y a la responsabilidad que se nos ha confiado, tal vez hasta el propio corazón de Dios pueda ser roto.

PARTE 4

El pueblo judío en la historia de Dios: la doctrina de los pactos

La historia que la Biblia narra es una de rebelión humana y de redención divina. Ese tema dual ya ha surgido en la narrativa del Edén, donde nos encontramos con Aquél que con paciencia y amor apremia a los seres humanos, un Dios redentor que busca a los pecadores con la conmovedora pregunta: "¿Dónde estás?"

Repetimos, esta pregunta podría parecer casi absurda, puesto que viene de un Dios omnipotente y omnisciente pero quizá ese es precisamente el punto. Las doctrinas omni le rinden a Dios toda clase de elogios metafísicos pero parece que se les escapa la afirmación bíblica central de que Dios es un

La historia de Dios

Dios de relación. El Dios de esta historia llama a la existencia un ámbito de creación que es diferente a su creador y lo sustenta de forma íntima en esa su alteridad. El ápice de esta conciencia de ser un otro que no es Dios, por lo que sabemos, es la raza humana. Los seres humanos somos criaturas que podemos buscar a Dios, y huir de Dios, que podemos cooperar con Dios o rebelarnos contra Dios, que podemos reflexionar sobre Dios o negar categóricamente a Dios. Los seres humanos somos criaturas que ejercemos el poder de decisión consciente, que es quizá la mayor prueba de nuestra otredad de Dios.

Y, dice el argumento de la historia de Dios, así es como Dios lo quiere. El Santo de Israel llama al otro a existencia como el otro, ya que un sentido de la capacidad de decisión humana basada en la alteridad de Dios es aparentemente necesario para la relación auténtica. No puedo estar en verdadera relación con algo que no sea otro distinto a mí. Si se nos permite tomar prestado del gran filósofo judío Martín Buber (1878 – 1965), en el verdadero encuentro yo-tú, el tú debe ser verdaderamente un tú para mí. "Yo llego a ser, por medio de mi relación con el tú; a medida que llego a ser yo, digo tú. Toda vida verdadera es encuentro".[1] Buber no está hablando aquí sólo, o incluso principalmente, de un relación con Dios, sino de la mera posibilidad de una relación. Es solamente en la alteridad con Dios, con otras personas y con el mundo, que podemos dar o recibir la gracia de la relación. Así también es con Dios: Dios, el poder único, el Creador omnipotente, se vacía a sí mismo de las prerrogativas del ser absoluto para entrar en relación con los seres de su propia hechura. Este vaciarse, a su vez, hace posible que Dios pueda hacerles a los seres humanos la pregunta, "¿Dónde estás?", y de alguna manera significarlo. Dios no nos controla sino que nos llama; Dios no nos manipula sino que nos atrae. Antes que Dios sea cualquier otra cosa, Dios es amor, el amor que nos crea, nos sostiene y nos busca ansiosamente, todo en aras de las relaciones de dar y recibir.

En las historias bíblicas de los pactos nos encontramos dramática y poderosamente con nociones como estas iniciadas por Dios mismo. Esta idea de que Dios es Dios de pactos, de conciertos o acuerdos, es ignorada con demasiada frecuencia en la teología, para su propio perjuicio. Decir que Dios es un Dios de pactos es sugerir un interés divino en nuestra cooperación, un compromiso divino con la alianza, un poder divino que es potenciador y afirmador del otro. Una teología bíblica de las relaciones de pacto sugeriría

El pueblo judío en la historia de Dios: la doctrina de los pactos

que Dios no está interesado en la actuación de Él solo. Por el contrario, nuestro Creador invita nuestra participación, nuestra cooperación, en las tareas de creación y redención. Por supuesto, el acto mismo de Dios de crear el universo como un otro, y de crearnos a nosotros como otros-además-de-Dios, es lo que hace posible las relaciones de pacto.

En la parte II hemos tratado con Dios como creador y el mundo como la creación de Dios. En la parte III vimos este arriesgado proceso de creación desarrollarse con la dolorosa realidad de la rebelión humana. En esta, la parte IV, vamos a intentar contar (en la historia de los pactos) la historia de la gracia divina; es decir, del deseo obstinado y persistente de Dios de seguir amando y redimiendo a esta creación caída. El hecho de que estos pactos sean establecidos por la voluntad divina nos recuerda que todos están basados en la gracia y no en nosotros mismos. La tradición wesleyana ha tendido a llamarle preveniente (del latín, *pre* = antes de, y *vene* = viene) a esta gracia a fin de destacar particularmente que siempre es Dios quien da el primer paso hacia nosotros en una relación de pacto. Por supuesto, toda gracia es por definición preveniente, ¡pero nunca está mal que se nos recuerde!

Todos los pactos bíblicos se originan, y son sostenidos, en el amor bondadoso de Dios por la creación. Pero el que sean pactos también nos recuerda que Dios decide no redimirnos aparte de nuestra cooperación dispuesta. Por esa razón Wesley se deleitaba en citar aquella breve expresión de Agustín: "Quien nos hizo sin que participáramos no nos salvará sin que participemos". Tan seguro como que los pactos se basan en la gracia preveniente de Dios, esta gracia también nos evocará, alentará y facultará para ser cooperadores con Dios (compárese con 1 Corintios 3:9). El término teológico que describe esa obra de Dios que alista nuestra labor es sinergismo (del griego, *syn* = juntos, y *ergon* = trabajo). Uno de los grandes misterios de la Biblia es el que Dios Todopoderoso descienda a la creación para pactar con los seres humanos, para trabajar junto con ellos hacia la visión divina del *shalom*. En los próximos capítulos trazaremos los contornos de esta obra verdaderamente maravillosa de Dios.

Noé: el pacto de Dios con la creación

Anita levantó la mano en la clase e hizo una pregunta que es muy probable que haya pasado por la mente de la persona que ha leído cuidadosamente la historia de Noé y el diluvio: "¿Cómo puede un Dios amoroso y diligente destruirlo todo en una inundación, incluyendo a todos los niños inocentes?"

Esta es una pregunta difícil pero apropiada; es el tipo de pregunta que anima y desafía la discusión teológica. ¡Tal vez podríamos definir una buena pregunta como aquella que es mejor que cualquier respuesta que pueda dársele! Si es así, entonces la buena pregunta de Anita representa las muchas buenas preguntas planteadas por la narrativa de Noé. Ello, a su vez, significa que la historia del diluvio ofrece un terreno fértil para la reflexión teológica.

El primer paso para responder a la pregunta de Anita consiste en tomar en cuenta algo en el libro de 1 Pedro del Nuevo Testamento, que incluye este pasaje misterioso y extremadamente polémico:

> Porque Cristo murió por los pecados una vez por todas, el justo por los injustos, a fin de llevarlos a ustedes a Dios. Él sufrió la muerte en su cuerpo, pero el Espíritu hizo que volviera a la vida. Por medio del Espíritu fue y predicó a los espíritus encarcelados, que en los tiempos antiguos, en los días de Noé, desobedecieron, cuando Dios esperaba con paciencia mientras se construía el arca... la cual simboliza el bautismo que ahora los salva también a ustedes... por la resurrección de Jesucristo, quien subió al cielo y tomó su lugar a la derecha de Dios... (3:18-22)

Es difícil para los comentaristas ponerse de acuerdo sobre una convenida interpretación de este pasaje pero hay un principio que se destaca: la iglesia primitiva interpretó la historia de Noé y, evidentemente, todas las Escrituras del Antiguo Testamento en el contexto y a través del prisma de la historia de Jesucristo. Para el cristiano, lo que se diga acerca de Dios basándose en la narrativa del diluvio, o de cualquier otro texto bíblico, debe estar en consonancia con lo que creemos que es el caso concerniente a Dios sobre la base de las palabras y las obras de Jesús. La tradición cristiana ha tendido, a lo largo de su historia, a apoyar este enfoque cristocéntrico, o cristo-normativo, para la comprensión de la naturaleza y el carácter de Dios. Si la revelación en Jesucristo no nos da respuestas claras y sencillas a la pregunta planteada por Anita, por lo menos nos proporciona el contexto para un pensamiento cristiano adecuado sobre los problemas que la misma plantea.

El siguiente paso en el tratamiento de este difícil asunto de teodicea (véase el capítulo 5) es reconocer que el diluvio se presenta en el Génesis como un acto de la ira y el juicio divino contra el pecado humano (6:5-7). No obstante, sería erróneo simplemente asumir que el Dios del Antiguo Testamento es un Dios de ira, mientras que el Dios del Nuevo Testamento es un Dios de amor. En efecto, una parte significativa del problema se produce cuando ubicamos en contraste la ira frente al amor, como si fueran opuestos. Por el contrario, un mejor término en oposición al amor es la apatía. Si Dios no hubiera respondido con ira a la perversión y el pecado humano, entonces uno podría justificadamente preguntarse si acaso Dios se preocupa por los seres humanos. Pero el amor de Dios, por el contrario, significa que Dios está íntimamente involucrado en nuestras vidas y que se empeña en la redención de toda la creación, incluyéndonos a nosotros los seres humanos. El término ira, entonces, denota el amor profundo y sincero de Dios por nosotros, un amor encendido en fuego y que no nos deja ir.

Hay un segundo pasaje del Nuevo Testamento que puede arrojar luz sobre la narrativa del diluvio. El apóstol Pablo, en su carta a los Romanos, desarrolla una "teología de la ira" en la que Dios, en cierto sentido, nos deja ir. Pablo primero declara que hay pruebas abundantes en el ámbito de la creación a fin de que todas las personas puedan reconocer "las cualidades invisibles de Dios, es decir, su eterno poder y su naturaleza divina, [las cuales] se perciben claramente a través de lo que él creo" (1:20). Pero con todo y saber tanto acerca de Dios a través del testimonio de la creación, la humanidad ha caído en el pecado idólatra (vv. 21-23). Pablo además explica cómo "la ira de Dios viene revelándose desde el cielo contra toda impiedad e injusticia de los seres humanos, que con su maldad obstruyen la verdad" (v.

Noé: el pacto de Dios con la creación

18): es decir, que Dios ha permitido que la gente siga tras sus lujurias e idolatría. Pablo declara tres veces que Dios "los entregó" (vv. 24, 26, 28) al poder adictivo y esclavizador del pecado, lo que sugiere que Dios nos permite libertad aun cuando nuestras acciones nos destruyan a nosotros y a los demás. La ira de Dios consiste precisamente en estar dispuesto a permitir que la elección humana se revuelque en las profundidades de la "impureza" (v. 24), las "pasiones vergonzosas" (v. 26) y "la depravación mental" (v. 28). El amor divino no nos dejará ir en el sentido de renunciar a nosotros pero Dios ciertamente nos dejará ir en el sentido de dejarnos ir tras prácticas y adicciones autodestructivas. Dios es amor y, por lo tanto, nos permite libertad para que nosotros también podamos amar. Por otro lado, la libertad necesaria para amar también se puede emplear en direcciones injustas y el uso indebido de la libertad (el pecado) inevitablemente resultará en la muerte (Romanos 1:32; 6:23).

Concedemos que la narrativa del diluvio presenta la ira divina en términos decididamente más activos y agresivos que el que Dios sólo permita que el pecado humano siga su curso destructivo. Dios, después de todo, ¡envía el diluvio! Pero hay más que esto en el texto de Génesis. Lo que Dios hace no es tanto un activo envío de un diluvio, sino más bien un permitir que las oscuras aguas caóticas, las que fueron separadas en la creación para que la tierra seca pudiera aparecer (Génesis 1:6-7), se apoderaran una vez más del orden terráqueo. Así como la ira divina les permite a los seres humanos seguir tras su camino, propio aunque destructivo, así, en la historia del diluvio, la ira divina permite que el caos "vuelva" a inundar la tierra seca. Gerhard von Rad, el erudito y comentarista del Antiguo Testamento, escribe:

> Mabbul no significa "diluvio", "inundación" o siquiera "destrucción", sino que es un término técnico para parte de la estructura del mundo; es decir, el océano celestial. ... Aquí tenemos las mismas ideas cosmológicas y realistas del capítulo 1 de Génesis. . . . Por tanto, debemos entender el diluvio como una catástrofe que involucra a todo el cosmos. Cuando el océano celestial irrumpe sobre la tierra abajo y el primitivo mar bajo la tierra, que es refrenado por Dios pero ahora liberado de sus ataduras, brota hasta la tierra a través de abismos profundos, entonces lo que tenemos es una destrucción entera del sistema cósmico.[1]

La historia de Dios

En otras palabras, para el pueblo hebreo antiguo esto era mucho más que una historia acerca de aguas que cubrían la tierra; se trataba de la libertad y el poder de Dios para permitir que el caos primigenio y la ausencia de forma regresaran y deshicieran al mundo como ellos lo conocían. Es importante subrayar que se trata de un punto teológico, no científico. Dios desató el caos sobre la creación por causa de toda la corrupción y la violencia (6:12-13), las cuales en realidad generaron su propio caos en la existencia humana. Estas aguas caóticas son, por supuesto, parte de la creación de Dios, así como el poder del agente humano es también parte de la creación de Dios. Pero ambas cosas son ejemplos de los contornos amenazantes y potencialmente destructivos de la creación de Dios. Esta historia, entonces, narra la importancia que nuestro Creador coloca sobre la responsabilidad y la acción humana. El juicio divino contra el pecado humano adquiere una especie de dimensión cósmica que prefigura las expectativas escatológicas cristianas. El Dios del universo es ciertamente el juez de nuestras vidas.

No obstante, desde las profundidades del acuoso caos surge esa nota triunfante del evangelio tocante al cuidado continuo de Dios por el ámbito de la creación. La re-creación se lleva a cabo cuando el *ruaj*-viento de Dios se mueve de nuevo sobre la tierra para permitir que la tierra seca emerja. Noé y su familia, así como las criaturas que alberga el arca, también emergen como el comienzo de un nuevo capítulo en la historia de Dios. Y, por primera vez en la Biblia, aparece la palabra y el concepto de pacto.

Los términos de este pacto proporcionan cierto discernimiento con respecto a la naturaleza cósmica y universal del cuidado amoroso de Dios. Es un pacto no sólo con Noé y su familia como el nuevo Adán sino, de hecho, "con todos los seres vivientes que están con ustedes" (9:10). ¡Dios hace un pacto con cada criatura! Un reconocimiento adecuado de esta verdad debería alejarnos de un antropocentrismo exagerado (literalmente, "centrado en lo humano") en nuestra comprensión de la relación de Dios con el mundo. Sin duda, la Biblia enseña que los seres humanos fuimos creados a imagen de Dios, una idea que, de hecho, se reitera en la secuela del diluvio (vv. 6-7). Pero esta verdad no debe nunca opacar la convicción bíblica de que toda la creación es apreciada por Dios y que es, de hecho, socia en pacto con Dios.

En la raíz de este pacto hay un reconocimiento de parte de Dios de la debilidad y la fragilidad humana, y hasta de su maldad, con lo cual Él debe lidiar pacientemente. "[N]unca más volveré a maldecir la tierra por culpa suya. Tampoco volveré a destruir a todos los seres vivientes, como acabo de

Noé: el pacto de Dios con la creación

hacer" (8:21). El cuadro de Dios mostrado en esta narrativa es el de alguien que viene a comprender más profundamente, y con más simpatía, a estas criaturas humanas. Las reflexiones de David Hartman, filósofo israelí contemporáneo, son aquí pertinentes:

> Antes del diluvio, toda la naturaleza estaba condenada a la destrucción porque Dios "se arrepintió de haber hecho al ser humano en la tierra"; la corrupción fue razón suficiente para justificar la destrucción de todos los seres vivientes. Sin embargo, después del diluvio, Dios proclama que está al tanto de que, aunque los seres humanos sean creados a su imagen, ellos no encarnan automáticamente todo lo que Dios quiere que sean. Las reflexiones de Dios sobre ellos son, por así decirlo, similares al padre que acepta que su hijo no sea su imagen especular sino que sea un ser separado, con limitaciones y debilidades, y con voluntad independiente. El hijo puede provenir del padre, sin embargo, es separado e independiente.[2]

Aunque los seres humanos somos creados a imagen de Dios, también somos polvo (Génesis 2:7), criaturas pobres, finitas y amenazadas que tratamos de sobrevivir y prosperar en un mundo a menudo salvaje. Es en reconocimiento de esto que Dios, en efecto, ahora les concede a los seres humanos que todo lo que se mueve y tiene vida "les servirá de alimento", cuando antes de este punto la única comida divinamente ordenada eran "las verduras" (9:3). Una vez más, esto debe ser visto como una concesión divina a los impulsos violentos que subyacen en gran parte del comportamiento humano o lo que los rabinos más tarde llamarán la "inclinación malvada" (*yetzer hara*). En este contexto podemos entender el hacer un pacto como la prueba de la buena voluntad de Dios para amarnos y sostenernos en toda nuestra debilidad y fragilidad, aceptándonos como somos, a la vez que nos labra hacia lo que podamos llegar a ser. "Él conoce nuestra condición; sabe que somos de barro" (Salmos 103:14).

Sin embargo, hay una implicación interesante en la historia del diluvio. Aquél que "sabe cómo fuimos hechos" es representado como alguien que aprende por experiencia acerca de estos seres humanos que Él mismo como Creador ha creado. En la decisión de nunca más destruir la tierra a causa del pecado humano, y en su lugar mantener la regularidad de la naturaleza (8:22), podemos detectar hasta una pizca de remordimiento. Esto no cuadra con las nociones tradicionales de la omnisciencia divina pero no hay que molestarse excesivamente por ello. El punto es que la narrativa bíblica sugiere que Dios, en un amor inmejorablemente creativo, ha llamado a la existencia un mundo de agencias y contingencias típicas de sus criaturas, un mundo con el cual y en el cual, el Creador elige vivir. Si este es el caso, entonces tal vez Dios esté dispuesto a someterse a nuevas posibilidades de experiencia al vivir amorosa y fielmente, en pleno tiempo, con el mundo. Al crearnos con el poder de la agencia moral y la capacidad de responsabilidad, Dios revela su voluntad de llamar a existencia lo que es verdaderamente "otro" distinto a Él, entrando así en el toma y daca de las relaciones auténticas con la creación. Dios no está "fingiendo" las relaciones con el mundo, sino que realmente está entrando en el dinamismo de mandar, de llamar, de amar, de dar y recibir, y de responder a nuestras oraciones.

Teniendo en cuenta estas reflexiones, la respuesta a la pregunta de Anita sobre el diluvio podría finalmente hallarse en un reconocimiento de que Dios, también, puede que haya tenido dudas. Pero tal vez una respuesta así podría crear todo un nuevo ciclo de problemas: ¿Podemos realmente pensar de Dios como si experimentara al mundo de tal manera que aprenda algo de la experiencia? ¿En qué punto un antropomorfismo tal (ver capítulo 10) se vuelve engañoso e incluso peligroso? Estas son preguntas difíciles pero podría argumentarse, con base en relatos bíblicos como el diluvio, que Dios verdaderamente interactúa con la creación de forma tal que esa interacción haga una diferencia en la vida y experiencia divinas. Ciertamente se puede argumentar que esto es parte de lo que quisieron decir los profetas cuando llamaron a Yahvé el Dios viviente.

Pero aunque, por un lado, digamos que Dios verdaderamente interactúa con nosotros, y tal vez hasta crece y aprende a través de las relaciones dinámicas con ese "otro" que Él se complace en haber creado, hay una dimensión básica y fundamental de la eterna naturaleza divina que no cambia. El carácter de Dios de amor santo, la fidelidad de Dios al pacto del bienestar de la creación, el cuidado íntimo de Dios por los seres humanos y, ciertamente, por todas las criaturas de Dios (compárese con Salmos 145), nada de esto cambia. Dios es fiel y, por supuesto, esa es una de las verdades fundamentales subyacentes en el pactar de nuestro Creador con nosotros. El amor de Dios, el deseo de Dios por nuestra plenitud y salvación, la meta de Dios de dirigir la creación al *shalom*, son ellas las constantes de nuestra relación con Dios. Esa fiabilidad absoluta del Dios de los pactos encuentra una

Noé: el pacto de Dios con la creación

expresión hermosa en las palabras de afirmación habladas al pueblo de Israel en el exilio, palabras que en realidad se remontan al arca y a su navegador:

Te abandoné por un instante,
  pero con profunda compasión volveré a unirme contigo.
Por un momento, en un arrebato de enojo,
  escondí mi rostro de ti;
pero con amor eterno te tendré compasión
  —dice el SEÑOR, tu Redentor—.
Para mí es como en los días de Noé,
  cuando juré que las aguas del diluvio no volverían a
  cubrir la tierra.

(Isaías 54:7-10)

Abraham: Dios llama a un pueblo

Nuestros hijos acostumbraban cantar un breve estribillo infantil acompañado de movimientos que, para teólogos en proceso de envejecimiento, les eran virtualmente imposibles de acompañar. "Padre Abraham tenía muchos hijos, / muchos hijos tenía nuestro padre Abraham…". ¡Pero cuánto había detrás de ese pequeño cántico!

Es fascinante, de hecho casi increíble, que una remota figura envuelta en misterio haya sido la base para tres corrientes vivas de fe monoteísta (literalmente, "la creencia en un solo Dios"). Efectivamente, el padre Abraham tuvo muchos hijos e hijas, ¡y qué rivalidad de hermanos ha surgido entre ellos! Los judíos, los cristianos y los musulmanes todos se disputan el honor de ser los hijos de Abraham, sus verdaderos herederos. La narrativa de Abraham, interpretada de diferentes maneras, proporciona un componente crucial para cada una de estas creencias. Todas están basadas en la antigua historia base de este semita errante. Todas relatan su historia y se relacionan con ella de manera diferente, y a menudo contradictoria, pero todas entienden que Abraham es su "padre".

En el judaísmo, Abraham es honrado como el ancestro de los esclavos hebreos que escaparon de Egipto, el pueblo de Israel. Para los judíos, llamar a Abraham "padre" es afirmar las aseveraciones bíblicas de que Dios, en la búsqueda de llevar a cabo la divina voluntad para el mundo, llamó a Abraham de una cultura pagana e idólatra e hizo un pacto con él prometiéndole que su descendencia sería grande y que sería una bendición para el mundo, y que también florecería en la tierra prometida. Aproximadamente dos milenios después de Abraham, otro judío, de nombre Pablo, forjó una conexión entre la figura de Abraham y la fe en Jesús cuando señaló que Abraham era un modelo de fe por haber creído en la promesa de Dios de hacer del anciano, el padre de muchas naciones (Romanos 4:18-25). Para los cristianos, llamar a Abraham "padre" es una afirmación, no "según la carne", sino "según el espíritu": Abraham es el padre de la fe, de modo que la promesa de Dios a los descendientes de Abraham se cumple en las vidas de aquellos que ejercen la fe en Jesús de Nazaret. A su vez el Islam, que surgió seis siglos después de los inicios del cristianismo, sostiene que muchos de los habitantes de la Meca, ciudad natal de Mahoma, y de sus alrededores fueron los descendientes físicos de Abraham a través del hijo "real" de la promesa, Ismael. Además, para los musulmanes, Abraham era, estrictamente hablando, un verdadero musulmán en virtud de su sumisión a Alá y su rechazo de los ídolos. ¿Y cuántas guerras se han peleado y cuánta sangre se ha derramado por este argumento acerca de quiénes son los hijos legítimos de Abraham, y quiénes son los farsantes?

Es irónico que este tipo de violencia en nombre de la fe en Dios comience con una historia de risas. Pero es eso lo que descubrimos en la historia de Abraham y es seguro que este descubrimiento podría hacer una contribución importante a la tarea teológica. Los teólogos, con demasiada frecuencia, se toman a sí mismos demasiado en serio y tal vez lo mismo podría decirse de muchos cristianos. El filósofo ateo Friedrich Nietzsche una vez observó que él hubiera estado más inclinado a creer que los cristianos eran redimidos si se hubieran visto un poco más redimidos. Los seguidores de Cristo, decía él, parecían siempre estar con caras largas. Nietzsche se rebeló en contra de lo que él percibió como un pietismo arrogante y sombrío que aparentemente miraba con desconfianza hasta los placeres más simples de esta vida. Para él, los rostros sin sentido de humor de los cristianos hablaban de un Dios sin sentido del humor.

Quizá, con demasiada frecuencia, Nietzsche ha estado en lo correcto. Tal vez el cristianismo tienda a fomentar una imagen de Dios como la de un viejo ermitaño, serio y de barba gris, que ha olvidado cómo sonreír, y sobre todo cómo echarse una carcajada. Por un lado, no puede haber duda de que Dios se toma en serio la creación, y que ha pactado redimir esa arriesgada aventura representada por una criatura con capacidad de actuar y de responder. Ya hemos visto en la historia de Noé cómo el corazón de Dios puede ser quebrantado por nuestra negativa a cooperar con la visión divina de la creación. Mas, por otro lado, la historia de Abraham le permite a la teología un atisbo al interior del Dios que es libre para reír y también para llorar.

Abraham: Dios llama a un pueblo

Probablemente hay sólo una forma en la que una teología narrativa le podría hacer justicia al tema de la risa divina según se explora en la historia de Abraham: la forma de un drama, con todo y sus cinco escenas.

Primera Escena

Todo comienza con la promesa de Dios a Abram de darle un hijo. Pero Abram, ya entradito en años, sugiere que un curso de acción más lógico sería nombrar a Eliezer, su sirviente, como heredero de la casa (Génesis 15:1-2). Esto era una práctica común entre los pueblos circunvecinos y ciertamente era lo esperado. Pero un buen sentido del humor se deleita en lo inesperado y Dios, con un guiño de complicidad, responde: "No, tendrás un heredero que sea tu hijo". Obviamente, Dios tiene algo bajo la manga divina.

Segunda Escena

Pasa el tiempo y por lo que parece, a Dios se la ha olvidado la risible promesa hecha a Abram. Él y su mujer Saray no se van a poner más jóvenes; él está en sus 80 años y ella en sus 70. Ella está vieja, arrugada y sin sentido de humor, y amargada contra su tacaño Dios. "El Señor me ha hecho estéril" (Génesis 16:2), se lamenta. La maldición de la infertilidad, especialmente dura en culturas como la de ella, ha apagado su sonrisa y silenciado su risa. Tristemente realista, y carente de imaginación, Saray sugiere que Abram tenga hijos por medio de su sierva Agar. En su entorno social, no hay nada de terriblemente extraño con la sugerencia; y después de todo, Dios no había dicho nada acerca de que Saray fuera la madre.

El plan le parece razonable a Abram y la madre sustituta, Agar, da a luz al niño Ismael. Ahora, por fin, Abram tiene ese hijo de la promesa, ¡ese muchacho a través del cual Dios bendecirá a todos los pueblos! Y fin de la historia. ¿O no?

Tercera Escena

Pasan trece años completos y Abram ya está llegando a los 100. Dios, al parecer sin mucha prisa, aparece y repite la promesa. Es como una broma repetida que Abram no acaba de entender: "Te haré tan fecundo que de ti saldrán reyes y naciones" (17:6).

Mientras la promesa se hace, podríamos visualizar a Abram asintiendo con la cabeza y sonriendo levemente al pensar que está entendiendo la broma.

La historia de Dios

—Sí, Señor, lo sé. Realmente estoy anticipando la gran familia que me vas a dar a través de mi hijo Ismael. Estoy orgulloso de él. Como sabes, ya tiene 13 años así que muy pronto será candidato al casamiento. Estupendo, ¿verdad?

—Ah, y por cierto, Abraham— continúa inesperadamente el Señor Dios, creador del cielo y de la tierra, con un cierto brillo en los ojos que todo lo ven, —en cuanto a tu vieja esposa, Sara, voy a darte ese hijo de la promesa por medio de ella.

Abraham necesita que se lo repitan dos veces. Lo que Dios acaba de contar es uno de los chistes más ingeniosos en toda la historia. Es tan divertido que Abraham cae de cara al piso y se ríe (v. 17). No podemos discernir, a partir del texto, si cae por reverencia y adoración, postrándose, o si es con una risotada incrédula, golpeando su puño contra el piso con carcajadas incontrolables. ¿Está adorando o riéndose incontrolablemente? ¿O es una extraña combinación de las dos cosas, "una risa casi horrible, mortalmente seria, no divertida, trayendo juntas la credulidad y la incredulidad"?[1] Sólo Dios y Abraham lo saben.

—¡Vamos, Señor! No tienes que pasar tanto trabajo. Quiero decir, seamos razonables. Sara tiene 89 y yo no soy ningún jovencito. ¿Por qué mejor no trabajas tu plan a través de Ismael?

Pero Dios está decidido a utilizar su propio material. —No, la vieja Sara va a tener un muchacho el año que viene, y le pondrás por nombre Risa (Isaac). ¿Entiendes?

Cuarta Escena

Poco después, Dios, disfrazado de vagabundo errante y en confabulación con un par de amigos, se aparece para visitar a Abraham y a Sara. Se repite la loca promesa pero esta vez es Sara la que oye disimuladamente y termina también muerta de la risa. La risa sería la reacción normal de cualquier mujer de 89 años de edad a la que se le dice que está a punto de ser madre por primera vez. La revelación de Dios es totalmente inesperada, totalmente sorprendente y quiebra la vieja amargura que le tiene los huesos secos. ¡Dios habla y ella se ríe! Y aunque ella intenta negarlo, Dios sabe lo que está pasando: "Oh sí, te reíste" (18:15). Sin embargo, Dios no condena a Sara, sabiendo que el misterio imprevisible de la actividad divina a menudo debe parecer risible desde un punto de vista puramente humano, que con demasiada frecuencia es desabrido, sin sentido de humor y poco imaginativo. El

Abraham: Dios llama a un pueblo

buen humor divino irrumpe a través del realismo adulto de Sara, y lo hace con la divertida promesa de un hijo llamado Risa.

Quinta Escena

Un año más tarde (Génesis 21) nos encontramos con Sara riéndose otra vez pero ahora ella es parte del chiste. Ahora se está riendo con Dios en lugar de hacerlo de Dios. Se ríe con alegría por el cumplimiento de la promesa de Dios de hacer que ella se riera y se ríe al pensar en lo que los vecinos puedan estar diciendo (v. 6). Lo que era ridículo desde la perspectiva humana no había sido demasiado difícil para el Creador y Sustentador de toda vida. La promesa que había evocado la risa, ahora cumplida, produce otro tipo de risa. La risa de Dios se ha encarnado en Isaac, y con todo y el risoteo de Abraham y Sara en esta narrativa, es obvio quién es el que realmente tiene sentido de humor. El que Dios hubiera producido al hijo de la promesa, al hijo de la risa, a través de un par de viejos ya es suficientemente gracioso. Pero tener el buen humor de contar con los graves esfuerzos de los seres humanos de cumplir la promesa de Dios en sus propias y débiles formas, y aún así cumplir el propósito divino a través de ellos, es verdaderamente una cualidad rara y divina. Es una de las características que señala a Dios como el Dios de los pactos, fiel a las promesas hechas al pueblo de Israel. Como cualquier pareja casada testificará, ¡se necesita un buen sentido de humor para hacer que una relación de pacto funcione!

Debemos reconocer que, referirse a Dios como alguien que ríe es un antropomorfismo. Sin embargo, esto no nos debe impedir considerar que, según esta narrativa, la misma confianza que le permite a Dios asumir riesgos en la creación, también lo libera para poder reírse. Aunque el Creador toma seriamente la creación, Él sabe que, a fin de cuentas, nada puede amenazar su condición de Dios como Dios. "El rey de los cielos se ríe" (Salmos 2:4) y bien se puede dar el lujo de hacerlo en la confianza de que su creatividad imaginativa y humorística pueda redimir incluso las lágrimas humanas más tristes y hacerlas semillas de risa alegre. Una convicción tal es de hecho la base de la escatología, o la doctrina de las últimas cosas.

Darle lugar a esta clase de imagen de Dios nos libera para que nosotros también nos riamos. Ciertamente hay mucho en nuestro mundo por lo cual llorar (y si hemos estado en lo correcto en reflexiones anteriores, Dios llora con nosotros y por nosotros) pero tenemos la esperanza de que cuando todo esté dicho y hecho, Dios creará risas de las lágrimas y la amargura, tal como lo hizo con Sara. El hecho de que Dios comenzara a crear un pueblo del pacto a través del nacimiento milagroso de Isaac subraya la verdad bíblica de que es Dios quien inicia el pacto, quien alcanza a la humanidad con misericordia y fidelidad, y quien finalmente logra el propósito divino mediante la fidelidad al pacto. "El que los llama es fiel, y así lo hará" (1 Tesalonicenses 5:24) escribió el apóstol Pablo, lo que nos recuerda que Dios también le mete el hombro a la carga de las relaciones de pacto. Cuando nos demos cuenta de nuestras propias limitaciones, como Dios también se da cuenta, nos acordaremos de que "somos de barro" (Salmos 103:14) y entonces podremos reírnos de nosotros mismos, sabiendo muy bien que tomarnos a nosotros muy en serio es olvidar quién es Dios, y quién es el que promete la última carcajada.

Moisés: el don de Dios para Israel sobre una manera de andar

En cuanto a la mayoría de los judíos religiosos se refiere, ya hemos observado que el éxodo del pueblo de Israel de la esclavitud egipcia es el acto central de la revelación en la historia judía. Esa liberación arroja su luz incluso sobre la teología judía de la creación: La "creación" de Dios de un pueblo con dignidad de pacto, de "la nada" de una deshumanizante esclavitud, liberándolos al "separar" las aguas caóticas y amenazantes del mar, es una especie de *creatio ex nihilo* en pequeña escala. Para Israel, Dios se reveló decisivamente como su redentor en ese acto liberador.

Pero este paradigmático evento no fue un fin en sí mismo. Así como Dios llamó la creación a la existencia en aras de una auténtica relación, también Dios liberó a esta multitud de esclavos judíos en aras de una relación con Dios como el pueblo de Dios. No era que simplemente hubieran sido liberados, sino que la otra cara del evento del éxodo era el pacto iniciado a través del liderazgo de Moisés en el monte Sinaí. El breve preludio del Decálogo (del griego, *deca* = diez, y *logos* = palabra), más popularmente conocido como los Diez Mandamientos, revela la inseparabilidad entre el éxodo y el Sinaí. "Yo soy el Señor tu Dios. Yo te saqué de Egipto, del país donde eras esclavo. No tengas otros dioses además de mí" (Éxodo 20:2-3).

Dicho de manera sencilla, y en categorías cristianas más reconocibles, la "ley" del Sinaí surge de la "gracia" del éxodo. La importante implicación de esto para la historia de Dios es que, a la gracia se le une la obligación, al don la tarea, y a la libertad la responsabilidad. Bien lo dijo el teólogo alemán Dietrich Bonhoeffer: No hay "gracia barata".

La historia de Dios

Sin embargo, hay una vieja tendencia dentro de la teología cristiana que entiende el pacto del Sinaí no como gracia, sino sólo como una ley áspera e inflexible destinada a frustrar a la gente con un sentido de propia pecaminosidad e incapacidad. Pero es difícil apoyar tal interpretación basándose en el texto bíblico. Es mejor traducir el término hebreo *torah* como "camino", en el sentido de una manera de andar, que como "ley". Durante siglos de judaísmo, la Torá no ha sido vista o experimentada como una carga excesiva; por el contrario, es el don de Dios a Israel como una manera de vivir como pueblo de Dios en el mundo. La revelación divina a Moisés no es la de un capataz severo, sino la de: "El Señor, el Señor, Dios clemente y compasivo, lento para la ira y grande en amor y fidelidad, que mantiene su amor hasta mil generaciones después, y que perdona la iniquidad, la rebelión y el pecado" (Éxodo 34: 6-7), y quien es justo, o imparcial, en castigar a los culpables.

Luego, el retrato esencial del Dios de Israel es el de un Dios de amor y misericordia, cuya Torá es un don que conduce a la vida: "Hoy te doy a elegir… entre la vida y la muerte, entre la bendición y la maldición. Elige, pues, la vida, para que vivan tú y tus descendientes. Ama al Señor tu Dios, obedécelo y sé fiel a él" (Deuteronomio 30:15, 19-20).

Tal vez la naturaleza absolutamente misericordiosa de la Torá se comprendería mejor al reflexionar sobre el cuarto mandamiento del Decálogo: la observancia del sábado. El séptimo día debía apartarse (o santificarse) como día de descanso para los israelitas, para sus hijos, para sus animales y hasta para el "extranjero" residente (Éxodo 20:10). Hay una tradición judía que vincula la observancia del sábado con el éxodo como señal temporal de que este pueblo es el mismo pueblo que Dios liberó, y que llamó a un pacto. En ese caso el sábado ciertamente es la celebración de la gracia, es decir, de la redención amorosa de Dios de este pueblo deshumanizado bajo la opresión egipcia. Otra tradición conecta la observancia del sábado con la narrativa de la creación, donde se dice que Dios creó el universo en seis días y descansó el séptimo día. (Quizá este doble significado dado al sábado puede ayudar a demostrar la estrecha conexión en la mente hebrea entre la creación y el éxodo.) Al ligar la observancia del sábado con la actividad de Dios de la creación, nos encontramos con que al pueblo de Dios, ¡irónicamente!, se le ordena que no haga nada cada séptimo día. El pueblo de Israel, al igual que Dios, iba simplemente a descansar, a reciclarse. Este es exactamente el inverso de la noción de que la Ley creó una mentalidad de obras; el sábado es

Moisés: el don de Dios para Israel sobre una manera de andar

para descansar, para detenerse, para simplemente ser. Esta es una noción radical para la sociedad occidental moderna, en la cual el santo patrono muy a menudo es el adicto al trabajo.

Una mentalidad del sábado, de hecho, puede arrojar luz sobre la fascinación de nuestra propia sociedad por estar ocupada. ¿Por qué esa obsesión por estar ocupados? Se ha sugerido que, por lo menos, una respuesta parcial es nuestra necesidad de justificar nuestra existencia. A menudo sentimos la necesidad de demostrarles a los demás que somos importantes, que tenemos una razón de estar por ahí. No queremos simplemente ser un lastre que frene las maquinaciones tecnológicas de la sociedad. Robert Jewett, erudito del Nuevo Testamento, escribe: "Existe una suposición... profundamente arraigada en la mentalidad norteamericana, de que el estatus está fundamentado en el logro cuantitativo. El esfuerzo de justificarse a sí mismo por las obras ha pasado de hacer lo que es correcto o legal, a simplemente hacer mucho".[1]

Esta obsesión por hacer mucho alcanza a derramarse sobre la tendencia moderna de considerar a las personas más por lo que hacen que por quiénes son. Martín Buber percibió bien esta tendencia cuando sugirió que los seres humanos modernos tienden a tratar a la otra persona como "cosa" en lugar de como "tú". Buber pregunta con una precisión característica, "Cuando... consideramos la manera moderna del trabajo y las posesiones, ¿acaso no encontramos que los progresos modernos han borrado casi todos los rastros de una vida en la que los seres humanos se enfrenten entre sí y tengan relaciones significativas?"[2] La mentalidad del sábado, escrita en el corazón mismo de la Torá, es resistirse a dicha reducción de la vida y el significado humanos al "eso" de sólo funcionar.

Haciéndose eco del Génesis, el Decálogo indica que Dios trabajó en la creación durante seis días y luego en el séptimo descansó (Éxodo 20:11). Los rabinos de la tradición judía, al observar cuidadosamente que cada uno de los demás días mencionado en Génesis 1 siguió el patrón de "noche y día", han quedado impresionados por la ausencia de esa frase en relación con el séptimo día. Al parecer, dicen ellos, no hay fin para el séptimo día, ese día reservado para ser santo, ¡porque el día de reposo divino no termina nunca! Puede que haya una profunda verdad en esa interpretación rabínica.

Claro que esa verdad no es que Dios no haya hecho nada desde la creación. Esa es la creencia del deísmo (del latín, *deus* = Dios); es decir, que Dios creó el universo, estableció sus leyes y condiciones para que funcionara y desde entonces se ha retirado del servicio activo. La fe bíblica mayoritaria nunca ha adoptado esta noción de "dueño ausente" de la deidad. Los hechos desmienten la noción de una creación estática y terminada. Por ejemplo, los astrónomos nos dicen que hay nuevas estrellas, quizá algunas de ellas acompañadas de planetas, que continúan formándose y que lo harán por algún tiempo si persisten las condiciones actuales. Un ejemplo literalmente "más cercano a nosotros" es la creación de nuevas vidas, humanas o de otro tipo, como proceso continuo en nuestro mundo. Dios sigue llamando a nuevos seres a existir; por lo tanto, la creación es un proceso continuo. Lo que es más importante aún, en la Biblia nosotros leemos acerca de un Dios que continúa laborando en el mantenimiento de la creación, interactuando creativamente con criaturas con la capacidad de actuar, y redimiendo al mundo.

Pero, ¿qué significa todo esto si lo combinamos con la idea rabínica de que el séptimo día de reposo sigue todavía operando? Tal vez sugeriría, simplemente, que el "reposo de Dios" no significa que Dios deje de laborar, sino que esa labor tenga sus raíces en el disfrute del reino de la creación y su cuidado. Dios no considera a la creación como su "obra", su producción, o lo que "hace para ganarse la vida". Dios no trata a la creación como una "cosa", sino como un "tú" con quien ha hecho un pacto (compárese con Génesis 9:9-17). Juan Wesley regularmente apelaba a Salmos 145:9, "El Señor es bueno con todos; él se compadece de toda su creación", para demostrar que Dios considera con amor y cuidado a toda la creación y a cada una de sus criaturas. Si la especulación de los rabinos pudiera entretejerse con la teología narrativa, la conclusión sería que la obra de Dios sin duda continúa pero que a todas las labores de Dios se les ha infundido la calidad del descanso sabático.

En Juan 5:17 encontramos las palabras fascinantes de Jesús sobre lo que acabamos de discutir. Como respuesta a las críticas por haber curado a un hombre en el día de reposo, Jesús dice: "Mi Padre aun hoy está trabajando, y yo también trabajo". Tal vez podríamos seguir la interpretación rabínica del sábado en el relato de la creación del Génesis y sugerir que Jesús estaba diciendo, "Ustedes me acusan de quebrantar el sábado por trabajar en él. Pero sepan que el sábado de Dios comenzó, y todavía continúa, después de que el trabajo de la creación se hubo terminado; aun así mi Padre continúa trabajando, y yo también". Juan procede a decir que los críticos de Jesús se horrorizaron, no sólo porque Jesús había quebrantado el sábado, sino tam-

Moisés: el don de Dios para Israel sobre una manera de andar

bién porque, al llamar a Dios "mi Padre", se estaba haciendo igual a Dios. Se podría añadir una tercera ofensa: según la definición que sus críticos le daban al sábado, ¡Jesús estaba llamando a Dios un quebrantador del sábado! Pero ese no era el caso si toda la actividad creativa y sustentadora de Dios estaba siendo saturada de la calidad de atención tierna y amante del reposo sabático para la creación. Se podría decir, de hecho, que en la medida en que los críticos de Jesús veían las reglas como más importantes que las personas, habían reducido a las personas a la condición de "cosa", lo cual era transgredir el reposo sabático de Dios (compárese con Isaías 58). Ciertamente esto era una desafortunada distorsión de una Torá de Dios que había sido dada tiernamente al pueblo de Israel, y que de ninguna manera disminuía la intención bondadosa y amorosa del pacto del Sinaí.

Si esta interpretación es válida, entonces celebrar el sábado como Dios lo celebra no es una cuestión de no hacer absolutamente nada, al menos no en el sentido de los legalistas de "no hagas esto o lo otro". Por el contrario, el sábado es para participar en el cuidado divino de la creación en todas nuestras acciones e interacciones. Entrar en el reposo del sábado es dejar de intentar ganar el favor divino a través del hacer mucho. ¡Ha de haber un tiempo, un tiempo divinamente ordenado, en el que simplemente habrá que respirar profundamente y relajarse! Ser sencillamente nosotros mismos ante Dios trae un descanso liberador de la mentalidad de las "obras", esa mentalidad que nos hace tratar de justificar nuestra existencia impresionando a Dios o a otras personas, o tal vez calmando nuestra culpa o sentimientos de inadecuación. El sábado es una señal de la gracia, una invitación para sencillamente estar en la presencia de Dios, sabiendo que seremos aceptados y apreciados por Dios simplemente por ser.

Tal vez hemos establecido de manera suficiente el criterio de una gracia absoluta que motiva el don de Dios de la Torá para el pueblo de Israel. Habiendo dicho esto, es fundamental reconocer que esta gracia también incluye una obligación. Dios, según la historia, eligió a este pueblo llamado Israel para que fuera "reino de sacerdotes", mediadores entre Dios y la creación. Este pueblo, visiblemente marcado por la circuncisión y el día de reposo, ha de ser "una nación santa", apartada de todas las otras naciones (como el sábado es apartado de todos los demás días) con el fin de ser "propiedad exclusiva" de Dios" (Éxodo 19:5-6). En otras palabras, en el pacto con este pueblo particular de Israel, Dios renueva la intención inicial de la creación de que todos los seres humanos deban representar (o volver a presentar) a

La historia de Dios

Dios, a cuya imagen han sido creados. El pacto, entonces, se ofreció a este pueblo por el bien de toda la creación y con la redención de todos los pueblos en mente. Dios llama y manda a este pueblo precisamente porque "toda la tierra me pertenece" (v. 5). Esto a menudo se ha llamado el escándalo de la particularidad: que el Dios de todo el orden de lo creado, el Creador y Sustentador universal, opere de manera muy específica, particular e histórica para redimir a la humanidad caída.

Es por esta obra divina de redención, pues, que el pueblo de Israel es bondadosamente llamado a un pacto en el Sinaí. En obediencia a las condiciones de ese pacto, Israel "personifica" el amor y el cuidado de Dios por cada detalle de la existencia humana. Dios llama a este pueblo a compartir en amor divino y santidad, y a encarnar esa santidad y ese amor en su vida juntos.

Esto ayuda a explicar la intención del segundo mandamiento del Decálogo con respecto a la prohibición de no elaborar "ningún ídolo, ni nada que guarde semejanza con lo que hay arriba en el cielo, ni con lo que hay abajo en la tierra, ni con lo que hay en las aguas debajo de la tierra" (Éxodo 20:4). Aquí, parte de la justificación, sin duda, es proteger a Israel del politeísmo de sus vecinos, quienes solían divinizar una variedad de objetos y experiencias en el ámbito de la creación. Parte también es que la trascendencia divina no puede ser representada por figuras de madera y piedra. Sin embargo, a menudo se pasa por alto otro aspecto de este mandamiento, y es que, por el hecho de que Dios no puede ser físicamente representado, al Santo solamente se le puede encontrar en la voz de mando y representársele en la obediencia humana. El Creador de todas las cosas no es para ser visualizado u objetivizado, sino para ser escuchado y obedecido. Todo esto está muy bien establecido en Deuteronomio 4:

> [Recuerden el] día que ustedes estuvieron ante el Señor su Dios en Horeb [Sinaí]... Ustedes se acercaron al pie de la montaña, y allí permanecieron, mientras la montaña ardía en llamas que llegaban hasta el cielo mismo, entre negros nubarrones y densa oscuridad. Entonces el Señor les habló desde el fuego, y ustedes oyeron el sonido de las palabras, pero no vieron forma alguna; sólo se oía una voz. El Señor les dio a conocer su pacto, los diez mandamientos, los cuales escribió en dos tablas de piedra y les ordenó que los pusieran en práctica. ... El día que el Señor les habló en Horeb, en medio

Moisés: el don de Dios para Israel sobre una manera de andar

> del fuego, ustedes no vieron ninguna figura. Por lo tanto, tengan mucho cuidado de no corromperse haciendo ídolos o figuras que tengan alguna forma o imagen... Pero a ustedes el Señor los tomó y los sacó de Egipto, de ese horno donde se funde el hierro, para que fueran el pueblo de su propiedad, como lo son ahora.
>
> (Versículos 10-13, 15-16, 20)

Al pueblo de Israel le son negadas las imágenes físicas de Dios precisamente para que, en su obediencia al pacto del Sinaí, ellos mismos sean los que representen la imagen de Dios, la imagen a la que todas las personas son creadas y a la que Dios desea restaurar a todas las personas, comenzando por el pueblo de Israel. Esta noción se presenta poderosamente en otro pasaje de Deuteronomio:

> Porque el Señor tu Dios es Dios de dioses y Señor de señores; él es el gran Dios, poderoso y terrible, que no actúa con parcialidad ni acepta sobornos. Él defiende la causa del huérfano y de la viuda, y muestra su amor por el extranjero, proveyéndole ropa y alimentos. Así mismo debes tú mostrar amor por los extranjeros, porque también tú fuiste extranjero en Egipto. (10:17-19)

Los teólogos de la liberación han dirigido acertadamente nuestra atención a pasajes como éstos, arraigados en el éxodo y el Sinaí, porque nos recuerdan que el Santo no está contento con que Israel (o nosotros) debamos simplemente ofrecer nuestras alabanzas, alabando a Dios como creador y sustentador de todas las cosas. La verdadera adoración inevitablemente implica escuchar el llamado de Dios y nosotros mismos responder invirtiéndonos en la actividad redentora de Dios. Es fácil obsesionarnos con una imagen mental de Dios como la de Deuteronomio 10:17 y hacerlo fuera de su contexto: Dios es el gobernante todopoderoso del universo, el grande, el poderoso, el Dios maravilloso que es siempre justo. Pero las imágenes mentales de Dios, si no nos mueven a una *imitatio dei* (del latín, "imitación de Dios"), pueden ser tan idólatras como las imágenes metálicas de Dios. Este es el lado de la obligación del pacto de Sinaí, fundamentado en la gracia, que Dios inició con Israel por medio de Moisés.

Esta es una de esas cualidades que hace que el Dios del éxodo y el Sinaí sea particularmente único: Dios es capaz de ser el temible, el que habita en morada santa, y al mismo tiempo ser un amante de los proscritos y un luchador por la justicia. Tal vez esperamos que Dios pueda muy bien contentarse con la alabanza debida al Creador de todas las cosas. Pero no es así. Este Dios de dioses y Señor de señores se baja del trono y hace algo por los que padecen necesidad. Más importante aún, Dios llama a los del pacto del Sinaí a unirse en una respuesta compasiva y redentora, a representar el cuidado de Dios por los hambrientos, los perdidos y los olvidados. Dios ha levantado este pueblo de Israel de la esclavitud a una posición de colaboración responsable con Él y espera que sean tan humanitarios como lo es el Creador de los seres humanos. Esta puede ser la única respuesta bíblica adecuada a la crítica de la fe que Albert Camus pone en boca de su personaje, el doctor Rieux, en la clásica novela existencialista, *La Peste*: "'Después de todo', repitió el doctor... 'es algo que un hombre como usted muy bien puede entender, pero siendo que el orden del mundo está forjado por la muerte, ¿no sería mejor para Dios si nos negamos a creer en Él, y luchar con todas nuestras fuerzas contra la muerte, sin levantar los ojos hacia el cielo donde Él está sentado en silencio?'"[3]

Si Dios de verdad está sentado en un silencio celestial, entonces la pregunta de Camus debe ser contestada afirmativamente. Pero la historia de Dios no describe su carácter primario como un calienta tronos, sino como un hacedor de justicia que conduce a los seres humanos en la lucha, "un Prometeo [que] se compromete con el hombre, y en absoluta solidaridad de amor, con la restauración del derecho y el poder del hombre para ser libre en el mundo".[4]

La gracia y la obligación, y el don y la tarea están inseparablemente ligados en la lógica del Sinaí. Pero no hay duda alguna de que esta gracia es otorgada a Israel por el bien de todas las naciones y de todas las personas y pueblos en todas partes. En este pacto en el Sinaí, Dios clementemente elige a un pueblo que funcionará como un representante divino, que será un reino de sacerdotes para las otras naciones, porque toda la creación es de Dios, y la intención del Creador es redimir y restaurar a toda la creación.

David: la búsqueda de la realeza

Sería difícil encontrar un mejor ejemplo de lo disponible que está Dios para trabajar junto con los seres humanos en una relación de pacto que el de las historias de David y su predecesor Saúl. La Biblia da testimonio de la promesa de Dios a David de establecer su trono para siempre (2 Samuel 7:16). Sin embargo, irónicamente la simple idea de tener a un rey humano gobernando a Israel parece que ni siquiera era la intención primaria de Dios para el pueblo del pacto. Es interesante que las narrativas bíblicas sobre la búsqueda de Israel de una auténtica realeza contengan varios ejemplos del poder de Dios para transigir (literalmente, "prometer junto con") con el pueblo de Dios en aras de la redención.

En primer lugar, nos encontramos con que Dios cede, aunque con pesar, a los clamores de los israelitas ante el profeta Samuel por un rey "que nos gobierne, como lo tienen todas las naciones" (1 Samuel 8:5). Dios, en realidad, está más abierto a los deseos de la gente que el mismo Samuel:

> Considera seriamente todo lo que el pueblo te diga. En realidad, no te han rechazado a ti, sino a mí, pues no quieren que yo reine sobre ellos. Te están tratando del mismo modo que me han tratado a mí desde el día en que los saqué de Egipto hasta hoy. Me han abandonado para servir a otros dioses. Así que hazles caso, pero adviérteles claramente del poder que el rey va a ejercer sobre ellos.
>
> (Versículos 7-9)

Samuel, efectivamente, procede a pintar un panorama desolador del poder de la realeza para dominar, oprimir e imponer impuestos sobre la gente común hasta hundirla y solemnemente les advierte: "Cuando llegue aquel día, clamarán por causa del rey que hayan escogido, pero el Señor no les responderá" (v. 18). La Biblia reconoce claramente que el poder puede ciertamente corromper y que demasiado poder político en un par de manos siempre tiene la capacidad potencial de destruir las vidas humanas y la sociedad. No obstante, Dios muestra la humildad de un rey rechazado y le permite al pueblo su deseo: "Hazles caso —respondió el Señor—; dales un rey" (v. 22).

Tal vez la disposición de Dios de cooperar con el pueblo de Israel refleja la seriedad divina en lo que concierne a un pacto. Al iniciar la relación de pacto con este pueblo, Dios tenía la intención de tomar muy en serio su socio Israel. ¡Dios quiere que la relación funcione! En términos generales, la tradición teológica cristiana ha dicho muy poco (si acaso ha dicho algo) sobre el poder divino de transigir, según lo reflejan las narrativas de la realeza. Pero, y sin lugar a dudas, esta es una de las verdades cruciales sobre Dios que van a emerger en dichas historias.

Con la unción de Samuel a Saúl como primer rey del pueblo del pacto, el espinoso problema de Dios y la política comienza a imponerse en nuestras reflexiones teológicas. Los teólogos, generalmente, tienden a preferir el aire enrarecido de la especulación celestial pero el Dios de Israel es el Dios de los pactos, y el que Dios tenga que involucrarse en la historia sobre las bases de un pacto es, inevitablemente, un negocio sucio. Un Dios de pactos es aquel que entra en el ámbito de las criaturas, ese ámbito de la existencia humana en todas sus dimensiones: en lo individual, lo social, lo cultural y lo político. Esto significa que Dios verdaderamente está implicado en el toma y daca de la decisión y la indecisión humana, de la relación y la racionalización humana, y de los temores y amores humanos. El Creador y Sustentador del universo se digna a montar una tienda de campaña y habitar entre nosotros, pobres criaturas de polvo, a quienes Dios ha dignificado llamándonos a llevar la imagen divina. Salomón se maravilló, y lo expresó en voz alta en su oración de dedicación del templo cuando dijo que, "los cielos, por altos que sean, no pueden" contener al Santo, sin embargo Él habita "en la tierra con la humanidad" (2 Crónicas 6:18).

Más tarde, después que Saúl fue ungido como rey, la trágica historia de su caída del favor divino ofrece una ilustración adicional de los caminos de Dios en la historia y la política. "La palabra del Señor vino a Samuel: «Me arrepiento de haber hecho rey a Saúl, pues se ha apartado de mí y no ha llevado a cabo mis instrucciones»" (1 Samuel 15:10-11). Con todo, posteriormente y en el mismo capítulo, Samuel le dice a Saúl, "En verdad, el que

David: la búsqueda de la realeza

es la Gloria de Israel no miente ni cambia de parecer, pues no es hombre para que se arrepienta" (v. 29). Es significativo que el mismo verbo hebreo para arrepentimiento, se utilice en ambas ocasiones, aunque muchas traducciones intenten suavizar la aparente contradicción sugiriendo que Dios puede "lamentarse" pero no "arrepentirse". Aunque traducir el verbo como "lamentar" en el versículo 11, y como "arrepentir" en el versículo 29, indudablemente ayuda a arrojar luz sobre la intención de ambos versículos, no debemos suavizar demasiado fácilmente la paradoja. Tal vez la tensión en la imagen de Dios como un "arrepentido no arrepentido" se origine dentro del ser mismo de Dios en la obra divina de salvar al mundo.

Lo que le dice el profeta Samuel a Saúl en realidad se orienta hacia una verdad bíblica fundamental: Dios no miente. Dios no es inconstante. La confiabilidad misma de una relación de pacto descansa en la fiabilidad absoluta de Dios. Dios tiene un plan y un propósito para la creación; hay una meta específica hacia la cual se esfuerza nuestro Creador. Dios no ceja en esa meta, en ese fin. En este sentido profundo e importante, Dios es un no arrepentido.

Por otro lado, al involucrarse en un pacto con los seres humanos, y evidentemente con toda la creación, Dios, para lograr la salvación, se ha propuesto trabajar con agentes inconstantes y a menudo poco confiables. Así, a la vez que permanece comprometido con la redención de nuestro mundo caprichoso, Dios no está obligado (como si fuera un esclavo) a un plan maestro predeterminado, controlado hasta el detalle más ínfimo, según el cual deba realizarse esta obra salvífica. Dios trabaja con, en y a través de hombres y mujeres, y aunque Dios no se arrepiente (literalmente, "alejarse") de la meta salvífica, es un Redentor que puede arrepentirse, o cambiar de un plan de acción a otro, si la situación humanamente creada lo dicta, como en el caso de Saúl. Ciertamente, tal relación de-dar-y-recibir con el mundo requiere una creatividad de Dios más rica que lo requerido por el inevitable e irresistible despliegue de un plan maestro predeterminado.

La voluntad de Dios, entonces, no es un decreto eterno e inmutable. Por el contrario, a medida que Dios actúa y reacciona en una relación de pacto con el mundo (Génesis 9:9-17), y particularmente con el pueblo de Israel (y, por consiguiente, con la iglesia), la voluntad divina viene a ser la mejor posibilidad para cada situación a la luz del objetivo del *shalom* en la creación. La voluntad de Dios se forja de la materia que son las decisiones y las respuestas humanas y es a menudo frustrada y cambiada. ¡A Dios verdaderamente le importa lo que pensamos y hacemos y oramos! Sin embargo, la adversidad no amenaza al Creador ni la decepción lo derrota. La creatividad de Dios es lo suficientemente flexible como para alterar los planes cuando se enfrente a la rebelión y al pecado humano.

Esto es esencialmente lo que el teólogo contemporáneo John C. Cobb Jr. pretende decir cuando escribe: "Dios en cada momento trabaja con y sobre el mundo que le es dado en ese momento".[1] De primera intención, la frase "que le es dado" podría plantear una pregunta: ¿"que le es dado" por qué o por quién? La respuesta: lo "dado" con el que Dios elige trabajar, según la Biblia, es la "otredad" real del mundo que Dios crea y sostiene, y particularmente la otredad de las decisiones de los seres humanos.

Es cierto que tal entendimiento de la relación de Dios con el mundo y la historia no cuadra con los conceptos populares de la profecía, según los cuales Dios tiene ya planeados todos los eventos futuros. Esa manera de ver el futuro, sin embargo, es una comprensión estrecha y generalmente deformada de la profecía bíblica. Los profetas bíblicos trataban mucho más con la palabra de Dios para el pueblo de Dios, en sus situaciones históricas presentes o sus circunstancias inminentes (proclamación), que con los eventos del futuro lejano (anticipación). Las palabras verdaderamente proféticas de Samuel, habladas cuando Jehová le quitó a Saúl el reino de las manos, proporcionan un ejemplo adecuado: "¿Qué le agrada más al Señor: que se le ofrezcan holocaustos y sacrificios, o que se obedezca lo que él dice? El obedecer vale más que el sacrificio, y el prestar atención, más que la grasa de carneros" (1 Samuel 15:22).

Si fuera correcta la considerablemente popular noción de Dios como el predeterminador de todos los detalles, entonces sacrificar sería mejor que obedecer. Nuestra obediencia, o desobediencia, no importaría en lo más mínimo ya que en última instancia sería de todos modos ilusoria. La obediencia a la voluntad de Dios no tendría ningún valor particular; sería mejor simplemente ofrecer sacrificios de adoración y ver lo que Dios hace a continuación. Pero la obediencia es mejor que el sacrificio y ello en gran parte porque Dios ha escogido a los seres humanos como socios en la conformación de la historia. La obediencia es la dimensión humana de cooperación con las intenciones de Dios para la redención, aun cuando nuestros propios deseos y desobediencia ciertamente puedan entorpecer las labores divinas. Por lo tanto, porque Saúl rechazó la palabra de Yahvé, el Santo a su vez rechazó a Saúl como rey y buscó un nuevo curso de acción en David.

David: la búsqueda de la realeza

Si en realidad no era la primera intención de Dios que Israel fuera gobernado por un rey humano; y si, después de haber hecho ese primer ajuste, era la nueva intención de Dios hacer a Saúl el rey; y si, después de haber lamentado la elección de Saúl, el Señor se volvió a David, vamos descubriendo en toda esta nueva relación de realeza todavía más de la disposición de Dios increíblemente humilde de trabajar con, y a través de, la fragilidad humana. Las debilidades y fracasos de David, así como su pasión indomable por la vida, son materia bien conocida por lo que no es necesario que ello nos ocupe en este momento. Es su interés en la construcción de un templo para Yahvé lo que proporciona un enfoque revelador para lo que es de interés en este capítulo: la flexibilidad de Dios en la relación de pacto, según se da en los vaivenes de la historia.

Leemos que el rey David, victorioso sobre sus enemigos a uno y otro lado, le dijo al profeta Natán: "Como puedes ver, yo habito en un palacio de cedro, mientras que el arca de Dios se encuentra bajo el toldo de una tienda de campaña" (2 Samuel 7:2). Pero la palabra de Dios dada a Natán revela poco interés en la idea de David.

> Ve y dile a mi siervo David que así dice el Señor: "¿Serás tú acaso quien me construya una casa para que yo la habite? Desde el día en que saqué a los israelitas de Egipto, y hasta el día de hoy, no he habitado en casa alguna, sino que he andado de acá para allá, en una tienda de campaña a manera de santuario. Todo el tiempo que anduve con los israelitas, cuando mandé a sus gobernantes que pastorearan a mi pueblo Israel, ¿acaso le reclamé a alguno de ellos el no haberme construido una casa de cedro?"
>
> (Versículos 5-7)

La palabra divina procede a proclamar que, en lugar de que David construya una casa para Dios, será Dios quien "te construya [a David] una casa" (v. 11), y, "Tu casa y tu reino durarán para siempre delante de mí; tu trono quedará establecido para siempre" (v. 16). Una vez más hay una tensión explícita que surge en esta coalición de gobierno político y sanción divina: Dios desea bendecir y sostener el reinado de la dinastía de David pero no está particularmente interesado en su plan de construir un monumento visiblemente imponente que tendiera a identificar las intenciones de Dios con algún statu quo señorial. La palabra de Dios a través de Natán sugiere una preferencia divina por la movilidad: "¡He andado de acá para allá, en una tienda de campaña!". Una relación de pacto con los seres humanos en la historia requiere flexibilidad y no el poder generalmente inflexible y coercitivo de las instituciones políticas que presumen tener la plena bendición de Dios. La palabra dada a Natán sugiere que el Creador y Sustentador de todas las cosas prefiere una tienda de campaña a un templo.

Sin embargo, una vez más, Dios condesciende con la idea de David puesto que el templo es la idea de David, no el mandamiento de Dios. Pero Dios, por medio del profeta Natán, indica que va a ser un hijo de David quien construya un templo. "Será tu hijo Salomón el que construya mi templo y mis atrios, pues lo he escogido como hijo, y seré para él como un padre" (1 Crónicas 28:6). Aún así, antes de morir, David tuvo el privilegio de ofrecer una oración de dedicación con antelación al comienzo de la construcción del templo. Ciertamente, los poderes poéticos del mayor salmista de Israel son evidentes en esta oración:

> ¡Bendito seas, Señor, Dios de nuestro padre Israel, desde siempre y para siempre! Tuyos son, Señor, la grandeza y el poder, la gloria, la victoria y la majestad. Tuyo es todo cuanto hay en el cielo y en la tierra. Tuyo también es el reino, y tú estás por encima de todo. … Pero, ¿quién soy yo, y quién es mi pueblo, para que podamos darte estas ofrendas voluntarias? En verdad, tú eres el dueño de todo, y lo que te hemos dado, de ti lo hemos recibido. Ante ti, somos extranjeros y peregrinos, como lo fueron nuestros antepasados. (1 Crónicas 29:10-11, 14-15)

David encontró una buena dosis de ironía en el hecho de que criaturas finitas y totalmente dependientes intentaran construir un templo para Dios, ya que "tú eres el dueño de todo, y lo que te hemos dado, de ti lo hemos recibido". Sin embargo, esto nos recuerda una vez más que Dios se deleita en cumplir la voluntad divina, trabajando a través de los socios de pacto, frágiles y finitos, como usted y como yo. Es por gracia que Dios nos busque para un compañerismo y servicio, a nosotros que, en las imágenes de lenguaje de David, somos vagabundos, inquilinos transitorios y temporales en un mundo que tenemos sólo en calidad de préstamo.

Aún más notable es que el Creador del universo aparentemente goce identificarse con nosotros como extranjeros y peregrinos. Este antiguo sentido hebreo de la preferencia de Dios por la movilidad, por estar en movimiento, entró en conflicto con el deseo progresivo israelita de un rey,

David: la búsqueda de la realeza

un trono y un templo; todo lo cual significaba la institucionalización de la fe religiosa y también un atrincheramiento político. La búsqueda de Israel de la realeza humana, incluso cuando fue sancionada por Dios, amenazó con suprimir la dinámica histórica de un pacto con Dios en la historia. Recordemos, por ejemplo, la historia de Abraham.

Revelando un espíritu distintivo de aventura, Dios comenzó una nueva obra redentora en la historia cuando llamó a Abraham a "salir" de todas las seguridades humanas, a romper con todos los lazos de su pasado y confiar en que Dios guiaría cada uno de sus pasos errantes (Génesis 12:1). Nuestra sociedad tiende mucho más hacia la movilidad pero en la época de Abraham, el clan de uno, su tribu, su pueblo, eran inseparables de la propia identidad y pedirle a Abraham que cortara esos lazos era pedirle casi lo imposible. El llamado de Dios a la aventura cortó, como en rodajas, los lazos y valores terrenales de Abraham: "¡Vete!" En palabras de Robert Jewett, el estudioso del Nuevo Testamento:

> Dejar las certezas del pasado y de lo familiar, y romper con los lazos de la familia y la nación, avanzando valientemente hacia lo desconocido, es el requisito tanto para la madurez como para la creatividad.... Así, la persona de fe debe necesariamente ser un peregrino, desprendiéndose decididamente de la ilusión de la seguridad y avanzando con valentía hacia lo desconocido.[2]

La historia bíblica describe a Dios moviéndose con valentía hacia el futuro y llama a Abraham a que lo siga hacia lo desconocido. No hay mapa, sólo la promesa de Dios de que Él lo conducirá. Y así, Abraham, en la fuerza de la promesa de Dios, "salió" de su cómoda existencia hacia la vida de un vagabundo (Hebreos 11:8). Esteban, el primer mártir cristiano, en el discurso que lo llevó a su lapidación dijo de Abraham: "Dios lo trasladó a esta tierra... No le dio herencia alguna en ella, ni siquiera dónde plantar el pie" (Hechos 7:4-5). Dios le dio sólo el señuelo de una promesa y Abraham, así como Isaac y Jacob después de él, vivieron dependiendo nada más que de esa promesa. Vivieron en tiendas de campaña, de modo que pudieran tirar rápidamente de las estacas y seguir adonde su Dios nómada los guiara.

Esa visión de un Dios en movimiento fue crucial para la fe incipiente de los israelitas. Uno de sus primeros credos comenzaba así: "Mi padre fue un arameo errante" (Deuteronomio 26:5), refiriéndose al nómada Jacob. De ese modo, la fascinación creciente de Israel por un rey con un palacio y con poder, y la propia fascinación del rey con la construcción de un monumento para el reinado de Dios (y el de David), se produjo a expensas de perder el dinamismo del llamado de Dios a Israel de ser "forasteros y huéspedes" (Levítico 25:23).

Si pareciera extraña la idea de Dios como un nómada errante que prefiere una tienda de campaña a un templo, hay que tener en cuenta que para la fe cristiana la renovación y el cumplimiento del pacto davídico ocurrieron en Jesús de Nazaret, "el hijo de David" (Mateo 1:1). Lo más cercano que este Hijo de David llegó a la realeza fue como gran mariscal del desfile improvisado en un burro para entrar a Jerusalén (21:1-11). De hecho, el Evangelio de Juan lo pone en las imágenes más gráficas y contundentes: este Hijo de David es el mismísimo Verbo de Dios, y el Verbo que es Dios ha entrado como un ser humano a este mundo, en gran parte como un desconocido, que ni fue recibido ni bienvenido (1:1, 10-11). Tal revelación de Dios representa una amenaza evidente para cualquier institución que intente construir, en palabras de la Epístola a los Hebreos, una "ciudad permanente" (13:14). El deseo de David de construir un templo para Dios ejemplifica el deseo humano típico por una deidad inmóvil, un Dios que podamos encapsular en nuestros templos. Irónicamente, la búsqueda de Israel por la realeza con toda probabilidad tenía más que ver con tratar de gobernar a Dios que con la búsqueda de Dios. La propia proclamación y personificación que Jesús hace del reino de Dios y la recepción que recibió a manos de las instituciones religiosas y políticas de la época tienden vigorosamente a revelar esta terca tendencia humana de intentar domesticar a Dios con nuestros templos.

Por lo tanto, la ironía más profunda de la oración de David estaba en dedicar un templo al Dios de los vagabundos Abraham, Isaac y Jacob. Nosotros, los seres humanos, no sólo somos peregrinos delante de Dios, como dijo David en su oración, sino que también estamos llamados a ser peregrinos con Dios. El Creador del universo no necesita ni desea lugar permanente alguno de residencia. Esta verdad, por cierto, se haría más evidente más tarde, cuando el templo fuera destruido, pero Dios no. Dios continúa avanzando y no estaríamos demasiado equivocados si modificáramos el antiguo credo de Israel para que dijera: "Nuestro Padre es un Dios errante …".

Los profetas: el Dios del *pathos*

El corazón mismo de la relación entre Dios e Israel durante los altibajos de la historia de dicha relación era (y para la mayoría de los judíos religiosos todavía es) la Torá, el pacto de los mandamientos divinos recibidos por Moisés en el monte Sinaí. Era claramente la base para los reglamentos sacerdotales relativos a la moralidad y el comportamiento diario, la higiene, el sacrificio ritual, las relaciones de familia y de sociedad, y prácticamente para todas las demás dimensiones de la vida de Israel. En la medida en que la Torá era personificada en la figura de Moisés y giraba en torno a las tradiciones sacerdotales, su centralidad quedó simbolizada en la construcción del gran templo de Jerusalén, el centro sagrado de la sociedad israelita.

Pero la Torá también fue central en la tradición real de Israel, personificada en la figura de David. Aquel que quería cumplir debidamente el papel de rey de Israel, conforme a las Escrituras, debía ser obediente a la voluntad de Dios según se concretaba en los mandatos del Sinaí (Deuteronomio 17:18-20). La Ley, de hecho, tendría un efecto de igualación y docilidad sobre el rey, quien "la leerá todos los días de su vida. Así aprenderá a temer al Señor su Dios, cumplirá fielmente todas las palabras de esta ley y sus preceptos, no se creerá superior a sus hermanos ni se apartará de la ley en el más mínimo detalle" (vv. 19-20). En otras palabras, que el pacto y la promesa divina de bendecir el trono de David estaban sujetos a ciertas condiciones.

Aunque tanto el sacerdocio como la realeza tenían sus raíces en la otorgación de la Torá, los israelitas se veían constantemente tentados a pensar en esas instituciones como teniendo autoridad en sí mismas, como si fueran garantías del favor divino. Hay que reconocer que existe una tendencia en los humanos de identificarse con figuras religiosas de autoridad suponiendo que con esa identificación aseguran una relación sólida con Dios. Pero una tendencia así podía comprometer seriamente el verdadero propósito de la Torá: que fuera el instrumento divino por el cual Dios pudiera acercarse a los hijos de Israel (30:11-16).

Y es en el momento de esa amenaza recurrente a la comprensión y la práctica religiosa de Israel que los profetas hicieron su aporte a la historia de Dios. Los profetas hebreos, con todo y sus diferencias en períodos históricos y en mensaje, vivieron y hablaron, cada uno por su parte, partiendo de una conciencia ardiente de la presencia inmediata de Dios. El propio sentido que tenían los profetas de la cercanía vibrante del Santo también les encendía la convicción de que cada judío estaba de pie en la presencia inmediata de Dios. Aunque todos participaran hombro a hombro con los demás miembros de la comunidad del pacto, cada uno personalmente era responsable ante Yahvé. El profeta Miqueas, por ejemplo, le planteó una serie de preguntas a la tradición sacerdotal diciendo:

> *¿Cómo podré acercarme al Señor*
> *y postrarme ante el Dios Altísimo?*
> *¿Podré presentarme con holocaustos*
> *o con becerros de un año?*
> *¿Se complacerá el Señor con miles de carneros,*
> *o con diez mil arroyos de aceite?*
> *¿Ofreceré a mi primogénito por mi delito,*
> *al fruto de mis entrañas por mi pecado?*

La respuesta de Miqueas a sus propias preguntas es uno de los pasajes clásicos de la literatura profética:

> *¡Ya se te ha declarado lo que es bueno!*
> *Ya se te ha dicho lo que de ti espera el Señor:*
> *Practicar la justicia,*
> *amar la misericordia,*
> *y humillarte ante tu Dios.*

(6:6-8)

Partiendo de su profunda conciencia de Dios, los profetas podían anteponer un estruendoso, "¡Así dice el Señor!", a un considerable número de sus declaraciones. A partir de esa conciencia podían castigar a los reyes de Israel (por ejemplo, 1 Samuel 13:13-14) y retar a los sacerdotes de Israel (por ejemplo, Jeremías 1:18). Esta toma de conciencia de Dios, por lo gene-

Los profetas: el Dios del *pathos*

ral caracterizada por los profetas como "la palabra de Yahvé", aunque también en ocasiones como "el Espíritu de Yahvé", les proporcionaba la inspiración necesaria para interpretar la actividad salvífica del Santo en la historia de Israel.

Entonces, más que cualquier otra figura en la historia de Israel era la figura del profeta la que constantemente llamaba al pueblo judío a la fidelidad al Dios revelado por primera vez en la Torá, pero también en los eventos en curso de la vida comunal de Israel. Los profetas eran socios únicos de Dios; era a través de ellos que Dios hablaba a Israel. Pero su mensaje aludía también a la necesidad de alianza en el pacto, de que el Señor anhelaba una colaboración fiel con su pueblo que traspasara las tendencias al ritualismo vacío en las tradiciones sacerdotales y de la realeza. Uno de los discursos proféticos más poderosos que se ocupan de este asunto se encuentra en Isaías 58, donde el profeta, hablando por Dios, antes que nada reconoce que las personas parecen pensar que "día tras día me buscan, y desean conocer mis caminos, como si fueran una nación que practicara la justicia" (v. 2). Las personas, de hecho, parece que "desean acercarse a Dios" (v. 2) y por lo tanto se sienten frustradas por la aparente falta de la bendición divina sobre sus vidas y nación: "¿Para qué ayunamos, si no lo tomas en cuenta? ¿Para qué nos afligimos, si tú no lo notas?" (v. 3). La respuesta que el pueblo recibe de parte Dios a través del profeta es estremecedora:

> *¿Acaso el ayuno que he escogido*
> *es sólo un día para que el hombre se mortifique?*
> *¿Y sólo para que incline la cabeza como un junco,*
> *haga duelo y se cubra de ceniza?*
> *¿A eso llaman ustedes día de ayuno*
> *y el día aceptable al Señor?*
> *El ayuno que he escogido,*
> *¿no es más bien romper las cadenas de injusticia*
> *y desatar las correas del yugo,*
> *poner en libertad a los oprimidos*
> *y romper toda atadura?*

La historia de Dios

¿No es acaso el ayuno compartir tu pan con el hambriento
y dar refugio a los pobres sin techo,
vestir al desnudo
y no dejar de lado a tus semejantes? ...
Llamarás, y el Señor responderá;
pedirás ayuda, y él dirá: "¡Aquí estoy!"
Si desechas el yugo de opresión,
el dedo acusador y la lengua maliciosa,
si te dedicas a ayudar a los hambrientos
y a saciar la necesidad del desvalido,
entonces brillará tu luz en las tinieblas,
y como el mediodía será tu noche.

(Versículos 5-7, 9-10)

La preocupación de Dios por los oprimidos y marginados de la sociedad israelita, como se revela en Isaías 58, es ciertamente un tema dominante en la literatura profética. El grito poético de Amós: "¡que fluya el derecho como las aguas, y la justicia como arroyo inagotable!" (5:24), dos mil quinientos años después se convirtió en el grito de guerra de Martin Luther King Jr. y el movimiento de los derechos civiles en Estados Unidos, y sigue resonando en los oídos de todos los que toman en serio el mensaje de los profetas. Abraham Heschel, judío del siglo XX filósofo de la religión, y quien, del brazo con King, lideró numerosas marchas por los derechos civiles durante la década de los 60, ha caracterizado el poder de los profetas con base en su participación en el "*pathos* divino", o el dolor de Dios. Heschel sostiene que "esta idea de que Dios puede ser íntimamente afectado, de que Él posee no sólo inteligencia y voluntad, sino también *pathos,* define básicamente la conciencia profética de Dios".[1] El potente análisis de Heschel sugiere que los profetas fueron posibilitados por Dios para compartir en el *pathos* divino en la propia compasión de Dios por los que sufren. Por lo tanto, fue la propia compasión de Dios, en lugar de un simple humanismo, lo que alimentó la profunda preocupación de los profetas por la justicia social y económica. También fue esa participación en el "*pathos* de Dios" la que les dio poder a los profetas para hacer frente a las circunstancias religiosas, políticas y sociales de Israel, no sólo desde la perspectiva divina, ¡sino desde el interior del corazón divino! Jürgen Moltmann, el teólogo alemán contemporáneo, basándose en la manera de Heschel de ver a los profetas, escribe:

Los profetas: el Dios del *pathos*

La profecía, por lo tanto, es, en esencia, no un mirar hacia el futuro para ver lo que se ha designado como destino inalterable o un plan divino y predestinado de salvación, sino una intuición del actual *pathos* de Dios, su sufrimiento causado por la desobediencia de Israel y su pasión por su derecho y su honor en el mundo . . . . En el corazón de la proclamación profética está la certidumbre de que Dios está interesado en el mundo al punto de sufrimiento.[2]

Sin duda, ese poder del *pathos* divino se expresa más gráficamente en la profecía de Oseas, cuya vida total, y su amor por Gomer la prostituta, se convirtieron en una parábola que promulgaba la pasión de Dios por Israel (1:2; 3:1). Una vez más nos encontramos con el típico llamado profético a la justicia (4:1-3) y su condena de las prácticas religiosas paganas, pero esas preocupaciones se enmarcan en el contexto del amor de Dios profundo y duradero, y a la vez tierno, por el pueblo del pacto.

> *Desde que Israel era niño, yo lo amé;*
> *de Egipto llamé a mi hijo.*
> *Pero cuanto más lo llamaba,*
> *más se alejaba de mí. ...*
> *Yo fui quien enseñó a caminar a Efraín;*
> *yo fui quien lo tomó de la mano.*
> *Pero él no quiso reconocer*
> *que era yo quien lo sanaba.*
> *Lo atraje con cuerdas de ternura,*
> *lo atraje con lazos de amor.*
> *Le quité de la cerviz el yugo,*
> *y con ternura me acerqué para alimentarlo.*

Tal vez fue el amor propio y trágico de Oseas por Gomer lo que le permitió participar en el dolor de Dios:

> *¿Cómo podría yo entregarte, Efraín?*
> *¿Cómo podría abandonarte, Israel? ...*
> *Dentro de mí, el corazón me da vuelcos,*
> *y se me conmueven las entrañas.*
> *Pero no daré rienda suelta a mi ira,*
> *ni volveré a destruir a Efraín.*
> *Porque en medio de ti no está un hombre,*

La historia de Dios

sino estoy yo, el Dios santo,
y no atacaré la ciudad.

(11:1-4, 8-9)

Las profecías de Oseas concluyen con un requiebro divino que raya en la seducción:

Efraín, ¿yo qué tengo que ver con las imágenes?
¡Soy yo quien te responde y cuida de ti!
Soy como un pino siempre verde;
tu fruto procede de mí. (14:8)

Oseas, pues, probablemente mejor que ningún otro profeta, tipifica la colaboración del profeta con Dios (como vocero de Dios) así como el *pathos* de Dios que busca la colaboración con Israel como el pueblo del pacto.

Pero todos los profetas también compartían una profunda conciencia de los fracasos pasados de Israel en la aventura de la colaboración con Dios. Esa conciencia era, de hecho, la experiencia que constituía la raíz del *pathos* divino y no sólo en Oseas sino en todos los profetas; es decir, que Israel no había sido un fiel compañero de matrimonio. Y, por supuesto, los profetas estuvieron de acuerdo en interpretar los problemas nacionales y políticos de Israel como una consecuencia divinamente ordenada de su corazón errante. (El breve libro de Habacuc, por ejemplo, es un ejemplo maravilloso de la intuición profética inspirada acerca de las circunstancias históricas de Israel.) Pero con todo y las promesas dadas por medio de Oseas, Jeremías e Isaías, de que Dios nunca abandonaría al pueblo de Israel y de que finalmente los restauraría al *shalom,* siempre existía la posibilidad persistente de que pudieran caer de nuevo en la desobediencia, cosa que alteraría el pacto, e invitaría a una mayor destrucción y al exilio. ¿Habría algo que pudiera impedir que el pueblo cayera de nuevo?

Fue esta pregunta inquietante la que parece haber estado retumbando en los corazones de los profetas Ezequiel y Jeremías mientras compartían en el *pathos* divino por una alianza fiel, hasta que pudieron encontrar una respuesta: ¡Dios, en su gracia maravillosa y transformadora, haría algo nuevo! Después que Dios reúna a los judíos exiliados de regreso a la tierra de la promesa,

> Los rociaré con agua pura, y quedarán purificados. Los limpiaré de todas sus impurezas e idolatrías. Les daré un nuevo corazón, y les

Los profetas: el Dios del *pathos*

infundiré un espíritu nuevo; les quitaré ese corazón de piedra que ahora tienen, y les pondré un corazón de carne. Infundiré mi Espíritu en ustedes, y haré que sigan mis preceptos y obedezcan mis leyes. Vivirán en la tierra que les di a sus antepasados, y ustedes serán mi pueblo y yo seré su Dios. (Ezequiel 36:25-28)

Del mismo modo, Jeremías previó "un nuevo pacto con el pueblo de Israel y con la tribu de Judá", no escrito en piedra sino "en su mente, y la escribiré en su corazón. Yo seré su Dios, y ellos serán mi pueblo" (31:31, 33). Ambos profetas revelan el deseo de Dios por una colaboración de pacto cumplida al citar la prominente fórmula bíblica de que Israel sería el pueblo de Dios, y Yahvé sería su Dios. Este pacto cumplido llegaría a ser posible gracias a un empoderamiento del Espíritu de Dios que crearía un nuevo corazón de carne (¿sensibilidad? ¿compasión?) en el cual la Torá sería inscrita por la mano misma de Dios. En resumen, el don dado por Dios a los profetas de participar en el *"pathos* divino", se convertiría en un don disponible para todos los israelitas. Verdaderamente, entonces, Israel podría convertirse en un reino de sacerdotes, y en luz para las naciones, como Dios lo quiso desde el inicio del pacto del Sinaí. "Y cuando mi santuario esté para siempre en medio de ellos, las naciones sabrán que yo, el Señor, he hecho de Israel un pueblo santo" (Ezequiel 37:28).

Hubo todavía destellos y vislumbres adicionales entre los profetas de que ese don de Dios de una gracia transformadora y capacitadora finalmente se desbordaría por sobre las fronteras de Israel, tocando al mundo no judío. Isaías escribió acerca de un siervo divino, especialmente elegido por Dios y ungido por el Espíritu, quien llevaría "justicia a las naciones" (es decir, a los pueblos no judíos) y que, de hecho, "Con fidelidad hará justicia. . . en la tierra. Las costas lejanas esperan su enseñanza" (42:1, 3-4). De este siervo, Isaías proclama más tarde en voz de Dios:

La historia de Dios

No es gran cosa que seas mi siervo,
ni que restaures a las tribus de Jacob,
ni que hagas volver a los de Israel,
a quienes he preservado.
Yo te pongo ahora como luz para las naciones,
a fin de que lleves mi salvación
hasta los confines de la tierra. (49:6)

La profecía de Isaías se extendió aún más radicalmente a un futuro inimaginable en la relación de Dios con los pueblos no judíos cuando previó que los enemigos tradicionales de Israel, profundamente odiados y temidos, se volverían consiervos y hermanos en la familia de Dios: "En aquel día Israel será, junto con Egipto y Asiria, una bendición en medio de la tierra. El Señor Todopoderoso los bendecirá, diciendo: «Bendito sea Egipto mi pueblo, y Asiria obra de mis manos, e Israel mi heredad»" (19:24-25). En pocas palabras, los profetas llamaron de nuevo a Israel a su papel como representante de Dios para el bien de las naciones. Este es también un tema importante en la narrativa teológica de Jonás, el misionero renuente.

Por supuesto, la tradición cristiana encuentra al menos el comienzo del cumplimiento de esas profecías en la venida de Jesús, el santo siervo ungido de Dios (Mateo 12:18-21, Hechos 4:24-30), "el que", como Pablo cita a Isaías, "se levantará para gobernar a las naciones", y en el que "los pueblos pondrán su esperanza" (Romanos 15:12). En Jesucristo la fe en el Dios de Abraham y Sara, de Isaac y Rebeca, y Jacob y Lea y Raquel, ciertamente se ha extendido más allá de las fronteras de Israel de forma completamente sorprendente y sin precedentes. A través de Jesús y el nuevo pacto sellado con su sangre, a nosotros, "gentiles por nacimiento", en un tiempo "excluidos de la ciudadanía de Israel y ajenos a los pactos de la promesa, sin esperanza y sin Dios en el mundo", ahora se nos "ha acercado" al Dios de Israel (Efesios 2:11-13). La visión y el objetivo del Sinaí de que Israel se convirtiera en un reino de sacerdotes y una luz para las naciones, seguramente se ha cumplido en Cristo. A través de Cristo, el don prometido del Espíritu de Dios (derramado con la finalidad de que Israel pudiera, al igual que sus profetas, participar en el *pathos* de Dios) nos ha alcanzado. Pero nosotros que somos gentiles no debemos dar por sentado este don, sino que hemos de recordar la gracia sorprendente de ese Dios que ama y desea redimir a todas las personas. Es de destacar que, cuando el Espíritu fue dado al no judío Cornelio y su familia durante el primer breve sermón de Pedro dirigi-

Los profetas: el Dios del *pathos*

do a los gentiles, "Los defensores de la circuncisión que habían llegado con Pedro se quedaron asombrados de que el don del Espíritu Santo se hubiera derramado también sobre los gentiles" (Hechos 10:45).

Aun cuando nos regocijemos en el cumplimiento de las visiones proféticas de la venida de Jesús el Mesías, y en particular en las profecías de Jeremías y Ezequiel con el derramamiento del Espíritu de Dios, valdría la pena que nosotros no olvidáramos que esas profecías tenían que ver, en primer lugar, con el pueblo de Israel y su relación de pacto con Dios. Recordemos que la promesa divina a través de Ezequiel tenía que ver con la observación de las leyes y ordenanzas de la Torá y con la vida en la tierra prometida a Abraham, Isaac y Jacob. Además, aun cuando nos regocijemos en el nuevo pacto en Cristo por el cual entramos en una relación salvadora con el Dios del universo, debemos recordar que la promesa de Dios, a través de Jeremías, tenía que ver con un nuevo pacto para las casas de Israel y de Judá y con una Torá no desechada, sino escrita en el corazón de las personas.

De hecho, al concluir nuestras reflexiones de la Parte IV, que como sabemos ha tenido que ver con el asunto de los judíos en la historia de Dios, haríamos bien en reflexionar sobre las siguientes palabras de la profecía de Jeremías, las cuales van a trascender sus reflexiones sobre el nuevo pacto:

> *Así dice el Señor,*
>   *cuyo nombre es el Señor Todopoderoso,*
>   *quien estableció el sol para alumbrar el día,*
>   *y la luna y las estrellas para alumbrar la noche,*
>   *y agita el mar para que rujan sus olas:*
> *«Si alguna vez fallaran estas leyes*
>   *—afirma el Señor—,*
>   *entonces la descendencia de Israel*
>   *ya nunca más sería mi nación especial.»*
> *Así dice el Señor:*
> *«Si se pudieran medir los cielos en lo alto,*
>   *y en lo bajo explorar los cimientos de la tierra,*
>   *entonces yo rechazaría a la descendencia de Israel*
>   *por todo lo que ha hecho*
>   *—afirma el Señor—.*
>
> (31:35-37)

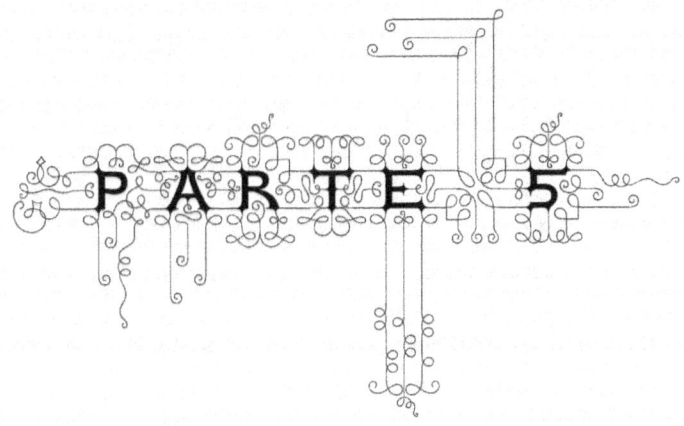

Un nuevo giro en la historia de Dios: la doctrina de Cristo

Si seguimos la trama de la historia de Dios como se encuentra en la Biblia llegaremos a un giro decisivo, a un "nuevo giro" en la narración. Ya hemos oído del amante Creador quien, por amor eterno y en aras de una fiel relación de pacto, llama a todo el universo a la existencia. Hemos sido testigos de la trágica rebelión de esa criatura que es el ser humano, el cual había sido creado específicamente, en su mayor parte, para un pacto fiel. Luego hemos leído que el Creador, en amor persistente, ha iniciado el proceso de gracia de restaurar al humano, y a toda la creación, a la alianza fiel mediante el establecimiento de pactos. Por último, y ya a estas alturas, el relato cris-

La historia de Dios

tiano de esa historia comienza a desviarse del de los judíos. Ahora en la persona de Jesús de Nazaret, los cristianos confiesan que un pacto nuevo y decisivo ha sido establecido.

Pero aunque empecemos a hablar de una divergencia con respecto a la narración judía de la historia de Dios y de un nuevo pacto que va más allá de Noé, Abraham, Moisés y David, debemos tener cuidado de no exagerar este sentido de la diferencia o el distanciamiento que el cristianismo tiene del judaísmo. Los cristianos, en conjunto, podrían beneficiarse de un sentido de agradecimiento mayor y profundo por lo que los judíos y su historia han significado para el cristianismo. Aparte de la fidelidad de muchos judíos a Dios y a la Torá a través de los siglos que anteceden y que conducen a Jesús, no tendríamos una historia que contar. El apóstol Pablo lo expresó muy bien cuando les advirtió a los cristianos primitivos gentiles sobre un sentimiento de orgullo o superioridad hacia los judíos que no habían respondido positivamente al evangelio:

> Ahora bien, es verdad que algunas de las ramas han sido desgajadas, y que tú, siendo de olivo silvestre, has sido injertado entre las otras ramas. Ahora participas de la savia nutritiva de la raíz del olivo. Sin embargo, no te vayas a creer mejor que las ramas originales. Y si te jactas de ello, ten en cuenta que no eres tú quien nutre a la raíz, sino que es la raíz la que te nutre a ti. ... Después de todo, si tú fuiste cortado de un olivo silvestre, al que por naturaleza pertenecías, y contra tu condición natural fuiste injertado en un olivo cultivado, ¡con cuánta mayor facilidad las ramas naturales de ese olivo serán injertadas de nuevo en él! (Romanos 11:17-18, 24)

El "olivo" al que Pablo se refiere es Israel, el pueblo judío, a quien pertenecen la adopción, la gloria divina, los pactos, la Torá, las promesas divinas y los patriarcas (9:4-5). La historia que hemos estado contando no sólo ha sido la historia de Dios sino también la historia de los judíos, en el sentido de que trata de ellos y que ha sido contada por ellos. Es una historia a la que, a través de Cristo, nosotros los no judíos hemos sido invitados.

Todo esto es importante precisamente porque la iglesia, a lo largo de gran parte de su historia ha tratado, o bien de negarles a los judíos su historia, o bien de negar lo judío de la historia. Por ejemplo, en el desarrollo histórico que la iglesia hizo de la cristología se reconoció que Jesús era "verdadero Dios" y "verdaderamente humano" pero nadie se molestó por el

Un nuevo giro en la historia de Dios: la doctrina de Cristo

hecho obvio pero importante de que era, y es, "verdaderamente judío". Este no es más que un ejemplo de una tendencia histórica que ha llevado no sólo a un rompimiento con nuestras propias raíces, sino también a actitudes y prácticas represivas, y a menudo violentas, hacia el pueblo judío. Un ejemplo reciente y obvio de dicho tratamiento es el que los programas anti-judíos de los nazis fueran alimentados por la utilización propagandística de uno de los tratados de Martín Lutero, del siglo XVI, titulado, "Con relación a los judíos y sus mentiras". El gran reformador había sugerido cosas tales como la renovación de la práctica cristiana medieval de arrear a la población judía a guetos, prohibir los comentarios judíos, prohibir que los rabinos enseñaran e incluso incendiar las sinagogas. Por desgracia, en muchos casos, los nazis unos cuatro siglos más tarde fueron capaces de ejecutar las recomendaciones de Lutero casi a la letra.

Muchos historiadores del Holocausto nazi, que fue dirigido primero a los judíos pero también a otros políticos considerados indeseables, han argumentado que sin la larga historia del anti-judaísmo cristiano en occidente no se habría producido este hecho atroz. Esto no quiere decir que la historia del anti-judaísmo cristiano causara el Holocausto, sino que fue un factor necesario. Esta observación nos debe hacer reflexionar. Y debe servir de advertencia a medida que comenzamos el trabajo difícil, pero provechoso, de la cristología tratando de entender quién es Jesús para nosotros, para la iglesia y para el mundo. Trataremos de tener cuidado con la forma en que hemos de hablar de Jesús con el fin de evitar que, concomitantemente, se implique un castigo o desprecio del judaísmo y del pueblo judío. Tal cosa estaría muy lejos del espíritu de amor abrazado por Jesús de Nazaret, quien era, por supuesto, judío. Ojalá que nosotros, a medida que entremos en la consideración de la doctrina de Cristo, tengamos el cuidado de representar su propia preocupación por el amor a Dios y al prójimo. Y es que, cada vez que Jesús resaltaba ese doble mandamiento del amor estaba regresando de nuevo al corazón del pacto judío en el Sinaí, un pacto basado en la gracia y el amor cumplido.

Un contexto de pacto para Cristo

Desde temprano en la historia de la iglesia, la mayoría de sus teólogos ha reconocido la importancia de la historia del pueblo de Israel a fin de entender correctamente la misión de Jesús. La fe bíblica, después de todo, es una fe de fondo completamente histórica en el sentido de que se preocupa preeminentemente por los acontecimientos, sobre todo por los eventos que han sido interpretados, bajo la inspiración del Espíritu de Dios, como las actividades salvíficas de Dios y las consecuencias que esas actividades conllevan. Para entender bien cualquier evento es útil, y hasta necesario, tratar de comprender su contexto histórico. Y, ciertamente, esto no es una excepción cuando el evento en cuestión es la vida y el ministerio de ese judío galileo del primer siglo que es Jesús de Nazaret.

Por lo tanto, el movimiento cristiano de la segunda centuria mostró buen juicio cuando condenó como heréticas las ideas de un profesor popular llamado Marción, quien creía que los cristianos no tenían nada que ver con las Escrituras hebreas (lo que ahora llamamos "el Antiguo Testamento"). En la elaboración de su propio canon para sus seguidores, Marción se deshizo de la mayor parte de los Evangelios, ¡por ser simplemente demasiado judíos! y les metió tijeras a las cartas del apóstol Pablo, recortó y pegó, para hacerlas lo menos judías posible. Sin embargo, aunque todavía joven, la iglesia naciente percibió el peligro del pseudo-evangelio de Marción. Él proponía que los cristianos se aislaran de sus raíces históricas y religiosas halladas en la vida de pacto del pueblo judío ante Dios, pero el liderazgo de la iglesia respondió que el Dios de Abraham, de Isaac y de Jacob, de Moisés, Miriam y Débora era de hecho no otro sino el Dios y Padre de nuestro Señor Jesucristo. El marcionismo no duró.

La historia de Dios

Y es que cuando los primeros líderes cristianos rechazaron a Marción estaban poniendo en práctica la (teo)lógica del Nuevo Testamento que asume en todas partes la importancia de la historia de Israel con Dios como el contexto adecuado para entender la importancia de Jesucristo. La creación del universo, la hechura de una humanidad a imagen de Dios, la caída humana en el pecado, el llamado de Israel a un pacto, los sacerdotes, profetas y reyes ungidos por Dios, la historia toda de Dios, ahora se contaría con un nuevo giro y bajo una nueva luz, la "luz en nuestro corazón para que conociéramos la gloria de Dios que resplandece en el rostro de Cristo" (2 Corintios 4:6). Sin embargo, también se contaría bajo la fuerte convicción de que la venida de Jesús era una continuación fiel del obrar de Dios en la historia del pueblo de Israel, de modo que, en las palabras de Pablo, "Cristo se hizo servidor de los judíos para demostrar la fidelidad de Dios, a fin de confirmar las promesas hechas a los patriarcas" (Romanos 15:8).

El punto crítico que tenemos que considerar es que esa historia que hemos escuchado hasta ahora (una historia de amor divino expresado en el "que exista" de Dios hacia la otredad de la creación, y en la humildad divina expresada en la voluntad de trabajar en la alianza de un pacto) en este momento se traslada a una nueva profundidad de amor y humildad en ese Uno llamado el Cristo. Pero lo que Dios hace en Cristo no es esencialmente diferente a lo que Dios ya estaba haciendo en la creación y en los pactos, vaciándose a sí mismo, emanando amor, llamando a un pueblo a la fidelidad del pacto. Sí, porque cuando Dios entró en este mundo en Cristo, Dios no vino en un resplandor divino abrumador que atropellara o deshiciera la acción y la responsabilidad humana. De hecho, nuestro Creador hizo precisamente lo contrario al venir a nosotros en un hombre, en un compañero de pacto, en un Hijo fiel que constantemente oraba al Padre, "pero no sea lo que yo quiero, sino lo que quieres tú" (Marcos 14:36; comparado con Juan 8:29). En otras palabras, al igual que hemos visto que el poder de Dios es sobre todo un amor que potencia a la criatura, y que la actividad de Dios enlista y permite la colaboración, ahora, en la persona de Jesús, vemos el poder y la actividad de Dios más claramente revelados en la obediencia libremente ofrecida de este Hijo fiel, de este compañero de pacto (Romanos 5:17-19).

Estas consideraciones nos dan el contexto de pacto necesario para Cristo a fin de que podamos entender a Jesús en términos de la actividad preveniente de Dios en la historia del pueblo judío. El escritor del evangelio que

Un contexto de pacto para Cristo

más preocupado estaba de que sus lectores entendieran a Jesús precisamente de esta manera era Mateo. De hecho, no es difícil leer el Evangelio de Mateo como una teología narrativa, o una cristología narrativa, en la que la trama subyacente es el significado profundo que tiene la historia de Israel a fin de poder apreciar la identidad y el ministerio de Jesús.

La historia de Israel con Dios es tan importante para Mateo que, en efecto, cuando él cuenta la historia de Jesús comienza con la de Israel. Empieza haciendo genealogía. ¡No habría editor moderno alguno que le hubiera dejado salirse con las suya por comenzar una historia con un montón de engendros! Pero esto no es simple genealogía; es narrativa histórica y teológica. Ello es evidente cuando, en la introducción de esta genealogía, Mateo identifica a Jesús como "hijo de David, hijo de Abraham" (1:1). Ser hijo de David era ser un heredero en la línea real de David, y como hemos visto, para el pueblo judío el rey David representaba la cúspide de la gloria de Israel. Cuando soñaban con un mesías, a menudo tenían a alguien como David en mente, alguien que restauraría esa gloria, alguien que a pesar de sus fallas y caídas fuera un hombre conforme al corazón de Dios. Por lo tanto, la genealogía de Mateo hace mucho más que simplemente mostrar que el padre legal de Jesús, José, contaba con David como su antepasado. Antes, Mateo proclama a Jesús como el nuevo David de Israel, como el cumplimiento y la cumbre de la historia de Dios con Israel.

Para demostrarlo, Mateo comienza la genealogía con Abraham, el padre del pueblo de Israel, y se mueve a lo largo de su historia hasta que llega a Jesús, "llamado el Cristo" (v. 16). Por el contrario, Lucas, el otro Evangelio con una genealogía, comienza con Jesús y se remonta hacia atrás hasta llegar a Adán. (En el capítulo siguiente tendremos la oportunidad de indagar sobre el significado cristológico de la genealogía de Lucas.) Mateo, por su parte, divide su genealogía de una manera interesante: partiendo de Abraham (el comienzo de Israel) hasta David (la cúspide de la gloria de Israel), Mateo cuenta 14 generaciones; desde David hasta la época del exilio babilónico, el cual representaba las profundidades de la desesperación de Israel, cuenta otras 14 generaciones; y desde el tiempo del exilio hasta la venida de Jesús cuenta otras 14 generaciones. Pero pasaríamos por alto la intención de la narrativa si la leemos literalmente, es decir, matemáticamente, o si nos preocupamos demasiado acerca de si Mateo tiene bien o no todos los detalles genealógicos. Aquí la intención es mostrar que la historia de Israel está llena de significado teológico. Mateo está viendo la mano providencial de

La historia de Dios

Dios que actúa en toda la historia de Israel: desde aquel llamado a Abram a abandonar las comodidades de su casa por una parcela desconocida de tierra, hasta el glorioso reinado del rey David, y el sufrimiento y la desesperación del exilio y la falta de un hogar, y hasta el momento del cumplimiento en Jesucristo. De principio a fin, en el mejor de los tiempos y el peor de los tiempos, se hubiera reconocido o no, Dios siempre había estado ahí; siempre obrando pacientemente, siempre dirigiendo la historia de los israelitas hacia la venida del Mesías sorprendente que Jesús era y es.

Pero también hay que prestar atención a la manera en que Mateo designa a Jesús en la segunda mitad de la apertura de su Evangelio: "hijo de Abraham" (v. 1). Abraham no era sólo el punto de partida de lo que sería el pueblo de Israel sino que también fue el que creyó en la promesa de Dios de que, en sus descendientes, todos los pueblos de la tierra serían bendecidos (Génesis 12:2-3). Por lo tanto, Abraham es importante no sólo para el pueblo judío (a través de Isaac) y para los pueblos árabes (a través de Ismael), sino para todos los pueblos (a través de Jesús), según lo argumenta, el apóstol Pablo en Romanos 4 y Gálatas 3. Y este es un punto teológico en la genealogía en sí que nos toca muy de cerca. Para seguir el rastro del linaje de Jesús, Mateo hace lo inusual mediante la inclusión de mujeres pero no buenas mujeres judías, ni incluso sólo mujeres, sino mujeres como las siguientes:

- Tamar (Mateo 1:3), probablemente una mujer cananea, quien se disfrazó de prostituta del templo y sedujo a su suegro Judá, dando a luz a gemelos a través de esa unión y continuando así la línea de familia del hijo de Judá, que había muerto (Génesis 38).
- Rajab (Mateo 1:5), una prostituta cananea, quien refugió a los espías de Josué en Jericó.
- Rut (v. 5), una mujer moabita que arregló astutamente su propio matrimonio con Booz. (Los moabitas, conforme a la Biblia, tuvieron sus orígenes en el incesto, así que sus hijos eran considerados impuros hasta la décima generación.)
- Betsabé (v. 6), la esposa de Urías el hitita, fue seducida por el rey David y más tarde se casó con él después de que éste hiciera colocar a Urías en el frente de batalla, donde murió.

Era bastante raro, en aquella cultura patriarcal, mencionar a las mujeres en una genealogía aunque algunas tradiciones rabínicas judías posteriores

Un contexto de pacto para Cristo

dictaminaran que la identidad judía se establecería a través de la descendencia matrilineal. Pero si Mateo iba a incluir a las mujeres en su genealogía de Jesús, ¿por qué estas mujeres? Todas ellas, o eran gentiles (no judías), o tenían algún tipo de conexión relativamente poco recomendable con gentiles y todas eran de vida cuestionable. En cada caso, sus uniones sexuales se pueden describir justamente como al menos ligeramente escandalosas, y sin embargo, ¡a través de ellas Dios obró para traer al Mesías a la historia! Mateo, pues, está proclamando la gracia de un Dios que elige trabajar a través de los gustos de las prostitutas gentiles, y de los adúlteros, y no a través de la crema y nata.

Así, pues, hay que ver a Jesús: hijo de David, rey de Israel, el santo ungido de Dios, pero también hijo de Abraham, un descendiente de gentiles de vida precaria con mucho de qué avergonzarse. Verdaderamente, esta genealogía de Jesús es la proclamación de una gracia de Dios que redime silenciosa y pacientemente la vida humana de maneras totalmente inesperadas.

Además, Mateo es el único evangelio que cuenta la historia de los astrólogos paganos (2:1-12), ampliando así este tema de Jesús como hijo de Abraham, en quien serían bendecidas todas las gentes. Mateo no disculpa a Dios, quien tan a menudo les prohibió a los israelitas la práctica de la astrología pero que ahora, en gracia inescrutable, opera a través del paganismo de astrólogos gentiles para anunciar el nacimiento de un Príncipe. En palabras de Raymond Brown, el erudito de la Iglesia Católica Romana, "Los magos. . . representan lo mejor de la tradición pagana y la perspicacia religiosa al venir a buscar a Jesús a través de la revelación de la naturaleza".[1]

Sin embargo, estos indicios de un interés divino en la redención de los gentiles son claramente un telón de fondo para el tema central de Mateo: que Jesús vive la historia de Israel en su propia historia, volviéndola a vivir. La vida de Jesús es una recapitulación de la historia de Israel, siendo que Él reitera el tema de lo que es ser un fiel hijo de los pactos de Dios. De hecho, en los pasajes que son únicos al Evangelio de Mateo, Jesús es presentado como alguien que comprendía su ministerio terrenal como uno dirigido a reunir y renovar al pueblo de Israel (10:5-6; 15:21-28). Pero si, en efecto, el objetivo final de la Torá, o el pacto de Dios con el pueblo de Israel, era hacer de ellos una nación de sacerdotes para el bien de todos los pueblos, entonces la personificación que Jesús hace de la historia de Israel no podía evitar finalmente extenderse más allá de las fronteras de Israel. Esto, ciertamente, es lo que descubrimos en la Gran Comisión, la cual consiste en hacer discípulos "de todas las naciones" (28:19).

Pero lo primero es lo primero: aquilatemos aquí las formas en que el relato de Mateo de la historia de Jesús lo arraiga firmemente en el suelo de Israel. Mateo es el único evangelio que nos habla del intento de Herodes de deshacerse del "rey de los judíos" al matar a los niños judíos en el área de Belén (2:2, 16-18). Aquí, el intento del faraón, en el libro de Éxodo, de resolver "el problema judío" de Egipto ahogando a los niños hebreos, se asoma en el fondo textual. Mateo es el único evangelio que nos habla de que José y María se llevaron al niño con ellos a Egipto para eludir a Herodes y así es el único que habla de su "éxodo" de Egipto (2:15) de regreso a la tierra de la promesa. Pero a diferencia del primer hijo, Israel, a quien Dios llamó de Egipto sólo para tener que hacer frente a "su" desobediencia colectiva (Oseas 11:1-3), este Hijo, Jesús, vive una vida de obediencia fiel al pacto.

No hay mejor prueba de la fidelidad de Jesús al Dios de los pactos que su período de cuarenta días de ayuno y oración en el desierto, enfrentando la tentación, que evidentemente, es un paralelo a los cuarenta años del vagar de Israel en el desierto. Ese desierto más probablemente fue la desolación seca que da al mar Muerto, la cual se extiende entre el río Jordán (donde fue bautizado Jesús) y Jerusalén. En las Escrituras hebreas, a esta área de cerca de 800 kilómetros cuadrados se le llama *Jeshimmon*, que significa "devastación". Es un país extremadamente áspero: hay únicamente un sol que castiga el polvo, piedra caliza y rocas dentadas. Y aquí Jesús, una vez más, encarna la historia de sus ancestros, vagando en ese desierto para ser tentado.

Debemos reconocer dos puntos acerca de las tentaciones de Jesús los cuales nos permiten tomar en serio su experiencia en el desierto: (1) las opciones deben haber sido atractivas, y (2) las opciones deben haber estado realmente al alcance de Jesús. A fin de que las posibilidades del pacto de obediencia fiel se respetaran y se cumplieran, Jesús tenía que haber podido ceder a la tentación. Jesús de veras tuvo que hacer elecciones reales en ese desierto y a lo largo de su ministerio, incluyendo aquella larga noche que estaba por venir en Getsemaní. Ceder ante esas tentaciones, o pecados, tuvo que haber sido una posibilidad real, o de lo contrario la prueba de Jesús en el desierto, por no hablar de toda su vida y ministerio, no hubiera sido otra cosa que una farsa, un espectáculo de marionetas puesto para nuestra inspiración. Pero si tomamos las tentaciones de Jesús en serio parece que la raíz del problema con el que Él se ocupó en el desierto, viniendo como vino

Un contexto de pacto para Cristo

inmediatamente después de su bautismo y la unción del Espíritu Santo para hacer la obra del Mesías, fue el método y los medios por los que había de cumplir el llamado de Dios sobre él.

La primera tentación (Mateo 4:2-4) se refería a convertir las piedras, de las que había un montón, en pan. Los retortijones de la propia hambre que debió haber sentido Jesús planteaban el asunto de si la misión mesiánica implicaría la reforma social y la obtención de seguidores por medio de la alimentación de sus estómagos. Por supuesto, no hay nada malo, y sí mucho de bueno, en alimentar a las personas; pero es que, simplemente y de por sí, no es suficiente, porque, "No sólo de pan vive el hombre, sino de toda palabra que sale de la boca de Dios" (v. 4). Pero hay más en todo esto, el "más" de la historia de Israel en el desierto. Cuando Jesús citó la declaración de Moisés acerca de vivir no sólo de pan sino también de la Palabra divina (Deuteronomio 8:3), estaba citando palabras que, "en su propio contexto, no estaban dirigidas a un individuo sino a todo un pueblo de pacto.... Si a Israel se le permitió padecer hambre, ser humillado, y ser alimentado con comida no ordinaria [sino más bien con el maná], entonces, ¿no debería el que estaba repitiendo esta experiencia también soportar las mismas pruebas?"[2]

La segunda tentación de Jesús (Mateo 4:5-7) parece haber implicado la apelación para lograr reconocimiento y seguidores a través del sensacionalismo, a través de grandes maravillas que le catapultaran a la popularidad. Jesús de nuevo citó las palabras de Moisés: "No pongas a prueba al Señor tu Dios" (v. 7), que en el contexto original (Deuteronomio 6:16) se remontan a la experiencia de Israel en el desierto cuando dudó de la presencia de Dios con ellos en Masá (Éxodo 17:6-7). La apelación al sensacionalismo (el enfoque del periodismo amarillista para la fe) significa "poner a prueba a Dios", ya que tiene sus raíces en la incredulidad, en la duda respecto a la fidelidad del Dios de pactos de estar con nosotros. Incluso en el desierto, Jesús se negó a poner a Dios bajo esa clase de prueba.

Por último, Jesús fue tentado a llegar a un arreglo con el mal para obtener poder político y material (Mateo 4:8-10). William Barclay dice: "Lo que el tentador estaba diciendo era, ¡Lleguemos a un arreglo! ¡Ponte de acuerdo conmigo! ¡No pongas demandas tan altas! Sólo guíñale un poco el ojo al mal, y a las cosas cuestionables, y verás cómo la gente te seguirá en hordas'"[3] Jesús respondió una vez más a la tentación con las palabras de Moisés dirigidas al pueblo de Israel: "Adora al Señor tu Dios y sírvele solamente a él"

(v. 10; comparado con Deuteronomio 6:13). En este caso, vale considerarlas las palabras de Moisés que anteceden inmediatamente a esa cita:

> El Señor tu Dios te hará entrar en la tierra que les juró a tus antepasados Abraham, Isaac y Jacob. Es una tierra con ciudades grandes y prósperas que tú no edificaste, con casas llenas de toda clase de bienes que tú no acumulaste, con cisternas que no cavaste, y con viñas y olivares que no plantaste. Cuando comas de ellas y te sacies, cuídate de no olvidarte del Señor, que te sacó de Egipto, la tierra donde viviste en esclavitud.(Deuteronomio 6:10-12)

En respuesta, pues, a esta tercera tentación, parece que Jesús estaba reafirmando los dones de la gracia de Dios dados a los que Dios quiere y cuando Dios quiere. Jesús se negó a hacer cálculo secular alguno acerca de cómo se podrían lograr mejores resultados en su ministerio. Al confiar en la bondad de la voluntad del Padre, Jesús se negó a transigir, confiando sencillamente en que Dios le otorgaría "toda autoridad en el cielo y en la tierra" (Mateo 28:18).

Pero aquí la pregunta inevitable es: ¿cómo fue Jesús capaz de resistir la tentación de pecar, no sólo durante este período de cuarenta días de ayuno y oración, sino a lo largo de su vida y ministerio? Esta es una pregunta importante para la cristología y de la que nos ocuparemos en los siguientes capítulos. Por ahora debemos reconocer que, así como Jesús personificó a Israel y volvió a vivir su experiencia en el desierto, todavía más significativo fue que vivió como Hijo fiel en ese desierto. Para Mateo, Jesús era un nuevo Moisés, liberado de la mano del faraón y sacado de Egipto, pero también era el Hijo del pacto de Israel, y el que escogió confiar en las palabras de Moisés. Pero a diferencia de los israelitas errantes a quienes las palabras fueron primeramente dirigidas, Jesús vivió fielmente según esas palabras en el desierto. A diferencia de los israelitas que vagaron durante 40 años, y que tan a menudo rechazaron la palabra de Dios hablada por medio de Moisés, Jesús confió en esa palabra y vivió la vida de un Hijo fiel y obediente.

Además haríamos bien en recordar que todos los evangelios sinópticos informan que Jesús enfrentó las tentaciones en el desierto bajo el liderazgo y poder del Espíritu Santo, por quien fue concebido y con el que fue ungido en el momento del bautismo. Esta habilitación del *ruaj* divino no deberá olvidarse al considerar la vida de Jesús y su dominio sobre el pecado, pero tales consideraciones nos deberán llevar al siguiente capítulo.

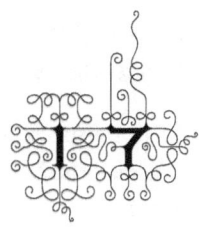

Jesucristo, "verdaderamente hombre": la cristología del Espíritu

"En el principio ya existía el Verbo, y el Verbo estaba con Dios, y el Verbo era Dios. ... Y el Verbo se hizo hombre y habitó entre nosotros. Y hemos contemplado su gloria, la gloria que corresponde al Hijo unigénito del Padre, lleno de gracia y de verdad" (Juan 1:1, 14).

"Jesús de Nazaret fue un hombre acreditado por Dios ante ustedes con milagros, señales y prodigios, los cuales realizó Dios entre ustedes por medio de él, como bien lo saben" (Hechos 2:22).

Las citas anteriores representan los dos enfoques distintos que la iglesia primitiva asumió al contar la historia de Jesús. Un enfoque presenta a Jesús como el Verbo de Dios "[que] se hizo hombre", es decir, como Dios que entra real y profundamente en las realidades de la existencia de la criatura; el otro presenta a Jesús como "un hombre acreditado [y ungido] por Dios". Estas dos formas de pensar no son inherentemente contradictorias; hay que reconocer que existen en tensión dinámica entre sí. A menudo, se ha pensado en el Evangelio de Juan, con su cristología del Verbo (del griego, *logos*) eterno, poniendo el acento principal en la naturaleza divina de Jesús, mientras que se piensa en los evangelios sinópticos y los Hechos enfatizando su naturaleza humana. Y aunque hay algo de verdad en esto, no es difícil exagerarla. Otra forma en la que estos dos énfasis diferentes a veces se analizan, es afirmando que el prólogo de Juan nos da la cristología "desde arriba" (es decir, desde la perspectiva de Dios como el Verbo eterno que desciende a nuestro mundo en Jesús), mientras que los Hechos nos dan la cristología

La historia de Dios

"desde abajo" (es decir, desde la perspectiva de los discípulos que fueron testigos de las palabras y obras de Jesús). Al igual que las hebras de una cuerda que, entrelazadas una con la otra, forman una cuerda maciza, así estas dos perspectivas vendrán a constituir las hebras de la cuerda floja teológica que llamamos cristología; es decir, la afirmación de que Jesús es verdaderamente Dios y verdaderamente humano.

Pero si tomamos en serio el contexto histórico y de pacto de Cristo tal y como lo hemos señalado en el capítulo anterior, entonces parece que decir "desde arriba" o "desde abajo" no es suficiente. Más bien, en esta forma de reflexión que llamamos teología narrativa debemos hacer hincapié en un enfoque de la cristología que podría ser caracterizado como "desde antes".[1] En otras palabras, que una dimensión indispensable de la comprensión y narración de la historia de Cristo es la de apropiarse y apreciar la historia del pueblo de Israel en relación con Dios, un relato y una historia que viene "antes" del nacimiento de Jesús y que allana el camino para la venida del Mesías. Hemos visto que este fue especialmente el enfoque de la cristología asumido en el Evangelio de Mateo, pero el mismo principio es aplicado, por lo general, a través de todo el Nuevo Testamento.

Es a partir de esta preocupación de interpretar a Cristo en su contexto histórico y de pacto, y de la preocupación de caminar sobre la cuerda floja de la cristología, que algunos teólogos contemporáneos sostienen que un enfoque fructífero para pensar sobre Jesús puede ser la así llamada la cristología del Espíritu. Este enfoque, que se destaca en los evangelios sinópticos, estriba en que la vida y el ministerio de Jesús se entienden mejor en términos de la presencia dinámica del Espíritu Santo de Dios obrando en nuestro Señor y a través de Él de de una manera única y decisiva.

Será útil saber que la palabra bíblica *espíritu* es una traducción del término hebreo *ruaj*, y del término griego *pneuma* (en el Nuevo Testamento). Ambos términos significan viento, aliento, aire en movimiento. La frase "el Espíritu del Señor" en las Escrituras hebreas invoca la metáfora del propio aliento vivificante de Dios. Génesis nos dice que el hálito-espíritu de Dios soplado en el humano inanimado lo trajo a la vida (2:7). El espíritu-hálito-viento de Dios también les dio vida a los hijos de Israel cuando dividió las aguas amenazantes del mar durante su éxodo (Éxodo 14:21; 15:8). Pero el poder vivificante del *ruaj* de Dios se extiende más allá de las fronteras de Israel o incluso más allá de las fronteras de la existencia de los seres humanos ya que, evidentemente, el Espíritu trae orden y vida a toda la creación: el

Jesucristo, "verdaderamente hombre": la cristología del Espíritu

ruaj de Dios se movía sobre la superficie de las aguas oscuras y caóticas en el relato de la creación (Génesis 1:2); y, de nuevo, el *ruaj* de Dios pasó sobre el caos de las aguas del diluvio para permitir que la tierra apareciera una vez más (8:1). No es de extrañar que el salmista, al reflexionar sobre la relación de Dios con las criaturas de la tierra, cantara en alabanza:

> *Todos ellos esperan de ti*
> *que a su tiempo les des su alimento.*
> *Tú les das, y ellos recogen;*
> *abres la mano, y se colman de bienes.*
> *Si escondes tu rostro, se aterran;*
> *si les quitas el aliento [ruaj], mueren y vuelven al polvo.*
> *Pero si envías tu Espíritu [ruaj], son creados,*
> *y así renuevas la faz de la tierra. (104:27-30)*

El Espíritu es, entonces, la propia presencia vivificante de Dios que pone orden en el caos. Y el caos, como hemos visto, es más a menudo representado en la Biblia por la imagen de aguas caóticas, profundas y oscuras. El *ruaj* es el propio aliento de Dios que sopla sobre este vacío sin forma para traer la "tierra firme" de la vida, de la estructura y de las posibilidades, y la promesa de una fiel relación entre Dios y los seres humanos. Es precisamente este mismo Espíritu de Dios, de acuerdo con los escritores de los evangelios sinópticos, el que está presente especialmente, y de forma única, en la persona y ministerio de Jesús. El título "Cristo", de hecho, significa "ungido" y sugiere principalmente la unción del Espíritu-aliento-viento de Dios.

Teniendo en cuenta estos antecedentes se podrá descubrir una rica cristología del Espíritu tomando forma en los evangelios sinópticos, y en particular en algunas de las coyunturas más críticas de la vida y ministerio de Jesús. Exploremos, pues, estas coyunturas en la historia de Jesús ya que arrojan luz sobre la pregunta de quién era y quién es Jesús:

1. La concepción de Jesús en el vientre de una virgen a través de la presencia vivificante del Espíritu (Mateo 1:18-23; Lucas 1:34-35). Según Lucas, el ángel Gabriel le anunció lo siguiente a una joven doncella judía llamada María: "El Espíritu Santo vendrá sobre ti, y el poder del Altísimo *te cubrirá con su sombra*" (1:35, cursivas añadidas por el autor). El verbo traducido como "cubrir" les habría recordado a muchos de los lectores de Lucas la historia de la creación del Génesis, donde el Espíritu "iba y venía" sobre las aguas caóticas. Ireneo, el teólogo del siglo II, reconoció esta imaginería cuando afirmó que de la misma forma en que el Espíritu de Dios se movió sobre la faz del abismo, así también ese Espíritu se movió sobre el vientre de la virgen para producir la nueva creación, un nuevo comienzo para la humanidad y, ciertamente, para todas las cosas por medio de Jesucristo.

Por lo tanto, fue el propio Espíritu poderoso y creativo de Dios, fuente y dador de vida, el que inició una nueva vida en esta obediente doncella judía. Al confesar esta obra milagrosa del Espíritu Santo de Dios se nos recuerda que Jesús realmente es el don de la gracia de Dios para nosotros, iniciado por la voluntad y la obra de Dios. Ciertamente, la concepción de Jesús en la virgen María y su nacimiento son la señal de Dios de que este niño es "Emanuel", o "Dios con nosotros" (Mateo 1:23). Jesús no es simplemente el mejor humano que nuestra raza tenga que ofrecer, sino que es el fruto y la realización misma de la actividad redentora de Dios en el pueblo de Israel y en la historia humana en general. En pocas palabras, la concepción virginal de Jesús nos recuerda que es por gracia que somos salvos, y no por el esfuerzo humano (Efesios 2:8-9).

Algunos filósofos y teólogos han objetado diciendo que la doctrina de la concepción de Jesús por el Espíritu Santo pone en peligro la creencia en su verdadera y plena humanidad, una enseñanza que es importante en la fe cristiana y que es el enfoque de este capítulo. Tanto el Nuevo Testamento como la tradición cristiana han insistido en que Jesús debe haber compartido plenamente nuestra condición humana o de lo contrario no podría ser nuestro Salvador. Por consiguiente, estos críticos de la doctrina del nacimiento virginal argumentan que ello hace a Jesús más (o quizá menos) que humano o que da la impresión de que se le esté eliminando de la corriente de la historia humana.

Tal vez la respuesta más adecuada a esta crítica es señalar que los dos evangelios que hablan de la concepción de Jesús por una virgen, Mateo y Lucas, son también los dos evangelios que incluyen las genealogías humanas de Jesús. Resulta interesante que los dos evangelios que hacen todo lo posible por establecer las conexiones reales de "familia" entre Jesús y sus congéneres judíos (Mateo 1:1-17), y entre Jesús y la raza humana en general (Lucas 3:23-38), sean también los dos que dan testimonio de la concepción de Jesús por el Espíritu. Al parecer, los autores bíblicos no veían ninguna contradicción entre el origen milagroso de Jesús y el parentesco real de Jesús con nosotros.

Jesucristo, "verdaderamente hombre": la cristología del Espíritu

Es de destacar, también, que la iglesia primitiva puso énfasis tanto en el simple hecho de que Jesús nació como en la afirmación de que Él nació de una virgen. Pero esto representaba un problema, ya que había personas que se llamaban a sí mismos gnósticos (del griego, *gnosis* = conocimiento) que negaban que Cristo, el Hijo de Dios, pudiera haber pasado por una experiencia tan sangrienta, traumática y desagradable como el parto. Los gnósticos negaban la bondad de la creación material; en consecuencia, creían que Jesús, el libertador espiritual venido de los reinos celestiales superiores, solo parecía ser humano a fin de no asustar o sorprender a sus seguidores y a otros contemporáneos. A esta negación de la verdadera humanidad de Jesús se le llama docetismo (del griego, *dokéo* = parecerse o tener apariencia; es decir, que Jesús pareciera ser humano). La iglesia primitiva, al insistir en que Jesús realmente nació de una mujer al final del proceso de gestación, estaba rechazando rotundamente al Cristo excesivamente espiritual de los docetistas.

Aquellos primeros cristianos encontraron especialmente en el Evangelio de Lucas un fuerte apoyo adicional para la solidaridad humana de Jesús con nosotros. Y es que Lucas también menciona que Jesús fue circuncidado de acuerdo con los convenios establecidos con Abraham y Moisés, y también que a medida que Jesús crecía lo hacía "en sabiduría y estatura, y cada vez más gozaba del favor de Dios y de toda la gente" (2:52). Nos encontramos, pues, con que Jesús pasó por el desarrollo físico, emocional y social normal de un varón judío galileo del siglo primero, a la vez que experimentó una relación única e íntima con Dios (v. 49).

2. El bautismo de Jesús como el inicio de su ministerio público y las tentaciones posteriores en el desierto (Marcos 1:9-13). Los cuatro evangelios hablan del bautismo de Jesús a manos de Juan en el río Jordán y de la dramática unción de Jesús por el Espíritu Santo. En este sentido, el bautismo de Jesús es una reminiscencia de los jueces, los profetas, los reyes, e incluso los artesanos de la historia de Israel, cuya iniciación en el ministerio a menudo implicó una unción decisiva por el Espíritu de Dios. Aun así, sólo Jesús es apropiadamente llamado el Cristo, o el Ungido de Dios, el Hijo de Dios, en quien Dios se complace (Mateo 3:17). Probablemente fue la experiencia de Jesús en el bautismo lo que el apóstol Pedro tenía en mente cuando predicaba: "Ustedes conocen. . . cómo lo ungió Dios con el Espíritu Santo y con poder" (Hechos 10:36, 38). El bautismo de Jesús, sin embargo, no era un fin en sí mismo, sino el inicio de su ministerio ya que Pedro continúa, "y cómo anduvo haciendo el bien y sanando a todos los que estaban oprimidos por el diablo, porque Dios estaba con él".

El poder del símbolo de la narrativa en los evangelios se hace evidente cuando se tiene en cuenta los significados posibles del descenso del Espíritu en forma de paloma. La paloma, junto con la llama, se ha convertido en un símbolo prominente del Espíritu, tanto en el arte como en la arquitectura cristiana. Menos atención, sin embargo, se ha dedicado a los posibles significados simbólicos de la paloma. Una imagen bíblica interesante se remonta a la historia de Noé, en la que la liberación de una paloma señaló la salvación para los ocupantes del arca. En esa interpretación, así como una paloma recibe el arca que surge de entre las aguas caóticas, así también una paloma recibe a Jesús cuando emerge de las aguas del Jordán. En ambos casos, la presencia de la paloma anticipa el amanecer de un nuevo pacto, habiendo sido el primer pacto uno marcado por la ofrenda de sacrificio de Noé y la respuesta de Dios en el arco iris, y el segundo por la ofrenda de Jesús en la cruz y la respuesta de Dios en la tumba vacía.

Otra posibilidad fascinante de interpretar la forma del Espíritu como una paloma tiene sus raíces en la superación del caos primigenio, como se proclama en Génesis 1. Los comentaristas judíos durante mucho tiempo han comparado el "ir y venir" o "moverse" del Espíritu de Dios sobre la superficie de las aguas con un ave madre que cría a sus polluelos en el nido. De hecho, basados en el lenguaje del Génesis, los rabinos han desarrollado la imagen de las "alas de la Shekhiná" (del hebreo, *shakhan,* habitar; la presencia moradora de Dios, o su Espíritu), lo que sugiere que el Espíritu de Dios "iba y venía sobre la superficie de las aguas. . .como lo hace una paloma sobre su nido".[2]

En este caso, la imaginería del descenso del Espíritu como paloma sobre Jesús atrae la imaginación hacia el paralelismo entre la creación original de Dios sobre el mundo y la nueva creación comenzada en Cristo. El Espíritu-aliento de Dios da vida a nuevas posibilidades para la redención de la creación caída. Se podría extender este paralelo al punto de que Jesús pueda ser interpretado como el nuevo Adán, el nuevo humano de Dios, la re-creación de la humanidad a imagen de Dios a través de la unción vivificante del *ruaj* de Dios. Ciertamente esto encajaría muy bien con la genealogía de Lucas, la cual está estratégicamente situada inmediatamente después del relato del bautismo (3:23-38). En este punto, una comparación de las genealogías de Mateo y Lucas puede resultar instructiva. Porque mientras que Mateo co-

Jesucristo, "verdaderamente hombre": la cristología del Espíritu

mienza la genealogía de Jesús con Abraham y se mueve hacia adelante a través de la historia de Israel (véase el capítulo 16), Lucas comienza con Jesús y se mueve hacia atrás hasta llegar a Adán, a quien Lucas llama audazmente, "hijo de Dios" (3:38). Parecería entonces que Lucas estaba invitando a sus lectores a entender a Jesús como un nuevo Adán, el Hijo de Dios, en quien Dios ha comenzado de nuevo la creación.

Los evangelios sinópticos nos dicen que el tiempo de prueba de Jesús en el desierto sigue inmediatamente al bautismo. Ya hemos sugerido que la historia de peregrinación y pruebas de Israel por el desierto proveyó el fondo de la narrativa de Mateo, por lo que es probable que Lucas, al ver a Jesús como el nuevo Adán que renueva la humanidad, tuvo la tentación del Edén en mente cuando describió a Jesús en el desierto. En cualquier caso, los sinópticos todos coinciden en destacar que el Espíritu Santo le proveyó poder y liderazgo a Jesús en ese tiempo de prueba y que, de hecho, fue el Espíritu quien condujo a Jesús al desierto por esa misma razón. Entonces es oportuno sugerir que Jesús tuvo el poder para resistir la tentación de comprometer la vocación mesiánica de Dios sobre él porque estaba "lleno del Espíritu Santo" (4:1).

3. El ministerio poderoso de liberación de Jesús (Lucas 4:18; 11:20). Lucas, quien repetidamente ha mencionado la importancia decisiva de la presencia y el poder del Espíritu Santo en la vida de Jesús y su ministerio, incluye una historia acerca de Él que le es única a su Evangelio: la de un sermón que predica en la sinagoga de la ciudad de Nazaret, donde se había criado. Jesús ha regresado a Galilea "en el poder del Espíritu" (4:14), y asiste al servicio judío de adoración," como era su costumbre" (v. 16). Una vez que se dispone a predicar, el pasaje que lee debe ser considerado como central para la comprensión que Él tiene de sí mismo. Su texto es Isaías 61:1:

> *El Espíritu del Señor está sobre mí,*
> > *por cuanto me ha ungido para anunciar buenas nuevas a*
> > *los pobres.*
> *Me ha enviado a proclamar libertad a los cautivos*
> > *y dar vista a los ciegos,*
> > *a poner en libertad a los oprimidos,*
> > *a pregonar el año del favor del Señor. (Lucas 4:18-19)*

Aquí, al parecer, se nos permite un vistazo al interior del propio autoentendimiento de Jesús, de su propia conciencia del significado y el motivo de su misión. El suyo será un ministerio de liberación, de desencadenamiento, de habilitación y de curación; un ministerio liberador empoderado por el Espíritu de Yahvé. La comprensión de Jesús de sí mismo y de su ministerio no puede ser algo secundario para nuestros intentos de entenderlo en la cristología, por lo que Jesús como el Siervo de Dios, ungido por Dios para cumplir los propósitos de Dios, debe ser un tema cristológico clave (Mateo 12:18-21). No es extraño que los apóstoles, en una oración temprana al soberano Creador de todas las cosas, aludan a "tu santo siervo Jesús, a quien ungiste" (Hechos 4:27).

Del mismo modo, Jesús, cuando se enfrentó a los fariseos, describió sus obras de exorcismo en términos de la actividad del Espíritu de Dios (Mateo 12:28; Lucas 11:20). Acusado de haber echado fuera demonios por el príncipe de los demonios (un fracaso de la lógica, si alguna vez tuvo lógica esta acusación, como Jesús mismo lo señaló), les respondió: "En cambio, si expulso a los demonios por medio del Espíritu de Dios, eso significa que el reino de Dios ha llegado a ustedes" [Mateo 12:28]. Si razonamos sobre la base del texto de Mateo, se puede asumir con seguridad que el Espíritu de Dios era el poder que actuaba no sólo en los exorcismos de Jesús, sino también en sus sanaciones y enseñanzas, puesto que Él les había dicho a los doce que, en la entrega de sus testimonios, "no serán ustedes los que hablen, sino que el Espíritu de su Padre hablará por medio de ustedes" (Mateo 10:20). De aquí que haya que entender que el Espíritu Santo es el poder que anima toda la vida y ministerio de Jesús. Por lo tanto es por el poder del Espíritu que el reino de Dios viene, triunfando sobre las fuerzas oscuras del infierno.

Es interesante que en lugar de la frase de Mateo: "si expulso a los demonios por medio del Espíritu de Dios", el pasaje paralelo en Lucas 11:20 contiene las palabras: "con el poder de Dios [o *"dedo"* de Dios, según la nota explicativa de la NVI]" (la cursiva es nuestra). Esto es sorprendente ya que Lucas es generalmente reconocido como el evangelio que más a menudo se refiere al Espíritu Santo. Tal vez Lucas estaba intentando despertar el recuerdo de "el dedo de Dios" que los magos del faraón reconocieron a regañadientes en las plagas (Éxodo 8:19). Si ese es el caso, Lucas puede estar sugiriendo que los fariseos que se negaron a reconocer "el dedo de Dios" activo en el ministerio liberador de Jesús, terminaron viéndose peor que los siervos egipcios del faraón. Sin embargo, y en última instancia, las frases "Espíritu de Dios" y "dedo de Dios" no son esencialmente diferentes ya que ambas se refieren a la presencia activa de Dios en el ministerio de Jesús y,

Jesucristo, "verdaderamente hombre": la cristología del Espíritu

también, en el acontecimiento del éxodo siglos antes de Jesús. De hecho, se ha dicho que las leyes del pacto del Sinaí fueron escritas por "el dedo de Dios", lo cual, según H. Orton Wiley, el teólogo nazareno de mediados del siglo XX, es "una expresión que es intercambiable con 'el Espíritu de Dios' ".[3] Frases como éstas denotan la presencia viva de Dios que actúa en nuestro mundo. Decir entonces que Jesús vivió y se movió en el poder del Espíritu de Dios, es decir que cuando nos fijamos en sus palabras y obras se nos revela quién es Dios y lo que Dios está haciendo para liberar a los seres humanos de los poderes de opresión.

4. Jesús se ofrece en la cruz, y Dios lo resucita de la muerte (Hebreos 9:14; Romanos 8:11). Es cierto que hay muy poco en la Biblia que vincula explícitamente la crucifixión de Jesús con el poder del Espíritu Santo. Pero si las pretensiones de una cristología del Espíritu son correctas y la totalidad de la vida y ministerio de Jesús se pueden entender, y con razón, como si hubieran sido potenciados por el Espíritu de Dios, entonces el que se ofreciera a sí mismo en la cruz puede (de hecho debe) también verse como un acto hecho en el poder del Espíritu. La muerte de Jesús en la cruz no es un fin repentino y absurdo de su vida, sino que es el cenit, la culminación eminentemente apropiada de su ministerio de amor sacrificado. Aquí, como en ningún otro lugar, comenzamos a comprender que la naturaleza del poder del Espíritu Santo no es poder de acuerdo con las normas del mundo; el poder del Espíritu no encuentra lugar en la aplicación de mano dura de los deseos del que está "en el poder". Antes bien, el poder del Espíritu de Dios encuentra su expresión más clara en la figura sangrante y vulnerable del Crucificado.

Leemos en Hebreos 9:14 que "Cristo... *por medio del Espíritu eterno* se ofreció sin mancha a Dios" (la cursiva es nuestra). En palabras del teólogo escocés Alasdair Heron, el Espíritu Santo "es el motivo y el poder de la entrega de [Jesús] al Padre, la cual culmina y se sella en la cruz. . . . La actualización decisiva de la presencia del Espíritu de Dios en la vida humana y en la historia se enmarca en su ofrenda de sí mismo".[4] Jesús, viviendo, moviéndose y dándose a sí mismo por medio del poder del propio Espíritu de Dios, encarna o personifica de ese modo a Dios en el mundo, vale decir, el amor magnánimo de Dios hacia el mundo.

Pero el Nuevo Testamento rara vez habla de la muerte de Jesús aparte de la resurrección, de su superación del dominio de la muerte. La resurrección de Jesús de la muerte era el corazón y el centro del mensaje del evangelio de la iglesia primitiva y es el glorioso evento que se celebra cada domingo cuando los cristianos se reúnen para el culto. Y así, una vez más, encontraremos en el Nuevo Testamento que el Espíritu Santo jugará un papel crucial en la resurrección de Jesús porque éste es el Espíritu de Dios "que da vida a los muertos y que llama las cosas que no son como si ya existieran" (Romanos 4:17). El apóstol Pablo, efectivamente, comienza su carta a los Romanos identificando a Jesús como "descendiente de David, pero que según el Espíritu de santidad fue designado con poder Hijo de Dios por la resurrección" (1:3-4). Más adelante en la misma carta, Pablo les dice a los cristianos de Roma que "el Espíritu de Dios" (también llamado "el Espíritu de Cristo" en el mismo versículo) vive en ellos (8:9) y les asegura que "si el Espíritu de aquel que levantó a Jesús de entre los muertos vive en ustedes, el mismo que levantó a Cristo de entre los muertos también dará vida a sus cuerpos mortales por medio de su Espíritu, que vive en ustedes" (v. 11).

Pablo deja en claro que el mismo Espíritu que da vida y que participó en la creación, el pacto y el éxodo, y que obró poderosamente en la concepción, la vida, el ministerio y el sacrificio que Jesús hizo de sí mismo también resucitó a Jesús a la nueva vida, y ahora otorga esa vida de resurrección a los que se abren a la presencia del Espíritu y a su poder y liderazgo (Romanos 8:14). El Espíritu Santo es el yo más profundo de Dios (1 Corintios 2:10-12) compartido con nosotros, derramado sobre y entre y dentro de nosotros, para traer nueva vida y vitalidad espiritual. Ha de ser, pues, por esta presencia y poder que, "así como Cristo resucitó por el poder del Padre, también nosotros llevemos una vida nueva" (Romanos 6:4).

Tendremos ocasión posteriormente de pensar un poco más en la naturaleza de la resurrección (capítulo 28). Sin embargo, en el contexto de la cristología del Espíritu, vale la pena tener en cuenta que Pablo en su tratamiento clásico de la vida de resurrección en 1 Corintios 15, escribe que Jesús en su resurrección como "el último Adán, [se convirtió] en el Espíritu que da vida" (v. 45). Por lo tanto, la resurrección de Jesús no fue la reanimación de un cadáver a una vida humana común y ordinaria, sino que fue la transformación de Jesús, por el Espíritu de vida, a la forma de ser de Dios, una dimensión inefable del espíritu. La resurrección es el acto del Espíritu de Dios por el cual Jesús se hizo Espíritu que da vida y cada uno de nosotros después de Él, de acuerdo con Pablo, será igualmente transformado en "cuerpo espiritual" (v. 44).

Jesucristo, "verdaderamente hombre": la cristología del Espíritu

Pero en este capítulo dedicado a Jesús como ser humano, es importante hacer hincapié en que esa transformación de Jesús en la resurrección, como "primicias de los que murieron" (v. 20), no implica una deshumanización de Jesús. Es Jesús, el judío galileo del primer siglo, el que es levantado y transformado, mas no de forma tal que su verdadera humanidad se pierda o se deniegue. El libro de Hebreos nos asegura repetidamente que "no tenemos un sumo sacerdote incapaz de compadecerse de nuestras debilidades, sino uno que ha sido tentado en todo de la misma manera que nosotros, aunque sin pecado" (4:15). Por tal razón creemos que Jesús no ha olvidado, ni tampoco ha dejado enteramente atrás, su experiencia como ser humano que sufre y lucha (5:7). Un símbolo muy poderoso de la continuación de la presencia humana de Jesús con nosotros, incluso como presencia resucitada y espiritualmente transformada, se da cuando los evangelios nos dicen que las heridas del Cristo resucitado eran todavía visibles (Juan 20:27), que todavía las mostraba Aquél acompañante nuestro que había vencido sobre la muerte. El que intercedió desde la cruz diciendo, "Padre, perdónalos, porque no saben lo que hacen" (Lucas 23:34) continúa, incluso ahora, intercediendo por nosotros (Romanos 8:34).

El material de este capítulo demuestra que una forma importante en la que los cristianos de la época del Nuevo Testamento entendieron a Jesús y su ministerio fue en términos de la presencia y el poder de un Espíritu Santo, creativo, re-creativo y vivificante de Dios. Este Espíritu es ciertamente Dios presente y activo en el mundo sin embargo, en la vida y ministerio de Jesús de Nazaret, ese Espíritu está presente y activo de una manera única y absolutamente ejemplar. Cuando somos testigos de las palabras y obras de Jesús, en verdad vemos a Dios.

Este capítulo comenzó con una cita del sermón del apóstol Pedro en Pentecostés y cerrará con el mismo sermón. En aquel gran día del comienzo de la iglesia, el texto que Pedro eligió para su sermón se tomó de la literatura profética de Israel:

En realidad lo que pasa es lo que anunció el profeta Joel:

La historia de Dios

"Sucederá que en los últimos días —dice Dios—,
derramaré mi Espíritu sobre todo el género humano.
Los hijos y las hijas de ustedes profetizarán,
tendrán visiones los jóvenes
y sueños los ancianos.
En esos días derramaré mi Espíritu
aun sobre mis siervos y mis siervas,
y profetizarán.

(Hechos 2:16-18)

Es la intención de Dios derramar profusamente el Espíritu, ese ser propio y dinámico de Dios, sobre todas las personas. Pero Dios lleva a cabo este propósito universal a través de determinados medios y Pedro proclama que el medio de Dios para el derramamiento del Espíritu es Jesús. "A este Jesús, Dios lo resucitó, y de ello todos nosotros somos testigos. Exaltado por el poder de Dios, y habiendo recibido del Padre el Espíritu Santo prometido, ha derramado esto que ustedes ahora ven y oyen" (vv. 32-33). No hay mejor manera de resumir el propósito de este capítulo que señalar que la promesa de Dios de derramar el Espíritu-aliento divino sobre todas las personas encuentra su foco y cumplimiento principal en la persona de Jesús. ¡Es Jesús el Hijo quien primero, y mejor, ha "recibido del Padre el Espíritu Santo prometido"!

Jesucristo, "verdaderamente Dios": la cristología del Logos

La iglesia históricamente ha argumentado que Jesús tuvo que haber sido totalmente humano con el fin de que los seres humanos fuéramos redimidos totalmente pero, a la vez, tuvo que haber sido plenamente Dios para que verdaderamente fuera nuestro Redentor. Por lo tanto, la lógica de la reflexión cristológica ha sido motivada, fundamentalmente, por la soteriología, o la doctrina de la salvación. Pensar en Jesucristo es ver a Dios en la obra de salvar al mundo.

Pero en el Nuevo Testamento, Jesús no sólo es Salvador, sino también Señor. Quizá el ejemplo más profundo de la cristología del señorío es el del pasaje de Filipenses 2, donde nos encontramos con la famosa *kenósis* (del griego, "vaciar") del apóstol Pablo:

> Por tanto, si sienten algún estímulo en su unión con Cristo, algún consuelo en su amor, algún compañerismo en el Espíritu, algún afecto entrañable, llénenme de alegría teniendo un mismo parecer, un mismo amor, unidos en alma y pensamiento. No hagan nada por egoísmo o vanidad; más bien, con humildad consideren a los demás como superiores a ustedes mismos. Cada uno debe velar no sólo por sus propios intereses sino también por los intereses de los demás.

La historia de Dios

La actitud de ustedes debe ser como la de Cristo Jesús,
quien, siendo por naturaleza Dios,
   no consideró el ser igual a Dios como algo a qué aferrarse.
Por el contrario, se rebajó voluntariamente,
   tomando la naturaleza de siervo
   y haciéndose semejante a los seres humanos.
Y al manifestarse como hombre,
   se humilló a sí mismo
   y se hizo obediente hasta la muerte,
   ¡y muerte de cruz!
Por eso Dios lo exaltó hasta lo sumo
   y le otorgó el nombre
   que está sobre todo nombre,
   para que ante el nombre de Jesús
   se doble toda rodilla
   en el cielo y en la tierra
   y debajo de la tierra,
   y toda lengua confiese que Jesucristo es el Señor,
   para gloria de Dios Padre.

(Versículos 1-11)

Muchos estudiosos creen que en este pasaje que describe la gloriosa humildad de Cristo, Pablo estaba citando de un himno de la iglesia primitiva. Si esto es así, es una posibilidad intrigante que el himno que Pablo citó fuera un cántico de alabanza que celebraba una historia de Jesús. Esa historia, única en el Evangelio de Juan, recuerda a Jesús durante su última noche junto a sus discípulos. El paralelismo entre Juan 13 y este himno que Pablo presumiblemente cita es profundo y fascinante, sobre todo si tenemos en cuenta que el Evangelio de Juan proclama una cristología del logos, en la que cada obra y palabra de Jesús, y hasta el ser mismo de Jesús, manifiesta la naturaleza de Dios:

Juan 13	**Filipenses 2**
Jesús…habiendo amado a los suyos que estaban en el mundo, los amó hasta el fin.	La actitud de ustedes debe ser como la de Cristo Jesús,

Jesucristo, "verdaderamente Dios": la cristología del Logos

...Sabía Jesús que el Padre había puesto todas las cosas bajo su dominio, y que había salido de Dios y a él volvía;

así que se levantó de la mesa, se quitó el manto y se ató una toalla a la cintura.

Luego echó agua en un recipiente y comenzó a lavarles los pies a sus discípulos...

Ustedes me llaman Maestro y Señor, y dicen bien, porque lo soy.

Pues si yo, el Señor y el Maestro, les he lavado los pies, también ustedes deben lavarse los pies los unos a los otros. ...
Ciertamente les aseguro que el que recibe al que yo envío me recibe a mí, y el que me recibe a mí recibe al que me envió.
(Versículos 1, 3-5, 13-14, 20)

quien, siendo por naturaleza Dios, no consideró el ser igual a Dios como algo a qué aferrarse

Por el contrario, se rebajó voluntariamente,
 tomando la naturaleza de siervo...

se humilló a sí mismo
y se hizo obediente hasta la muerte, ¡y muerte de cruz!
Por eso Dios lo exaltó hasta lo sumo y le otorgó el nombre que está sobre todo nombre, para que ante el nombre de Jesús se doble toda rodilla...y toda lengua confiese que Jesucristo es el Señor,

para gloria de Dios Padre.
(Versículos 5-11)

La historia de Dios

En el relato de Juan de la última cena de Jesús con los discípulos nos encontramos al mismo Hijo y Verbo de Dios sobre sus rodillas, lavando dos docenas de pies mugrientos, ¡incluyendo los pies de un traidor! Este es Aquél que nos ha "explicado" o "interpretado" al Dios invisible y misterioso de toda la creación (Juan 1:18); Aquél cuyas palabras y obras hacen que Dios sea conocido. En pocas palabras, Juan aquí ofrece un retrato revolucionario de un Creador y sustentador que es humilde y gentil, un Dios con corazón de siervo. Este, de hecho, es también el sentido del pasaje de Filipenses bajo nuestra consideración. Volvamos, entonces, nuestra atención a las reflexiones de Pablo.

Pablo, en primer lugar, apela al hecho de que los filipenses comparten (del griego, *koinonía*) en el Espíritu de Dios (2:1). El preciso Espíritu que ungió y empoderó al mismísimo Jesús, el Espíritu que es el mismísimo ser de Dios dinámicamente derramado y compartido, se da igualmente, y se comparte entre los filipenses (compárese con Joel 2:28-29; 1 Corintios 2:10-12). El Espíritu Santo, aunque parezca increíble, es el ser propio y más profundo de Dios, derramado y compartido entre nosotros. Ese mismo Espíritu, escribe Pablo, se nos da y está operando en todo cristiano. ¡Dios derrama sobre nosotros su propio Espíritu! La *koinonía*, o el mutuo compartir, está en el corazón mismo de lo que es Dios, y el corazón de lo que es Dios ha sido derramado sobre los discípulos de Cristo. Ciertamente, Pablo está diciendo que el resultado debe ser que los cristianos en los que este Espíritu está obrando, ahora también vivan la vida de *koinonía*.

Pablo entonces ofrece una ilustración de la clase de vida a la que él se refiere y la ilustración es Cristo mismo. Es importante tener en cuenta que este pasaje, altamente celebrado como uno de los textos centrales del Nuevo Testamento concerniente a la proclamación de la divinidad de Cristo, es, a la vez que un tratado teológico también un requerimiento ético para la iglesia basado en el ejemplo de Cristo de un vaciarse a sí mismo. No hay mejor modelo de una vida de *koinonía,* que se derrama y se comparte, que el que se revela en Jesucristo.

Pero lo más significativo es que Pablo sugiera que fue precisamente porque Cristo compartió la naturaleza divina que se despojó a sí mismo, se vació a sí mismo. Algunas traducciones bíblicas sugieren que Cristo lo hizo por un "aunque" o "a pesar del hecho de que" existía en la naturaleza divina. El texto griego deja en claro, sin embargo, que este despojarse, este poner su vida, no era contrario a la naturaleza de Dios, ¡sino que era en realidad

Jesucristo, "verdaderamente Dios": la cristología del Logos

expresivo de la naturaleza de Dios! Cristo, siendo en la *morfé* (del griego, "forma") de Dios (la naturaleza esencial y carácter de Dios, el ser más profundo de Dios, o lo que Dios realmente es), se despojó a sí mismo. Precisamente porque Cristo era en la misma forma de Dios consideró la igualdad con Dios no una cuestión de acaparamiento egoísta, sino de un dar con manos abiertas. O, para decirlo en términos de la historia de la cena de pascua de Juan, era precisamente porque Jesús sabía "que el Padre había puesto todas las cosas bajo su dominio, y que había salido de Dios y a él volvía" (13:3), que "se quitó el manto... y comenzó a lavarles los pies a sus discípulos" (vv. 4-5), la tarea más baja de un criado. El Padre "había puesto todas las cosas bajo su dominio", y aunque parezca increíble, lo siguiente que hicieron esas manos de poder y autoridad fue lavar pies.

Søren Kierkegaard, el filósofo danés del siglo XIX, en su obra pequeña pero clásica, *Fragmentos filosóficos,* comparó el amor de Dios que se despoja a sí mismo por la humanidad con el amor de un gran rey por una humilde doncella. ¿Cómo podría el rey comunicarle su amor a la pobre jovencita sin abrumarla necesariamente? ¡Y cuánto más grande será el reto con el que se enfrenta Dios para mostrar su amor por nosotros! Tal vez el rey hubiera podido acercarse a la joven vistiendo las ropas de un pobre mendigo, ¿pero qué en cuanto al Dios Todopoderoso? Vale la pena considerar las palabras de Kierkegaard:

> Con el fin de que la unión pueda darse, el Dios, por tanto, debe convertirse en el igual de tal persona; así que Él aparecerá en la semejanza del más humilde. Pero el más humilde es alguien que debe servir a los demás, así que el Dios, por lo tanto, aparecerá en la forma de un siervo. Pero esta forma de siervo no es una mera prenda exterior, como la de un rey con manto de mendigo; el cual, por lo tanto, se batiría holgadamente sobre el cuerpo del rey, traicionándole... Es su verdadera forma y figura. Porque esta es la naturaleza insondable del amor, que desea igualdad con el deseado, no de manera ilusoria solamente, sino en serio y de verdad.... Este es el Dios que está de pie sobre la tierra, como el más humilde, por el poder de su amor omnipotente.... Y porque la forma de siervo no es una mera prenda exterior, por lo tanto, Dios tiene que sufrirlo todo, soportar todas las cosas, hacer una experiencia de todas las cosas. Él debe sufrir hambre en el desierto, debe tener sed en el momento de su agonía, debe ser abandonado en la muerte,

absolutamente como el más humilde, ¡he aquí el hombre! . . . ¿Es acaso sólo al omnipotente obrador de milagros al que amas, y no a Aquél que se humilló a sí mismo para convertirse en tu igual?[1]

Al despojarse a sí mismo, tomando la forma o naturaleza (del griego, *morfé*) de siervo, Cristo lo hizo precisamente en la forma o naturaleza *(morfé)* de Dios, la naturaleza de un Creador que en amor permite que haya un mundo que le sea verdaderamente "otro" a Dios, un Creador que crea a los seres humanos a la imagen divina, criaturas que realmente puedan rebelarse contra Dios. Es el mismo Dios que rondaba el Edén con la pregunta: "¿Dónde estás?", y cuya pregunta finalmente se hizo carne y habitó entre nosotros como un siervo humilde, que lava los pies de un traidor.

Pensemos en ello: el Verbo que se hizo carne, le nació en un establo a gente pobre y, de hecho, bajo sospecha de ilegitimidad. Sí, los ángeles cantaron en su nacimiento pero ¿a quién? A los pastores, ¡una clase baja, obrera, que eran tan de desconfiar que su palabra no era aceptable en un tribunal de justicia! Comenzó su ministerio público sometiéndose al bautismo, un bautismo para pecadores que significaba su arrepentimiento, y pasó gran parte de su tiempo entremezclándose con los pecadores y los marginados de la sociedad judía. De hecho, los fariseos, cuya identidad como pueblo de santidad se personificaba en sus estrictos reglamentos con respecto al compañerismo de mesa, ¡estaban indignados por lo dispuesto que estaba Jesús a sentarse a la mesa para comer y confraternizar con casi todo el mundo! Él era la sabiduría encarnada de Dios que abrió los brazos y dijo: "Vengan a mí todos ustedes que están cansados y agobiados, y yo les daré descanso. Carguen con mi yugo y aprendan de mí, pues yo soy apacible y humilde de corazón" (Mateo 11:28-29). Era el Verbo hecho carne que, como Juan nos recuerda, tomó sobre sí la tarea más humilde, como ejemplo para los doce, de lavarles sus pies. Fue el que, sólo unas pocas horas más tarde, clamó a Dios en el jardín de Getsemaní, postrándose sobre su rostro en desesperación, mientras apelaba a su círculo íntimo de discípulos diciendo: "Es tal la angustia que me invade, que me siento morir. Quédense aquí y manténganse despiertos conmigo" (26:38).

Y, por último, fue el que subió trabajosamente hasta el Calvario, solo, abandonado por sus amigos, llevando su cruz. La crucifixión era una pena de muerte indeciblemente dura, reservada por los romanos para las clases más bajas, principalmente los esclavos. Era cruel y degradante, y el

Jesucristo, "verdaderamente Dios": la cristología del Logos

historiador judío Josefo la llamó "la más miserable de todas las formas de morir". La víctima era desnudada, azotada hasta que su carne sangrara en carne viva, obligada a llevar el madero horizontal de su propia cruz y, clavada de pies y manos a ambos maderos, sufría de exposición, pérdida de sangre, maltrato por los sádicos espectadores, tortura por insectos, y por problemas de circulación; todo lo cual causaba el atroz dolor de la crucifixión (del latín, *cruciare*, "crucificar"). Era una manera de morir lenta, agonizante e inimaginablemente tormentosa. Las crucifixiones estaban marcadas por voces de rabia y dolor, por maldiciones salvajes y por los gritos de desesperación indescriptible de las víctimas desafortunadas.

De humilde nacimiento, de vida también humilde, crucificado, muerto y sepultado: en cada confluencia del camino, Jesús tomó la ruta de una descendente movilidad. Él "se rebajó voluntariamente", se hizo nada, "se humilló a sí mismo y se hizo obediente hasta la muerte, ¡y muerte de cruz!" Y así lo confesamos en el Credo de los Apóstoles: "fue crucificado, muerto y sepultado, descendió a los infiernos". El punto de Filipenses 2 es que este derramamiento del ser revela la naturaleza misma de Dios. Dios se revela a nosotros en el despojarse y humillarse del Crucificado.

Es precisamente en ese punto más bajo, y desde ese punto más bajo, que Dios resucitó a Jesús. Como Pablo escribe en Filipenses 2:9, "Por eso Dios lo exaltó hasta lo sumo". Es porque Jesús se despojó, se derramó y continuó derramándose en servicio hasta derramar su propia sangre en la cruz (por esa obediencia hasta la muerte), que Dios lo ha levantado, lo ha glorificado y amorosamente le ha dado un nombre que es sobre todo nombre. El contexto sugiere que ese nombre o título que Dios le ha concedido bondadosa y pródigamente a Jesús es, "el Señor", el Señor de todos.

Los judíos de la época del apóstol Pablo usaban la palabra Señor *(kúrios)* para referirse al Todopoderoso, a Yahvé, el Dios único de Israel. Pero Pablo (de nuevo, tal vez citando un himno que los filipenses cantaban) dice que Dios le ha dado ese nombre a este humilde siervo Jesús y es el mensaje del Apóstol, en esencia, que Dios ha derramado el honor divino, nombre y autoridad sobre Éste, quien ha sido obediente hasta la muerte. Jesús lleva el nombre de Señor porque le ha sido conferido por el Padre para que en su nombre todos se arrodillen y confiesen que Él es el Señor. Claro que con demasiada frecuencia se pasa por alto que Pablo señala que Jesús es el Señor para gloria de Dios Padre. En otras palabras, que aunque Dios le ha otorgado el título de Señor al humilde Jesús, el propio señorío de Jesús apunta de nuevo a Dios el Padre y a la gloria de Dios. Todavía más, la misma actitud que Pablo exhorta a los filipenses que tengan los unos con los otros es hondamente ejemplificada en la relación de humildad y entrega mutua entre Dios el Padre y nuestro Señor Jesucristo. Esas vidas de amor y servicio mutuo se pueden activar y potenciar sólo cuando el mismo Espíritu que une al Padre y al Hijo en amor, también une a la iglesia en amor. Sin embargo, esto es posible sólo si hay "algún compañerismo en el Espíritu" (Filipenses 2:1).

En estas reflexiones se hace evidente que la confesión de la iglesia de Dios como trino, como Padre, Hijo y Espíritu es un comentario sobre lo que Dios ha hecho por medio de Jesucristo, en el Espíritu Santo, para llamar a la humanidad caída a la vida divina del amor que se da para que otros reciban. Esta visión de Dios como una fraternidad de "Sólo Excelso, Amor Divino" (Carlos Wesley) es tan radical, tan revolucionaria que incluso pudo haber influido en el apóstol Pablo, y en este himno temprano de la iglesia, al punto de que en éste se parafraseara el Antiguo Testamento. El profeta Isaías había proclamado que Dios anuncia, "He jurado por mí mismo,...Ante mí se doblará toda rodilla, y por mí jurará toda lengua" (Isaías 45:23). Pero en Filipenses 2 hay un "otro", el Señor Jesucristo, a quien Dios ha concedido amorosamente "el nombre que está sobre todo nombre" (v. 9). Filipenses ha de continuar con el eco evidente del pasaje de Isaías 45, excepto que, curiosamente donde Isaías dice, "Ante mí se doblará toda rodilla y por mí jurará toda lengua", el texto griego en Filipenses cambia esos verbos, del tiempo futuro a lo que se conoce como el modo subjuntivo: así, Dios ha exaltado a Jesús a fin de que "se doble [o pueda doblarse] toda rodilla y toda lengua confiese [o pueda confesar]". Si bien no se puede probar que este cambio estaba en la mente consciente de Pablo, ciertamente es consistente con el retrato de Dios que se nos ofrece en este pasaje como un todo, por no hablar de la historia de Jesús de lavar los pies a sus discípulos de Juan 13. Si este cambio de lenguaje es de la clase de significado teológico que estoy sugiriendo, entonces la naturaleza de la actividad de Dios en Jesucristo fue, es y por siempre será una de amor humilde. Dios no recurrirá algún día, ni en el último día, a la coerción y a la fuerza irresistible. Con demasiada frecuencia se ha supuesto que Dios habrá algún día de dejar de ser como Jesús obligando a toda rodilla a que se doble. Demasiado a menudo nuestra escatología regresa a las visiones de la fuerza bruta y a la autoridad del poder absoluto. Tal vez deberíamos tomar más en serio el lenguaje

Jesucristo, "verdaderamente Dios": la cristología del Logos

de Pablo en Filipenses 2: Dios le ha concedido bondadosamente este gran nombre o título a Jesús para que todas las personas *puedan* inclinarse y para que todas las personas *puedan* confesar que Jesús es Señor, para gloria de Dios Padre. Sería contrario a este amor real, el humilde amor de siervo, el abrirse paso a la fuerza en el mundo que ama.

Es sobre la base de esta convicción cristiana de que, en Cristo, "Dios estaba reconciliando al mundo consigo mismo" (2 Corintios 5:19) que la iglesia, desde su infancia, ha luchado de buena gana en contra de las herejías cristológicas. Pensadores cristianos bien intencionados, en repetidas ocasiones se han caído de la cuerda floja de la cristología en sus intentos por describir precisamente cómo es que Jesús es divino y humano. Evidentemente, ya a finales del primer siglo y principios del segundo, los maestros cristianos tuvieron que defenderse contra los docetistas, por un lado, quienes negaban la verdadera y plena humanidad de Jesús y los adopcionistas, por otra parte, quienes negaban la divinidad de Jesús y argumentaban que era un buen hombre "adoptado" por Dios por medio de la unción del Espíritu Santo en el bautismo. Y es que insistir en la deidad de Jesús, aparte del reconocimiento igual de su humanidad, dejaría a los cristianos con un Dios que se hace pasar por humano, esencialmente no relacionado (e irrelevante) con nuestras debilidades y luchas humanas. De igual manera, insistir en la humanidad de Jesús, aparte de un reconocimiento igual de su deidad, nos dejaría con un buen maestro y ejemplo, que tal vez nos recuerde a Dios pero que no es, y no puede ser, nuestro redentor.

Podemos ilustrar brevemente este punto importante si observamos el patrón de controversias cristológicas que la iglesia enfrentó en sus primeros siglos. En el primer concilio ecuménico de la iglesia en Nicea, en el año 325, un predicador influyente llamado Arrio fue condenado por enseñar que el Verbo que se hizo carne no era verdaderamente divino, sino que fue la primera y la más alta de las criaturas de Dios. Su oponente teológico, Atanasio (296-373), el campeón de Nicea, contraatacó con el argumento de que si el Verbo no participa plenamente de la naturaleza divina, luego no es realmente el Dios que en Jesucristo le ha tendido la mano a la humanidad caída; estaríamos tratando sólo con otra criatura, un ser menor que nuestro Creador. Pero es sólo Aquél que nos ha creado quien tiene el poder de volver a crearnos y redimirnos del pecado. Por lo tanto, Atanasio arguyó, si Cristo no es Dios, entonces no hemos sido salvos y además somos culpables de idolatría, ya que nosotros estamos adorando algo que es menor que Dios, y que es otro que no es Dios. Fue sobre la base de los argumentos inteligentes de Atanasio que el Credo de Nicea, escrito durante este concilio eclesiástico, afirmó: "Creo . . . en un solo Señor Jesucristo . . . Dios de Dios, luz de luz, . . . de la misma naturaleza del Padre, . . . que por nosotros . . . y por nuestra salvación bajó del cielo, y… se encarnó,… y se hizo hombre".

Sin embargo, en otro concilio, en Constantinopla en el año 381, Apolinario, un joven amigo y ayudante de Atanasio, fue condenado como hereje por haber ido demasiado lejos en su énfasis sobre la deidad de Cristo. Apolinario quizá se distinguió muy poco de Atanasio en su enseñanza acerca de Cristo; probablemente lo único que hizo fue ser un poco más explícito en sus intentos de describir la interacción de las naturalezas divina y humana en Cristo. En esencia Apolinario enseñaba que, aunque Jesús tenía un cuerpo humano, su mente o razón era la del Logos divino, de modo que no poseía una mente humana como tal. Es cierto que esto parecía resolver el problema de la relación de lo divino y lo humano en Jesús pero los principales teólogos de la iglesia percibieron que también comprometía gravemente su verdadera humanidad. Jesús no podía ser en parte humano y en parte Dios, como si fuera un mestizo celestial. En su lugar, la iglesia insistió en que Jesús era, y es, totalmente humano y totalmente Dios al mismo tiempo. Porque, como va a insistir Gregorio Nacianceno, el gran teólogo del siglo IV, nuestra vida humana no es redimida en su totalidad a menos que el Verbo, el Hijo de Dios, tome para sí nuestra humanidad en su totalidad. "Si alguien ha puesto su confianza en [Cristo] como un hombre sin una mente humana", Gregorio escribió, "esa persona en realidad carece de mente, y no es en lo más mínimo digna de la salvación. *Porque lo que [Cristo] no ha asumido tampoco lo ha sanado;* sin embargo aquello que está unido a su Deidad también es salvado" (la cursiva es nuestra).[2]

Se puede rastrear esta tensión hacia atrás y hacia adelante en los intentos de la iglesia de salvaguardar la identidad salvífica de Jesús en sus condenas posteriores de Nestorio en 431 (quien al parecer enfatizó a tal punto la distinción entre las naturalezas humana y divina de Jesús que terminó afirmando que en realidad habían dos personas o mentes en la conciencia de Jesús), y de Eutiques en 451 (quien enseñaba que la naturaleza divina en Cristo "abrumó" o "se tragó" la naturaleza humana, de forma tal que Jesús simplemente era Dios con un cuerpo deificado). Por una parte, los maestros cristianos insistirían que Jesús debía ser verdaderamente Dios para salvarnos; pero por la otra, Jesús debía ser verdaderamente humano para que pudiera

Jesucristo, "verdaderamente Dios": la cristología del Logos

salvarnos totalmente. De aquí que el concilio de Calcedonia, en el año 451, aclarara el Credo de Nicea del siglo anterior así:

> Nosotros [confesamos] a Uno y el mismo Hijo, nuestro Señor Jesucristo, el mismo perfecto en Deidad y también perfecto en humanidad; verdadero Dios y verdadero hombre, de cuerpo y alma racional; consustancial con el Padre de acuerdo con la Deidad, y consustancial con nosotros de acuerdo con la humanidad; en todas las cosas como nosotros, sin pecado; engendrado del Padre antes de todas las edades de acuerdo con la Deidad; y en estos postreros días, para nosotros y *por nuestra salvación,* nacido de la virgen María de acuerdo con la humanidad; uno y el mismo, Cristo, Hijo, Señor, Unigénito. (Cursivas añadidas por el autor.)

Ahora, si bien respetamos y apreciamos los esfuerzos de la iglesia primitiva por proteger y definir la identidad de Jesucristo lo mismo como nuestro Salvador que como nuestro Hermano, está claro que la iglesia tendió, al menos en sus declaraciones de credo, a abandonar el patrón bíblico de la narrativa en favor de categorías filosóficas adaptadas en gran medida del pensamiento griego. Esto en sí no fue algo malo, sin embargo debemos estar conscientes de este cambio en nuestro intento de comprender el desarrollo de la cristología. En beneficio de ellos se puede argumentar que los teólogos de la iglesia estaban tratando principalmente de diseñar una doctrina de Cristo que respondiera tanto a las demandas del Nuevo Testamento como al anhelo humano de una liberación a fondo del poder y los efectos del pecado. A ambas cosas se les da consideración, por ejemplo, en el Tomo a Flaviano por el Papa León, un tratado que influyó profundamente en la formulación cristológica citada anteriormente y desarrollada en Calcedonia. Las palabras del Tomo de León proporcionan un cierre adecuado a este capítulo puesto que son un comentario elocuente de Filipenses 2, pasaje bíblico con el cual lo hemos comenzado:

> Él asumió "la forma de siervo", sin la contaminación del pecado, enriqueciendo lo que era humano, sin obstaculizar lo que era divino: porque ese "despojarse de sí mismo", por medio de lo cual el Invisible se hizo visible, y el Creador y Señor de todas las cosas quiso ser uno entre los mortales, fue un encorvarse en compasión, no un fracaso de poder. Por consiguiente, el mismo que, permaneciendo en forma de Dios, hizo al hombre, fue hecho hombre en la

forma de un siervo. . . . Porque el mismo que es verdadero Dios, es también verdadero hombre, y no hay ilusión en esta unión, puesto que lo bajo del hombre y lo alto de la Deidad se reúnen. Porque así como "Dios" no cambia por la compasión exhibida [en la encarnación], así "el hombre" no es consumido por la dignidad otorgada [en la encarnación]. . . . Y así como el Verbo no renuncia a la igualdad con el Padre en la gloria, tampoco la carne abandona la naturaleza de nuestra especie. Ya que, como a menudo debemos decir, Él es uno y el mismo, verdaderamente Hijo de Dios y verdaderamente Hijo del Hombre.[3]

Jesucristo, el Resucitado

Puede parecer extraño colocar un capítulo sobre la resurrección de Jesús antes de un capítulo sobre su crucifixión. Especialmente en un intento de teología narrativa, con su preocupación por narrar la historia, puede parecer incómodo comenzar con la tumba vacía antes de con la cruz. Sin embargo esto es uno de los raros casos donde la verdadera intención de la narración sirve mejor iniciándola al final antes que al principio. Porque, ciertamente, en cuanto a los apóstoles se refiere la resurrección, verdadera y profundamente, es el comienzo de la historia de Jesús como el Cristo, ese particular agente de salvación ungido por Dios.

El apóstol Pablo demuestra la centralidad absoluta de la resurrección de Jesús con un poco de su propia teología narrativa en su carta a los Romanos. En el capítulo 4, Pablo habla de la justificación de Abraham a los ojos de Dios en virtud de haber creído la promesa de Dios de hacerlo el padre de muchas naciones (véase el capítulo 12 del presente libro). Aunque Abraham era viejo y se estaba deteriorando ("como muerto", escribe Pablo en 4:19), su fe se mantuvo robusta. Con tal de establecer su punto teológico, Pablo olvida convenientemente las vacilaciones de Abraham y hasta su risa por la idea de ser un papá a tan vieja edad, y simplemente afirma que "[Abraham] no vaciló como un incrédulo, sino que se reafirmó en su fe y dio gloria a Dios, plenamente convencido de que Dios tenía poder para cumplir lo que había prometido" (vv. 20-21). Abraham, incluso en sus momentos de duda, creyó la promesa de Dios y "se le tomó en cuenta su fe como justicia" (v. 22). Luego Pablo aplica su punto a los lectores diciendo: "Y esto de que «se le tomó en cuenta» no se escribió solo para Abraham, sino también para nosotros. Dios tomará en cuenta nuestra fe como justicia, pues creemos en aquel que levantó de entre los muertos a Jesús nuestro Señor. Él fue entregado a la muerte por nuestros pecados, y resucitó para nuestra justificación" (vv. 23-25).

Aquí nos encontramos con el corazón del evangelio: Jesús en una cruz por nuestros pecados, por nuestro rechazo del amor de Dios hacia nosotros y del llamado que Dios pone en nuestras vidas para que amemos, y Jesús resucitado por Dios de entre los muertos como señal de nuestra justificación o la disposición de Dios de continuar amándonos incluso en nuestro rechazo, y a perdonarnos y ofrecernos reconciliación. Con esto en mente, quizá podamos explorar un poco más el intento de teología narrativa de Pablo concerniente a Abraham.

Pablo sugiere que Abraham fue justificado, o introducido a una relación correcta con Dios, creyendo en la promesa que Dios le hizo. Es decir, que la relación entre Dios y Abraham se origina en la palabra de la promesa divina, una promesa que pide que Abraham confíe en Aquél que promete. Pablo entonces cambia, de la historia de Abraham a la historia de Jesús, y nos dice que así como Abraham fue traído a una relación correcta con Dios al creer en la promesa divina, así también, y por un proceso similar, nosotros somos traídos a una relación correcta con Dios. Es decir, que Dios ha hecho promesas de gracia y perdón a la humanidad, promesas de amor y paciencia a través de la persona de Jesús de Nazaret.

Si la vida y ministerio de Jesús hubieran terminado en la cruz, entonces hubiera parecido que el mensaje de Jesús también terminaba ahí. Pero la resurrección del hijo de Dios vendría a validar la proclamación de Jesús de un Dios amoroso y perdonador y, evidentemente, vendría a validar a Jesús como el Logos de Dios, la palabra de promesa de Dios para nosotros. Pablo, escribiendo en otro contexto, dice: "Todas las promesas que ha hecho Dios son «sí» en Cristo. Así que por medio de Cristo respondemos «amén» para la gloria de Dios" (2 Corintios 1:20). Jesús personifica las promesas de Dios para nosotros, acarreando así la validación misma de la confianza en Dios.

Pablo está diciendo que la resurrección de Jesús es la garantía de la fidelidad de Dios. Cuando Jesús murió en la cruz, según todos los cálculos humanos, de lo que se trataba era de la horrible muerte de un blasfemo, la total derrota de la farsa de un charlatán o en el mejor de los casos, el final trágico de la vida de un hombre inocente e ingenuo. Pero si en realidad Jesús ha resucitado para la gloria divina, entonces todo lo que dijo e hizo durante su ministerio terrenal queda divinamente validado: su perdón de los pecados,

Jesucristo, el Resucitado

su amistad con los recaudadores de impuestos, las prostitutas y otros diversos pecadores, su generosidad con las mujeres despreciadas, los samaritanos, los leprosos y otros "indeseables", su quebrantamiento de las leyes del día de reposo para el bienestar de los seres humanos, sus enseñanzas acerca de un Dios que cuenta hasta los cabellos de nuestras cabezas, y aún su maldita muerte en la cruz. El Dios que es fiel al judío torturado en el Calvario ha ofrecido así pruebas de fidelidad eterna a toda la humanidad. Jesús es levantado por razón de que Dios nos justifica, por razón de que Dios está dispuesto, en y a través del Hijo Jesús, a recibirnos y amarnos con amor eterno. El Cristo resucitado es la validación de la palabra digna de confianza de la promesa de Dios.

En este sentido, es importante señalar que la resurrección siempre es considerada por Pablo, y casi por unanimidad por el Nuevo Testamento, como obra de Dios. De hecho, aquí se ve una vez más la obra de Dios como creador de todas las cosas a través del prisma de los actos liberadores de Dios: Pablo caracteriza a Dios en Romanos 4:17 como "el Dios que da vida a los muertos [a Abraham en su vejez; a Jesús en el sepulcro] y que llama las cosas que no son como si ya existieran". Así, al mismísimo Creador y sustentador de todas las cosas, se le va a caracterizar sencillamente como el "que levantó de entre los muertos a Jesús nuestro Señor" (v. 24), y a la salvación se le va caracterizar como sencillamente creer en ese Dios que resucitó a Jesús. El punto es que Dios se identifica y caracteriza por este acto decisivo de la historia, por este levantar a Jesús de la muerte, y no por alguna manera más especulativa o general. El Dios del universo se conoce, ante todo, por medio de la historia del evangelio que libera de la tumba.

La proclamación del evangelio por parte de la iglesia primitiva, como se refleja en el libro de Hechos, invariablemente mantiene la cruz y la resurrección juntas, casi como un solo evento; el evento del poder salvador y liberador de Dios en la persona de Jesús. Pero no hay duda de que el acento recae principalmente sobre la resurrección. Veamos algunos ejemplos:

> Pueblo de Israel, escuchen esto: Jesús de Nazaret fue un hombre acreditado por Dios ante ustedes con milagros, señales y prodigios, los cuales realizó Dios entre ustedes por medio de él, como bien lo saben. Éste fue entregado según el determinado propósito y el previo conocimiento de Dios; y por medio de gente malvada, ustedes lo mataron, clavándolo en la cruz. Sin embargo, Dios lo resucitó,

librándolo de las angustias de la muerte, porque era imposible que la muerte lo mantuviera bajo su dominio. (2:22-24)

Me refiero a Jesús de Nazaret: cómo lo ungió Dios con el Espíritu Santo y con poder, y cómo anduvo haciendo el bien y sanando a todos los que estaban oprimidos por el diablo, porque Dios estaba con él. ... Lo mataron, colgándolo de un madero, pero Dios lo resucitó al tercer día y dispuso que se apareciera, no a todo el pueblo, sino a nosotros, testigos previamente escogidos por Dios. (10:38-41)

Pues bien, Dios pasó por alto aquellos tiempos de tal ignorancia, pero ahora manda a todos, en todas partes, que se arrepientan. Él ha fijado un día en que juzgará al mundo con justicia, por medio del hombre que ha designado. De ello ha dado pruebas a todos al levantarlo de entre los muertos. (17:30-31)

Y por último, Pablo lo declara, de la manera más llana, ante el rey Agripa: "¿Por qué les parece a ustedes increíble que Dios resucite a los muertos?" (26:8). Este es el latido del corazón de la predicación de Pedro y Pablo en los Hechos: Dios es el dador de la vida, Dios resucita a los muertos, y esto ha sido revelado decisivamente en la resurrección de Jesús. La importancia de la resurrección de Jesús para la fe cristiana se nos presenta como máximamente obvia en 1 Corintios 15, el *locus classicus* de los pasajes del Nuevo Testamento sobre la resurrección. Ahí Pablo escribe:

Si no hay resurrección, entonces ni siquiera Cristo ha resucitado. Y si Cristo no ha resucitado, nuestra predicación no sirve para nada, como tampoco la fe de ustedes. Aún más, resultaríamos falsos testigos de Dios por haber testificado que Dios resucitó a Cristo, lo cual no habría sucedido, si en verdad los muertos no resucitan. Porque si los muertos no resucitan, tampoco Cristo ha resucitado. Y si Cristo no ha resucitado, la fe de ustedes es ilusoria y todavía están en sus pecados (vv. 13-17).

¡Qué proclamación! Si Cristo no ha sido levantado, entonces Pablo y los otros apóstoles mienten acerca de Dios, ya que ellos han caracterizado al Dios de Israel como el que resucita a los muertos, comenzando con Jesús. De igual manera, si Cristo no ha resucitado, entonces aquellos a quienes los apóstoles han predicado están todavía en sus pecados. Al tratar con la doctrina de la expiación, la reflexión teológica tradicional, al menos en la

Jesucristo, el Resucitado

tradición occidental del cristianismo, ha tendido a permanecer cercana a la cruz. Pero aquí Pablo nos recuerda que, aparte de la resurrección, no hay nada particularmente único o salvífico acerca de la muerte de Jesús. El mismo Apóstol, en ese mismo capítulo, va a llamar a Jesús la garantía, las "primicias" de una resurrección general de los muertos.

Este puede ser el momento adecuado para reconocer que ni Pablo ni nadie más entiende precisamente en qué consiste la resurrección, aparte de que sea la propia obra de Dios (1 Corintios 15:38). Ciertamente no era sólo la reanimación de un cadáver, como el levantamiento que Jesús hizo de Lázaro. Por el contrario, Pablo declara que Jesús ha sido resucitado con un "cuerpo espiritual"; que Jesús, como el último Adán, ha venido a ser "el Espíritu que da vida" (vv. 44, 45). Las narrativas del evangelio que describen los encuentros de los discípulos con el Jesús resucitado no dan lugar a duda de que el resucitado ciertamente es el mismo que el crucificado, ¡especialmente cuando se trata de sus heridas! Con todo, en gloria resucitada, Él ya no está limitado en espacio y tiempo (Lucas 24:31; Juan 20:19, 26). Es el mismo Jesús pero transformado y glorificado por el poder vivificante de Dios.

Tal vez más importante aún es que la resurrección haya sido entendida como la vindicación y aceptación de parte de Dios de la muerte de Jesús torcida y tortuosa en aquella cruz romana, miserable y vergonzosa. Después de todo, según la tradición judía, morir crucificado era esencialmente morir como maldito. ¿Cómo pues, era posible que el Mesías hubiera sido crucificado? Pablo escribió que esto era piedra de tropiezo para el pueblo judío precisamente porque, por regla, ¡los mesías no andaban por ahí siendo crucificados! Luego, la resurrección era, en su nivel más profundo, la vindicación divina del mesianismo de Jesús.

En esos primeros sermones cristianos descritos en el libro de los Hechos, no hay una teología desarrollada del significado de la cruz de Jesús, sino que ocurrió según los propósitos de Dios, y que Dios venció la perversidad humana y el asesinato de este hombre inocente al levantarlo de entre los muertos. Por el contrario, en las cartas de Pablo comenzamos a leer de la muerte de Jesús como una que ocurrió "por nosotros", "por nuestros pecados", "en nuestro lugar", y la cruz se convierte en la expresión más profunda del amor de Cristo por nosotros. Pero estas consideraciones nos deben llevar al capítulo siguiente.

Jesucristo, el Señor crucificado

Aparte de la fe en la resurrección de Jesús, los discípulos desolados y confundidos ciertamente nunca hubieran pensado de la cruz como algo más que un final absurdo y trágico de la vida de un gran profeta. En sí mismo, no había nada particularmente único acerca de que Jesús hubiera sido crucificado; miles de judíos sufrían esta forma de pena capital extrema y brutal bajo los romanos. En efecto, al menos otros dos más fueron crucificados junto a Jesús.

Pero la sorprendente e inesperada presencia continua de Jesús con sus discípulos, especialmente en los tiempos y lugares menos propensos (Juan 20:10—21: 14), significaba que la expectativa judía de la resurrección de los muertos había comenzado a cumplirse. ¡El fin del tiempo había llegado! La resurrección de Jesús significaba que nada sería igual para ellos, que todo había sido transformado y ahora era visto a la nueva luz de la resurrección de Cristo. Y, era verdad, todo había sido transformado, incluyendo y especialmente, la horrible muerte de Jesús en el patíbulo romano. Lo que había sido el homicidio atroz de un hombre inocente a manos de los representantes de una política de poder y sobre "el instrumento de madera de la muerte de un soñador", ahora se había vuelto el acto particular del amor de Dios, "el supremo altar de la fe cristiana"[1] Será, pues, nuestra tarea en este capítulo sondear las maneras en que los apóstoles, y los cristianos después de ellos, han intentado interpretar el misterio de un Mesías crucificado, el horror clemente de su Amigo y Señor sangrando en la cruz.

A través de los siglos de existencia de la iglesia, los teólogos han continuado su lidiar con este, el más profundo de los misterios. Es de destacar que nunca ha habido una sola doctrina "oficial" de la expiación aprobada por algún concilio de iglesia o por algún credo. Por el contrario, lo que encontramos son muchos intentos diferentes de ver la cruz de Jesús desde diferentes ángulos, y desde el interior de diferentes contextos históricos y sociales. No obstante, ha habido un denominador común prevaleciente en la comprensión que la iglesia tiene de la expiación de Cristo: el pecado genera alienación de Dios, pero el amor de Dios, un amor conciliador y perdonador, nos redime y restaura para Él a través de un nuevo pacto sellado por Jesús y su sangre. Asidos, pues, firmemente de este común denominador, examinaremos cuatro modelos dominantes en la reflexión del Nuevo Testamento sobre la expiación de Cristo por la humanidad: reconciliación, propiciación, liberación y participación. En correspondencia con cada uno de estos modelos podríamos sugerir que a Jesús se le va a ver bajo una luz diferente como profeta, sacerdote, príncipe y presencia. Esto es una ligera modificación de los oficios tradicionales de Cristo como profeta, sacerdote y rey, una tríada de títulos que fueron importantes en la comprensión que tuvo Juan Wesley del ministerio expiatorio de Cristo. En este capítulo estamos agregando una cuarta dimensión, la de presencia, que ha sido la imagen dominante de la expiación en las tradiciones ortodoxas de la cristiandad oriental.

Primero, la reconciliación y Jesús considerado como profeta. Ser reconciliado es ser restaurado a relaciones armoniosas y el evangelio proclama que nosotros hemos sido reconciliados con Dios, y por Dios. No hay ni siquiera una insinuación de que es Dios quien necesite reconciliarse; siempre somos nosotros los que necesitamos hacerlo. El lenguaje de la reconciliación, de relaciones reparadas y restauradas, es una corriente profunda y vigorosa en la teología del apóstol Pablo. Por ejemplo:

> Porque si, cuando éramos enemigos de Dios, fuimos reconciliados con él mediante la muerte de su Hijo, ¡con cuánta más razón, habiendo sido reconciliados, seremos salvados por su vida! Y no sólo esto, sino que también nos regocijamos en Dios por nuestro Señor Jesucristo, pues gracias a él ya hemos recibido la reconciliación. (Romanos 5:10-11)

Pablo incluso proclama que Dios recaba la cooperación humana en la divina tarea de la reconciliación:

> Todo esto proviene de Dios, quien por medio de Cristo nos reconcilió consigo mismo y nos dio el ministerio de la reconciliación: esto es, que en Cristo, Dios estaba reconciliando al mundo consigo mismo, no tomándole en cuenta sus pecados y en-

Jesucristo, el Señor crucificado

cargándonos a nosotros el mensaje de la reconciliación.(2 Corintios 5:18-19)

Jesús como profeta es una imagen apropiada aquí porque el profeta habla la palabra reconciliadora de Dios al pueblo de Dios. Jesús es el profeta por excelencia porque no sólo habló la palabra de Dios, sino que también vivió y encarnó esa palabra. Cristo, en el prólogo de Juan, es esa misma Palabra de Dios en la carne (Juan 1:14). Así, nosotros al seguir de cerca las palabras y el ejemplo de este profeta, lo encontramos proclamando en palabra y obra a un Dios que busca activamente al perdido, que ama incluso al más (aparentemente) desesperanzado pecador y que recoge con ternura la oveja perdida. ¿Puede haber una mayor demostración del amor reconciliador de Dios que cuando en la cruz Jesús exhaló la oración, "Padre, perdónalos, porque no saben lo que hacen" (Lucas 23:34)? Si, en lo extremo de la cruz, Jesús pudo susurrar una oración de perdón, ¿hay acaso un lugar o tiempo cuando el corazón de Dios no esté abierto y los brazos eternos no estén listos para abrazarnos a nosotros las criaturas desobedientes?

En la historia de la teología cristiana, uno de los grandes representantes de este modelo ha sido el brillante Pedro Abelardo (1079-1142), el que suele ser identificado con lo que se llama la teoría de la "influencia moral" de la expiación. En esencia, Abelardo argumentaba que el mayor problema, y el más conminatorio, que le impedía a la gente acercarse a Dios era su temor innecesario de Dios, el pensar en el Todopoderoso como un monstruo vengativo que apenas podía esperar para despedazarlos con su mano de justicia dura. Abelardo creía que la vida de Jesús, y particularmente su muerte en la cruz, estaban pensadas para superar el abismo creado por el temor humano. La cruz fue, para Abelardo, una revelación del amor eterno de Dios que sustenta la posibilidad de superar el temor humano de Dios. Por lo tanto era una influencia moral por cuanto, una vez nosotros percibiéramos el incomparable amor revelado en la cruz de Jesús, seríamos movidos a amar a Dios y a los demás. Jesús habla una palabra de amor; Jesús es palabra de amor de Dios, y esa palabra, dijo Abelardo, es suficiente para deshacer nuestros miedos y enardecer nuestro corazón para que amemos.

La manera de Abelardo entender la reconciliación resulta atractiva para muchos debido a que celebra el amor de Dios. Sin embargo, otros señalan que dice poco sobre el problema del pecado. La muerte de Jesús se dice que es una revelación del amor de Dios pero Abelardo, argumentan sus críticos, nunca especifica por qué la crucifixión revela ese amor. Si no es una muerte en la que nuestro pecado es llevado, entonces, ¿por qué es una demostración de amor? Si la muerte de Jesús, de alguna manera, no nos salva del pecado, sino que solamente calma nuestros temores, ¿es esa acaso una manera apta de dirigirnos al problema humano de la rebelión y la obstinación?

Quizá para apreciar mejor la teoría de Abelardo ayudaría verlo en el contexto de la teoría contra la cual él estaba más claramente reaccionando: la de Anselmo, a quien hemos visto antes en el contexto del argumento ontológico para la existencia de Dios (capítulo 3). La teoría de la expiación de Anselmo parece depender mayormente del tema del Nuevo Testamento sobre la propiciación (del latín, *pro* = adelante, y *petere* = ir hacia, acercarse con favor), la cual encaja bien con el segundo modelo de Jesús, el de sacerdote. La propiciación es otra de las palabras que tienen que ver con la calidad de las relaciones entre las personas, ya que propiciar a alguien es apaciguar, conquistar, evitar la ira de la otra persona. (¡Todo el que haya hecho un viaje de emergencia a la floristería sabe algo acerca de la propiciación!) En la historia de las religiones, la propiciación generalmente ha desempeñado un papel importante en actos, oraciones y sacrificios por medio de los cuales los seres humanos esperan hacer que la Deidad o deidades se predispongan clementemente hacia ellos, con el fin de que los fieles puedan disfrutar de buenas cosechas, buen clima, y todo otro género de bendiciones. En el caso de los antiguos hebreos, la propiciación estaba estrechamente asociada con el propiciatorio en el tabernáculo, donde se ofrecía el sacrificio a Dios por el perdón de los pecados.

¡Pero recordemos que lo que es significativo e incluso revolucionario acerca del evangelio es que proclama que es Dios quien hace la ofrenda! Es Dios quien hace la propiciación. La expiación no significa que Jesús "compra a Dios", o que persuade al Padre para que no nos aplaste; la expiación es la ofrenda de propiciación hecha por Dios mismo, la provisión que Dios mismo hace de un propiciatorio, por el cual se nos ofrece la gracia. "En esto consiste el amor: no en que nosotros hayamos amado a Dios, sino en que él nos amó y envió a su Hijo para que fuera ofrecido como sacrificio por el perdón de nuestros pecados" (1 Juan 4:10). En este modelo de expiación, la profundidad de nuestro pecado es tomada más en serio y así la muerte de Jesús en la cruz se convierte verdaderamente en el terreno donde Dios trata con nosotros en nuestro pecado, y lo hace con amor y misericordia.

Jesucristo, el Señor crucificado

Anselmo intentó hacer de este tema de la propiciación parte íntegra de su teoría de la expiación en un ensayo titulado, *Cur Deus Homo*, o "Por qué Dios se Hizo Hombre". Para ello, habló de Dios en términos que recuerdan a los señores feudales de la época en la que él vivió. En la teoría de Anselmo, Dios es modelado como un rey y juez que se encuentra profundamente deshonrado por el pecado humano, y que exige satisfacción antes de que el perdón pueda ser otorgado. Perdonar el pecado humano sin más miramientos, arguyó Anselmo, conduciría a "irregularidades" o a la injusticia, en la manera que Dios gobierna el universo. Los seres humanos deben obediencia total a Dios pero, en su pecado, no han pagado lo que deben. Y, ciertamente, no lo pueden hacer pero a Dios tampoco le es posible cancelar la deuda y nada más. En esencia, como Anselmo vio el problema, solo los seres humanos podían justamente pagar la deuda, aun cuando sólo Dios fuera capaz de hacerlo. Por lo tanto, dijo Anselmo, el Dios-hombre vino y rindió el honor y obediencia requeridos a Dios; Dios en Cristo "cubre la deuda".

La noción de Jesús como sacerdote pasa aquí a un primer plano, ya que Jesús es visto como la figura del intermediario entre Dios y los seres humanos. "Porque hay un solo Dios y un solo mediador entre Dios y los hombres, Jesucristo hombre, quien dio su vida como rescate por todos" (1 Timoteo 2:5-6). Su cruz se convierte en el propiciatorio, el punto de contacto y de perdón. Este tema del sacerdocio de Jesús es especialmente importante, por ejemplo, en el libro de Hebreos:

> Así que, hermanos, mediante la sangre de Jesús, tenemos plena libertad para entrar en el Lugar Santísimo, por el camino nuevo y vivo que él nos ha abierto a través de la cortina, es decir, a través de su cuerpo; y tenemos además un gran sacerdote al frente de la familia de Dios. Acerquémonos, pues, a Dios con corazón sincero y con la plena seguridad que da la fe, interiormente purificados de una conciencia culpable y exteriormente lavados con agua pura. (10:19-22)

La teoría de Anselmo indudablemente tomó en serio el pecado humano, presentando la obediencia de Jesús, incluso hasta la muerte en la cruz, como un acto sacerdotal de propiciación. Pero cabe destacar que para Anselmo fue precisamente la obediencia voluntaria de Jesús al Padre lo que satisfizo la deuda humana con Dios. Por lo tanto, no fue la muerte de Jesús *per se* lo que Dios exigió, sino la fidelidad de Jesús a la voluntad divina. Anselmo escribe: "Dios... no forzó a Cristo a morir, puesto que no había pecado en él. Más bien, Él experimentó la muerte por su propia voluntad; no por una obediencia que consistiera en el abandono de su vida, sino por una obediencia que consistiera en un mantener la justicia de forma tan valiente y pertinaz que, como resultado, incurriera en la muerte".[2] Esta es una declaración sorprendente en los escritos de Anselmo, sobre todo porque sus ideas han sido típicamente malinterpretadas con el fin de reclamar que, para decirlo de manera atrevida, Dios mató a Jesús en nuestro lugar. Pero esto es precisamente lo que Anselmo niega, argumentando en cambio que, en su fiel obediencia a la voluntad de Dios, era inevitable que Jesús enfrentara la oposición violenta de este mundo caído.

Aun así, sabiendo que Anselmo entiende que nuestro pecado nos ha puesto en deuda infinita con Dios, parecería que la comprensión que Anselmo tiene de la expiación no elimina del todo la de Abelardo. ¡No hay duda de que Anselmo tomó más en serio el pecado que Abelardo! Sin embargo, hay el peligro en el modelo de expiación de Anselmo de convertir a Dios en un ogro que no descansa hasta que la última gota de deuda se le exprima a la humanidad. Nos referimos al peligro de pensar sobre Dios como uno que debe ser propiciado o que debe ser hecho misericordioso, con ofrendas y sacrificios humanos. Por otro lado, si se tiene en mente que la deuda es una que Dios realmente satisface a través de Jesucristo (algo que, en el curso de su argumentación, Anselmo casi parece haber olvidado), entonces tal vez este no sea un peligro real. Pero todavía, el escenario elaborado de la expiación presentado por Anselmo ha dado lugar, por desgracia, a las imágenes de un Dios vengativo a quien se le debe estar aplacando constantemente con un Jesús compasivo que pide al Padre que sea misericordioso para con nosotros. Según Abelardo, eran precisamente imágenes como esas las que habían infundido un miedo excesivo a Dios en el corazón humano. Parece, pues, que así como Abelardo pudo haberse beneficiado de una dosis del reconocimiento que hace Anselmo del pecado humano, Anselmo quizá pudo haberse aprovechado de un toque del aprecio que Abelardo le tiene al amor divino.

Un tercer enfoque a la doctrina de la expiación es el de la liberación, en donde a Jesús se le interpreta como príncipe. Aquí la imaginería es la de la libertad de la esclavitud al pecado lograda por una realeza victoriosa. Jesús ha obtenido una victoria decisiva sobre Satanás, el pecado, la opresión, la rebeldía y la apatía, ¡y su arma es nada menos que su cruz! Este es un tema

Jesucristo, el Señor crucificado

dominante en los escritos del Nuevo Testamento pero tal vez esté expresado de la forma más poderosa en la carta a los Colosenses:

> [E]l Padre... [nos] ha facultado para participar de la herencia de los santos en el reino de la luz. Él nos libró del dominio de la oscuridad y nos trasladó al reino de su amado Hijo, en quien tenemos redención, el perdón de pecados. ... Antes de recibir esa circuncisión, ustedes estaban muertos en sus pecados. Sin embargo, Dios nos dio vida en unión con Cristo, al perdonarnos todos los pecados y anular la deuda que teníamos pendiente por los requisitos de la ley. Él anuló esa deuda que nos era adversa, clavándola en la cruz. Desarmó a los poderes y a las potestades, y por medio de Cristo los humilló en público al exhibirlos en su desfile triunfal. (1:12-14; 2:13-15)

Aquí Jesús es el príncipe, el combatiente real en el reino de Dios, nuestro libertador, por medio de quien todas las fuerzas que se oponen a la justicia son derrotadas. Este modelo de la expiación de Cristo, hay que reconocerlo, siempre ha tenido gran atractivo en el relato de la historia de Dios, ya que nos envuelve en su sentido de drama y emoción. Es el modelo que se ha ganado el título de *Christus Victor*, el Cristo victorioso, y ha sido celebrado en un libro con ese nombre escrito por Gustaf Aulén, el teólogo sueco del siglo XX.

Aulén, en su obra, cita a Ireneo (cerca del 125 al 200), uno de los primeros padres de la iglesia, como una figura seminal en el desarrollo del modelo del *Christus Victor* de la expiación. Ireneo hablaba de Jesús como el segundo Adán, quien, en su vida y muerte de obediencia, deshace o revierte el pecado del primer Adán. Está claro que ese entendimiento de la expiación es esencialmente un comentario prolongado de la comparación que hace el apóstol Pablo entre Adán y Cristo en Romanos 5:12-21. Por ejemplo, "Porque así como por la desobediencia de uno solo muchos fueron constituidos pecadores, también por la obediencia de uno solo muchos serán constituidos justos" (v. 19). En Jesús, entonces, hay una recapitulación de todas las cosas o, de forma más simple, un replanteamiento del tema de lo que significa ser un ser humano fiel que viva para Dios y ante Dios. Ireneo, por ejemplo, señaló que aunque Adán había pecado por agarrar lo que no era propiamente suyo del árbol del conocimiento del bien y el mal, Jesús revirtió la caída de Adán en pecado por derramar fielmente su sangre en el "árbol" que fue su cruz. Y es así que Jesús provee en su vida y muerte fieles una victoria sobre el pecado, la muerte y el diablo, puesto que deshace su poder. Jesús proporciona una restauración y la promesa de la perfección de toda la creación, pero la va a comenzar con aquellos seres humanos que apropien su victoria mediante la fe en Él y que participen en la mesa de comunión del Señor.

Este modelo de expiación tiene una ventaja particular para poder comprender el ministerio de Jesús como un todo, y no sólo su cruz. Jesús es el príncipe victorioso de Dios que conquista el pecado, aun cuando no sea de la manera cruda y violenta típica de las batallas que pelean los conquistadores terrenales. Aunque es evidente que muchos de los contemporáneos de Jesús en el judaísmo del primer siglo anticipaban un conquistador heroico que blandiera el poder coercitivo, Él, por ser un siervo sufriente, cumplió un papel precisamente opuesto. Si el pecado engendra pecado y si la violencia engendra más violencia, entonces, en realidad, la única manera de superar la espiral destructiva y descendente del pecado en los corazones y las relaciones humanas es, en efecto, por medio de la ruta que Jesús tomó. En palabras de 1 Pedro 2:23, "Cuando proferían insultos contra él, no replicaba con insultos; cuando padecía, no amenazaba, sino que se entregaba a aquel que juzga con justicia". Dicho de otra manera, en lugar de que Jesús participara de la tendencia multiplicadora de odio, envidia, sospecha y violencia de la humanidad (o para decirlo en breve, de lo pecaminoso) Él, a lo largo de todo su ministerio, lo absorbió todo dentro de su propia persona y sin desquitarse nunca. Por lo tanto, "Él mismo, en su cuerpo, llevó al madero nuestros pecados" (v. 24), cargando nuestro pecado en lugar de contribuir a su fuerza destructiva en el mundo. Toda la violencia del pecado fue gastada y agotada sobre este Pacificador santo y amoroso (Mateo 5:9; Efesios 2:14-18).

En sí misma, la crucifixión de Jesús hubiera sido únicamente el crimen trágico de un santo inocente. Pero la resurrección señala que el Crucificado verdaderamente es el Príncipe victorioso e Hijo de Dios, quien vive para impartir su poder conquistador del pecado a aquellos que lo busquen. "Por haber sufrido él mismo la tentación, puede socorrer a los que son tentados" (Hebreos 2:18; compárese con Romanos 6:8-11). Si el ministerio de Jesús de un amor que se despojó a sí mismo, y que culminó con la crucifixión, trajo un alto al impulso de la pecaminosidad humana, ¡cuánto más su resurrección liberará el poder divino en el mundo para la conquista agresiva del pecado y la muerte! No es, pues, sorprendente que este modelo de expiación de Jesús como príncipe haya ejercido un poder considerable en la fe y la imaginación de los cristianos a lo largo de los siglos.

Jesucristo, el Señor crucificado

Un cuarto enfoque de la expiación, el cual tiene alguna relación con el tercero ya mencionado, es el de la participación, donde a Jesús se le ha interpretado como presencia, la presencia sanadora de Dios. Aquí nos encontramos con un modelo que ha sido más al gusto de las tradiciones griega y ortodoxa rusa del cristianismo pero que ha ejercido una influencia considerable sobre la teología cristiana en general. En este modelo, no es la muerte de Jesús, tanto como lo es la encarnación misma, la que trae la expiación. Y es que la encarnación apunta a la realidad de "Emanuel", "Dios con nosotros" (Mateo 1:23), al amante "descender" de Dios en finitud y sufrimiento humanos. Dios, en Cristo, ciertamente recibe la naturaleza humana en la naturaleza divina y, al hacerlo, la redime. Una vez más, el libro de Hebreos parece insinuar esa manera de verlo con las siguientes palabras:

> Por tanto, ya que ellos son de carne y hueso, él también compartió esa naturaleza humana para anular, mediante la muerte, al que tiene el dominio de la muerte —es decir, al diablo—, y librar a todos los que por temor a la muerte estaban sometidos a esclavitud durante toda la vida. (2:14-15)

Atanasio fue uno de los teólogos más prominentes en hablar de la encarnación misma como el acto salvífico de Dios por medio del cual nuestro Creador repara la naturaleza humana asolada por el pecado. Como hemos aprendido en el capítulo 18, Atanasio fue clave para ayudar a la iglesia a alcanzar su primera declaración oficial sobre cristología, en el Concilio de Nicea (325). Aquí y en declaraciones posteriores se afirmó que, en virtud de su deidad, Jesús trae salvación y vida eterna. Igualmente, en virtud de su encarnación como ser humano, Jesús trae estas bendiciones a sus congéneres. A través de la participación de la presencia divino-humana, en y con la raza humana, Dios en Cristo trae curación a nuestra existencia herida.

Jesús, como profeta, sacerdote, príncipe y presencia; y la expiación como reconciliación, propiciación, liberación y participación: estos son los modelos primarios por medio de los cuales la iglesia, a través de los siglos, ha intentado comprender el misterio de la expiación, aun cuando dichos modelos no constituyan una lista exhaustiva. Para estos efectos, la gran lección es que el misterio, en última instancia, nos elude ya que aquí, como los cristianos lo han confesado durante siglos, llegamos a lo más cercano de la demostración desnuda del amor incomparable de Dios. ¿Cómo podría un amor tal admitir barrera alguna? Felizmente, no necesitamos sentirnos con-

La historia de Dios

finados para elegir uno o dos modelos a exclusión de los otros ya que, de hecho, se ha sugerido a menudo que todos funcionan mejor cuando se ligan en tensión creativa, quizá incluso hasta en unión.

No es, sin embargo, ningún milagro pequeño de la historia que ese terrible instrumento de tortura y muerte, la cruz romana, se haya vuelto para los cristianos el símbolo más profundo de un amor divino que no nos deja ir. En el símbolo del árbol del Calvario, los cristianos hemos confesado que la realidad última ha quedado al descubierto, que Dios es revelado como el que se postra como siervo sufriente, y el que derrama el corazón divino de amor y que ello nos hacer exclamar asombrados, "¡Lo hizo por mí, por mí!". Ahí está el gran acontecimiento histórico en el cual y por el cual confesamos con el apóstol amado, "Dios es amor" (1 Juan 4:8, 16).

> En esto conocemos lo que es el amor: en que Jesucristo entregó su vida por nosotros. Así también nosotros debemos entregar la vida por nuestros hermanos. ... En esto consiste el amor: no en que nosotros hayamos amado a Dios, sino en que él nos amó y envió a su Hijo para que fuera ofrecido como sacrificio por el perdón de nuestros pecados. Queridos hermanos, ya que Dios nos ha amado así, también nosotros debemos amarnos los unos a los otros. (3:16; 4:10-11)

Finalmente, añadamos, la cruz no es exclusivamente la manifestación histórica del amor y la misericordia de Dios, sino también el símbolo central en la historia de Dios. Además, simboliza el espíritu y la forma del peregrinar cristiano, de la orientación cristiana hacia los demás. Caminar el camino de la cruz es caminar en el amor que se da a sí mismo y que el otro recibe, en humildad, en espíritu de siervo y en vulnerabilidad. Es considerarnos a nosotros mismos "muertos al pecado, pero vivos para Dios en Cristo Jesús", tal como Jesús mismo "murió al pecado una vez y para siempre", aunque ahora "vive para Dios" (Romanos 6:11, 10).

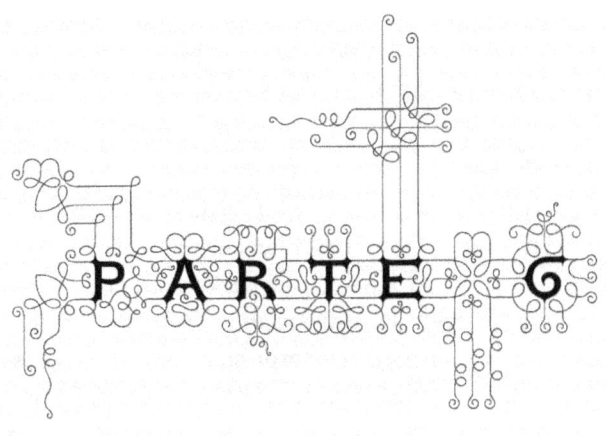

Vivamos en la historia de Dios: la doctrina de la Iglesia

Cuando dirigimos nuestra atención a la doctrina de la iglesia o eclesiología (del griego, *ekklesía* = los llamados), las preguntas que nos hacemos tienen que ver con nuestra situación presente en la historia de Dios. Porque es en el contexto y las tradiciones históricas de la iglesia donde nos encontramos en este momento y es ahí donde tratamos de rastrear el flujo, la dirección y el sentido de la historia de Dios. Es, de hecho, a causa de la iglesia histórica que en realidad hemos sido encontrados por el Personaje principal.

La historia de Dios

La iglesia, antes de que sea otra cosa, es un cuerpo de creyentes que a lo largo del flujo y reflujo de las circunstancias históricas es reunida por el Dios de toda gracia, a fin de que dé testimonio de la historia de la salvación y adore a Aquél alrededor del cual gira la historia.

La iglesia, este cuerpo de creyentes reunido para contar, escuchar y vivir la historia de Dios, trasciende los límites humanos normales de generación y de geografía. Incluye dentro de sí a gente de denominaciones, lenguas, culturas, colores y épocas históricas muy divergentes. Esta variedad hace posible una riqueza increíble y una diversidad de expresión del culto al Dios vivo de la iglesia. Lo que en las siguientes páginas digamos sobre la iglesia, sus sacramentos y sus momentos transformadores de encuentro con Dios por medio de Cristo, nos conmina a tener fijamente en mente una valoración de esa diversidad. El punto de partida de la iglesia no es un estilo común de adoración o de expresión cultural, sino ningún otro que el Dios que ha actuado por nuestra salvación y ha dotado a la iglesia con el Espíritu Santo, en Jesucristo y a través de Él.

Puede valer la pena señalar, además, que esta Parte VI del libro, la cual tratará con la doctrina de la iglesia, también contiene capítulos que tratarán los temas de la salvación mediante la fe en Cristo, de la entera santificación y de la existencia o ética cristiana. Más aún, estos temas vendrán después de nuestras reflexiones sobre la iglesia y hay una buena razón para adoptar este enfoque. Hacerlo así nos recuerda que es la iglesia, como la sociedad de los redimidos de Dios, la que provee el contexto adecuado para la consideración de todos los temas relacionados con la *soteriología* (la doctrina de la salvación), particularmente a la luz del énfasis excesivo en el concepto del individuo en las sociedades occidentales modernas. Así, se nos recuerda que digamos lo que digamos sobre el peregrinaje de la salvación del cristiano individual, ese peregrinaje se produce y continuamente debe interpretarse dentro de la iglesia, el cuerpo de Cristo.

El Pentecostés: la reversión de Babel

Ya hemos visto en el capítulo 17 que, de acuerdo con el apóstol Pedro en su sermón de Pentecostés, Jesús es el único en, y a través de quien, se cumple en primer lugar y principalmente, la promesa de Dios de derramar el Espíritu Santo sobre toda persona: "Exaltado por el poder de Dios, y habiendo recibido del Padre el Espíritu Santo prometido, [Jesús] ha derramado esto que ustedes ahora ven y oyen" (Hechos 2:33). Para Pedro, es el Espíritu Santo de Dios, derramado en y por el Cristo resucitado y glorificado, el que crea y da vida a la iglesia. Dios es el origen de la iglesia, el Cristo resucitado su centro, y el Espíritu derramado su poder vitalizador.

Nos encontramos, en esencia, con la misma verdad de una de las apariciones de pos-resurrección del Evangelio de Juan. Juan nos dice que en la noche de la resurrección de Jesús ("el primer día de la semana", que se convertiría en el día que la iglesia se reuniría para celebrar la presencia resucitada de Cristo) Él se apareció en medio de una sala bajo candado llena de discípulos.

> ¡La paz sea con ustedes! —repitió Jesús—. Como el Padre me envió a mí, así yo los envío a ustedes. Acto seguido, sopló sobre ellos y les dijo:
>
> —Reciban el Espíritu Santo. A quienes les perdonen sus pecados, les serán perdonados; a quienes no se los perdonen, no les serán perdonados.
>
> (Juan 20:21-23)

La historia de Dios

Aquí leemos de un Jesús viviente en medio de los discípulos, confiriendo el *shalom* de Dios sobre los reunidos. Así, al igual que en la historia del Génesis, el Creador había soplado en Adán el *ruaj* de la vida, el Jesús resucitado, "el Espíritu que da vida" (1 Corintios 15:45), sopla ahora sobre los discípulos para concederles la vida y el poder de Dios. Al igual que el Padre envió a su Hijo al mundo como la revelación final y determinante, así el Hijo envía a los discípulos en el poder del Espíritu para que continúen la misión de representar al Padre. En efecto, pareciera que Jesús les otorga una responsabilidad a los discípulos ahí reunidos que los protestantes se han mostrado reticentes a reconocer: ¡el poder de perdonar los pecados! En todo caso, en el Nuevo Testamento, la iglesia se entiende como la reunión de creyentes que celebra la resurrección de Jesús, que experimenta la presencia viva de Cristo a través de la participación en el don del Espíritu Santo y que continúa en la misión de servicio al Padre que Jesús ha comenzado.

Algunos estudiosos de la Biblia, y teólogos, han señalado que la historia de los comienzos de la iglesia en Pentecostés representa un claro antitipo de otro relato bíblico, el de la torre de Babel. No es difícil detectar los paralelos:

Babel	**Pentecostés**
En ese entonces se hablaba un solo idioma en toda la tierra. …	
Luego dijeron: «Construyamos una ciudad con una torre que llegue hasta el cielo. De ese modo nos haremos famosos y evitaremos ser dispersados por toda la tierra.»	Cuando llegó el día de Pentecostés, estaban todos juntos en el mismo lugar. … [Y] se dedicaban a la oración…
Pero el Señor bajó para observar la ciudad y la torre que los hombres estaban construyendo,	De repente, vino del cielo un ruido como el de una violenta ráfaga de viento…
y se dijo: … «Será mejor que bajemos a confundir su idioma, para que ya no se entiendan entre ellos mismos». …	Todos fueron llenos del Espíritu Santo y comenzaron a hablar en diferentes lenguas, según el Espíritu les concedía expresarse.

Por eso a la ciudad se le llamó Babel, porque fue allí donde el Señor... los dispersó por todo el mundo.

(Génesis 11:1, 4-7, 9)

Estaban de visita en Jerusalén judíos piadosos, procedentes de todas las naciones de la tierra. Al oír aquel bullicio, se agolparon y quedaron todos pasmados porque cada uno los escuchaba hablar en su propio idioma... [¡]las maravillas de Dios!

(Hechos 2:1; 1:14; 2:2, 4-6, 11)

La narrativa de Babel establece un escenario en el que la notoriedad humana se basa en la uniformidad del lenguaje y la configuración regional. La diversidad, efectivamente, es percibida por los protagonistas ("toda la tierra") como una amenaza para el proyecto humano. ¿Y en qué consiste ese proyecto humano? "Construyamos" un rascacielos y "nos haremos famosos". Ciertamente, este es un retrato de los móviles que subyacen en gran parte de la cultura humana: que se preserve el nombre de un pueblo, sus ideas y logros, y que puedan conservarse y transmitirse a través de artefactos y monumentos de diversa índole (arte, arquitectura, literatura, política, etc.). Además, la imagen que encontramos en Babel es bastante común: una cultura humana que se construya al margen de Dios, un intento puramente humano de construir una utopía simbolizada por "una torre que llegue hasta el cielo". Es importante tener en cuenta que la base para la utopía artificial de Babel fue el acoger la igualdad y rechazar la diversidad ("evitaremos ser dispersados por toda la tierra"). Y esto también es un tema demasiado familiar en la historia humana. Para reconocer la amenaza del ideal totalitario que silencia la diversidad en aras de un supuesto "bien común", sólo hay que pensar en los intentos comunistas y nazis de crear una utopía humana. De hecho, nuestra imaginación no necesita ir tan lejos.

Y es que hay una nota irónica en esta historia del Génesis, en el sentido de que Dios deba ostensiblemente "bajar" para ver este ambicioso proyecto de construcción, el cual fue pensado por sus constructores para que llegara "al cielo". Aparentemente, ¡se quedaron muy por debajo de la meta! La narrativa gráficamente enseña que incluso el mejor de los esfuerzos humanos para construir la comunidad ideal, si se emprende sin el reconocimiento de Dios ni la confianza en Él, se quedará muy por debajo de la gloria divina.

La historia de Dios

Cabe destacar que esta historia atribuye la existencia de la diversidad en el lenguaje y la cultura humana a la propia acción de Dios como respuesta a los esfuerzos presuntuosos de Babel. Se puede leer la narrativa como un pronunciamiento de juicio divino sobre el orgullo humano que presume de erigirse un monumento a sí mismo. Pero también puede leerse, o tal vez sea mejor leerlo así, como un momento de misericordia. En tanto que los seres humanos se han ocupado en el intento de hacerse un nombre para sí mismos, sobre el cimiento peligroso y vacilante de la uniformidad cultural, Dios responde con gracia al dotar a la humanidad de una maravillosa diversidad de configuración regional, de lengua y de cultura. Nosotros, los humanos, nos encontramos dispersos por toda la tierra y Babel, que simboliza los pecados humanos del orgullo y de la presunción, se tambalea bajo juicio.

Cambiemos de escena, a la de Pentecostés, que ocurre después del ministerio, muerte, resurrección y ascensión de Jesús. Como los paralelismos narrativos dejan en claro, nos encontramos una vez más con un pueblo que se ha reunido en un proyecto común. Pero, en lugar de una preocupación por hacerse famoso, este grupo está unido en oración por su devoción a Dios. En lugar de la unidad ególatra para construir un monumento al ingenio humano, en Pentecostés nos encontramos con un conjunto de personas cuya preocupación dominante es la voluntad y la gloria de Dios.

Una vez más Dios "desciende"; esta vez no en juicio, sino en gloria. Dios el Espíritu Santo sopla poderosamente por entre medio de los discípulos y la ráfaga del *ruaj* les otorga la vitalidad de una nueva creación. En Babel Dios confundió el lenguaje humano frustrando el intento humano de construir una utopía; en Pentecostés el Espíritu de Dios les dio a los discípulos muchos lenguajes con el fin de iniciar un nuevo pueblo de Dios. La enajenación de Babel es superada por la fuerza reconciliadora del Espíritu en Pentecostés. Las diferencias culturales se cruzan; las barreras del idioma se rebasan y judíos de todas las naciones reunidos en Jerusalén para el festival judío de Pentecostés, oyen hablar "las maravillas de Dios" en sus lenguas nativas.

Las realidades duras de los prejuicios, el odio y el derramamiento de sangre entre los seres humanos nos han enseñado que la comunidad ideal, la verdadera utopía, siempre parece estar fuera del alcance de dichos seres humanos. Las diferencias culturales, políticas, raciales, lingüísticas y religiosas, por sólo mencionar algunas, fácilmente se convierten en barreras para una comunidad auténtica. Esto no quiere decir que la diversidad sea errónea; de hecho, la narrativa de Babel le atribuye el desarrollo de la diversidad a Yah-

El Pentecostés: la reversión de Babel

vé, el Dios de la historia. Pero sí quiere decir que, aparte de la revolucionaria y transformadora dinámica del Espíritu de Dios en la vida y la sociedad humanas, la utopía humana es sólo un sueño. El apóstol Pedro, al citar al profeta Joel en el texto que usó para su sermón de Pentecostés, indica que es en el derramamiento efusivo, indiscriminado y bondadoso del Espíritu de Dios "sobre todo el género humano" (en hijos e hijas, en jóvenes y viejos, en hombres y mujeres, e incluso en los esclavos) donde se puede producir una verdadera comunidad humana. Y así, esa comunidad temprana de creyentes llena del Espíritu, respondiendo al impulso dinámico del *ruaj* divino, "tenían todo en común: vendían sus propiedades y posesiones, y compartían sus bienes entre sí según la necesidad de cada uno" (Hechos 2:44-45).

Es obvio que el generoso derramamiento del Espíritu de Dios no resolvió, ni resuelve todavía, todos los problemas de las relaciones humanas en la sociedad y comunidad, como tampoco marcó automáticamente el comienzo de una utopía escatológica. Sin embargo, el Nuevo Testamento indica claramente que el evangelio crea, y de manera radical, nuevas oportunidades para superar las barreras construidas humanamente que puedan derivarse de diferencias culturales o raciales. Luego, mientras que el auto-engrandecimiento de la torre de Babel se derrumbó en alienación y ruina, el Pentecostés marca la construcción de una "torre" nueva y divina, una comunidad reconciliada, el templo propio de Dios, un templo no hecho de ladrillos y cemento sino de seres humanos en relación con Dios por medio de Cristo en el Espíritu. El pasaje más poderoso del Nuevo Testamento que trata con esta profunda percepción eclesiológica se encuentra en la Carta a los Efesios, en la que se le da atención particular a la profunda división cultural y religiosa entre judíos y gentiles:

> Por lo tanto, recuerden ustedes los gentiles de nacimiento —los que son llamados «incircuncisos» por aquellos que se llaman «de la circuncisión», la cual se hace en el cuerpo por mano humana—, recuerden que en ese entonces ustedes estaban separados de Cristo, excluidos de la ciudadanía de Israel y ajenos a los pactos de la promesa, sin esperanza y sin Dios en el mundo. Pero ahora en Cristo Jesús, a ustedes que antes estaban lejos, Dios los ha acercado mediante la sangre de Cristo. Porque Cristo es nuestra paz: de los dos pueblos ha hecho uno solo, derribando mediante su sacrificio el muro de enemistad que nos separaba, pues anuló la ley con sus mandamientos y requisitos. Esto lo hizo para crear en sí mismo de

los dos pueblos una nueva humanidad al hacer la paz, para reconciliar con Dios a ambos en un solo cuerpo mediante la cruz, por la que dio muerte a la enemistad… Pues por medio de él tenemos acceso al Padre por un mismo Espíritu. Por lo tanto, ustedes ya no son extraños ni extranjeros, sino conciudadanos de los santos y miembros de la familia de Dios, edificados sobre el fundamento de los apóstoles y los profetas, siendo Cristo Jesús mismo la piedra angular. En él todo el edificio, bien armado, se va levantando para llegar a ser un templo santo en el Señor. En él también ustedes son edificados juntamente para ser morada de Dios por su Espíritu. (2:11-16, 18-22)

Lo que es completamente sorprendente de este pasaje, y de Efesios como un todo, es que está escrito desde la perspectiva de Pablo, un judío, para los cristianos gentiles (el "ustedes" en toda la carta). La relación judío-gentil es clave fundamental para entender toda la carta, y este pasaje en particular, ya que su mensaje es que en Jesucristo queda superada la alienación entre judíos y gentiles. Sería difícil imaginar un mensaje más radical en el Asia Menor del primer siglo, siendo que el abismo entre judío y gentil era uno que se marcaba profundamente a lo largo de líneas religiosas, culturales y raciales. Sin embargo, la idea central de esta carta es que Dios está erigiendo un nuevo templo, una nueva morada del Espíritu, que implica juntar a seres humanos que sean totalmente diferentes los unos de los otros.

Por esa razón Pablo también llamó a la congregación de Corinto en su conjunto, "templo de Dios", y dijo que el Espíritu de Dios moraba en ellos, en conjunto, como un solo templo (1 Corintios 3:16). De aquí que pudo advertir, "Si alguno destruye el templo de Dios, él mismo será destruido por Dios; porque el templo de Dios es sagrado, y ustedes son ese templo" (v. 17). El contexto deja claro que el templo de Dios, la iglesia, puede ser destruido por las actitudes divisionistas dentro de la congregación (vv. 1-4). Surge una imagen similar en 1 Pedro, donde a los cristianos se les llama "piedras vivas, con las cuales se está edificando una casa espiritual. De este modo llegan a ser un sacerdocio santo" (2:5). En Pentecostés, Dios comenzó la construcción de un nuevo tipo de templo, una nueva clase de torre; cuya cúspide, aunque no pueda llegar a los cielos, tiene su fundamento en los cielos. La llamamos la iglesia y todavía está bajo construcción divina.

El Pentecostés: la reversión de Babel

Debido a que la iglesia es una institución obviamente humana tanto como divina sufre las debilidades y ambigüedades de toda experiencia y relación humana. Sin embargo, la tradición teológica cristiana ha insistido en que, debido a que también es una comunión creada y sostenida por la sagrada presencia de Dios mismo, habrá y siempre deberá haber ciertas características que distingan a la iglesia de otros conglomerados o instituciones humanas. A estas características tradicionalmente se les han llamado las marcas de la iglesia y son la unidad, la catolicidad, la apostolicidad y la santidad. Cada una de estas cuatro marcas es, de hecho, muy evidente en el pasaje de Efesios citado anteriormente.

La primera marca de la iglesia, la unidad, apunta a Jesucristo como Aquél en quien se superan todas las barreras humanas culturales y raciales. En palabras de Efesios: "Porque Cristo es nuestra paz: de los dos pueblos [judíos y gentiles] ha hecho uno solo, derribando mediante su sacrificio el muro de enemistad que nos separaba" (2:14). Jesús, dice Pablo, trae *shalom* a los odios humanos proclamando "paz a ustedes"; es decir, a los gentiles, "que estaban lejos y paz a los que estaban cerca"; es decir, a los judíos (v. 17). Es posible que, al hablar de que Cristo derribó "el muro... que nos separaba", Pablo tuviera en mente el templo de Jerusalén, con su pared gruesa e imponente que separaba el atrio de los gentiles de los patios interiores, donde sólo los judíos podían orar y ofrecer sacrificio. De cualquier manera, el muro representa una barrera hostil, como por ejemplo, y empleando las sugerentes palabras de Markus Barth, "la tapia de un gueto, la cortina de hierro, el muro de Berlín, una barrera racial, o una vía de tránsito vehicular que separa el lado deseable del lado indeseable de la ciudad".[1] ¡Qué apropiado es que de aquellos días cuando Barth escribió esas palabras a la fecha, la llamada cortina de hierro se haya desintegrado y el muro de Berlín haya sido desmantelado! Es cierto que nuevos odios, temores y prejuicios siguen llenando el vacío, ya sea en Berlín o Bombay o Boston. Un vistazo a los titulares de la mañana sugiere, prácticamente todos los días, que nuestros muros divisorios siguen surgiendo con demasiada facilidad. Sin embargo, se podría desear que nunca surgieran en la iglesia, ya que cuando surjan tendremos que confesar que habremos comprometido la verdad evangélica de la reconciliación: que sólo en Jesucristo se derriban las paredes divisorias. Ciertamente, sabemos que en la iglesia de Cristo esas divisiones no han de tener cabida. Por esto es que Pablo pudo escribir a los creyentes de Galacia: "Ya no hay judío ni griego, esclavo ni libre, hombre ni mujer, sino que todos ustedes son uno solo en Cristo Jesús" (3:28). Las convenciones humanas normales que dividen y alienan entre sí a las personas, no han de ejercer papel alguno en la iglesia. Por lo tanto, cuando la iglesia sea fiel a su carácter, una de sus marcas de identidad será su unidad en Cristo.

La segunda marca de la iglesia es la catolicidad o universalidad, la que testifica que todas las personas en todas partes están invitadas por el evangelio a participar en la gracia divina. Esta marca de identidad de la iglesia nos ayuda a reconocer y afirmar que todas las diferencias culturales, lingüísticas y rituales que aparezcan dentro de las muchas expresiones históricas divergentes de la fe cristiana, tendrán un legítimo lugar. Un servicio de adoración afroamericano urbano en los Estados Unidos, por ejemplo, sería notablemente diferente a uno ortodoxo ruso. Pero lo que une a estos grupos diversos en un cuerpo católico es, sencillamente, que "por medio de [Cristo] tenemos [judíos y gentiles] acceso al Padre por un mismo Espíritu" (Efesios 2:18). Al Padre, por el Hijo, en el Espíritu: esto es la *teo-lógica* cristiana de culto y oración en la que se funda la universalidad de la iglesia.

Es importante tener en cuenta que el "orden de culto" de la iglesia universal ha de regirse por una visión trinitaria de Dios. Más importante aún, la doctrina de la Trinidad de la iglesia no es, en primer lugar, una doctrina abstracta o especulativa que tenga que ver con una gimnasia matemática ("uno en tres" o viceversa), sino más bien la confesión agradecida y el testimonio de la iglesia concerniente a la obra decisiva de Dios en la historia para redimir a la creación. Así como Dios nos ha alcanzado en amor por medio de Jesucristo y nos ha reunido por el poder de atracción del Espíritu Santo, así, a cambio de esto, los cristianos dan gracias a Dios por medio (o en nombre) de Jesucristo, y en el mismo poder y presencia del Espíritu. El siguiente diagrama puede ayudar a ilustrar lo central de la doctrina del Dios Trino en la experiencia de oración y adoración de la iglesia:

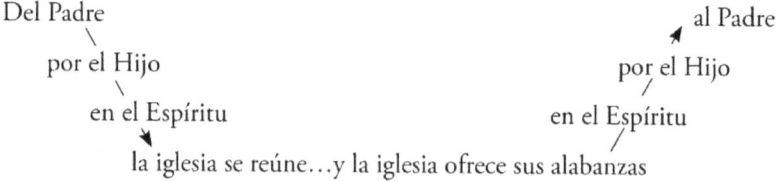

A este Jesús, Dios lo resucitó, y de ello todos nosotros somos testigos. Exaltado por el poder de Dios, y habiendo recibido del Padre el Espíritu Santo

El Pentecostés: la reversión de Babel

prometido, ha derramado esto que ustedes ahora ven y oyen.
(Hechos 2:32-33)

Él vino y proclamó paz a ustedes que estaban lejos y paz a los que estaban cerca. Pues por medio de él tenemos acceso al Padre por un mismo Espíritu. ...dando siempre gracias a Dios el Padre por todo, en el nombre de nuestro Señor Jesucristo.
(Efesios 2:17-18; 5:20)

La doctrina de la Trinidad, entonces, surge de una historia de la iglesia acerca del alcance del Dios redentor por medio de Jesucristo en la presencia y el poder del Espíritu, quien labora por nuestra salvación y la de todas las criaturas. Así, Pablo escribe a la congregación de Corinto: "Dios es el que nos mantiene firmes en Cristo, tanto a nosotros como a ustedes. Él nos ungió, nos selló como propiedad suya y puso su Espíritu en nuestro corazón, como garantía de sus promesas" (2 Corintios 1: 21-22). Es Dios quien ha actuado de manera decisiva para nuestra salvación, reconciliando al mundo entero en Cristo (5:19), y derramando el mismísimo Espíritu de Dios sobre nosotros y en nosotros (1 Corintios 2:10-12). No es, pues, extraño que Pablo, al reflexionar sobre los dones espirituales de la iglesia, escriba: "Ahora bien, hay diversos dones, pero un mismo Espíritu. Hay diversas maneras de servir, pero un mismo Señor. Hay diversas funciones, pero es un mismo Dios el que hace todas las cosas en todos" (12:4-6). La doctrina de la Trinidad describe esa actividad dinámica del Dios que se da a sí mismo, y que ha traído a existencia a la iglesia, la cual es sostenida por el Señor Jesucristo en el poder del Espíritu. Dado que es el único Dios trinitario el que trabaja a través de las muchas expresiones históricas de la iglesia, su catolicidad no necesita, ni tampoco depende, de sí misma ni de sus instituciones y tradiciones, sino del ser de Dios propio e incalculablemente rico.

La tercera marca de la iglesia es la apostolicidad, o su fidelidad a la predicación apostólica del Nuevo Testamento. La iglesia, en palabras de Efesios, está edificada "sobre el fundamento de los apóstoles" (2:20), por haber sido ellos quienes interpretaron acertadamente la persona, las palabras y las obras de Jesús por la inspiración del Espíritu Santo. A la vez que la tradición católica romana ha entendido la apostolicidad como implicando una línea institucional directa desde Pedro, y a través de los siglos, hasta el presente Papa, la tradición protestante la ha interpretado en el sentido de la fidelidad al mensaje apostólico. Por lo tanto, Lutero, y especialmente Calvino, tenderían a identificar la iglesia auténtica como algo que ocurría allí donde el evangelio era predicado fielmente y los sacramentos eran administrados correctamente. El criterio de juicio en ambos casos era la adhesión al testimonio del Nuevo Testamento. Podemos, entonces, entender estos énfasis característicamente protestantes en la Palabra y el sacramento como énfasis subsumidos bajo la marca de la apostolicidad. Aun así, los protestantes están reconociendo, de forma cada vez más creciente, el rico patrimonio histórico implícito en la entrega fiel del evangelio de un maestro a otro y de una generación a la siguiente. En ese sentido, evidentemente, la apostolicidad es una cualidad que se ha transmitido a través de los siglos y que continúa aún hoy.

Por último, la cuarta marca de la iglesia es la santidad pero no una santidad que la iglesia tenga en sí misma, sino la que tiene sólo en virtud de su relación por medio de Jesucristo, con el Padre, por medio del Espíritu Santo. De nuevo, en palabras de Efesios, "En [Cristo] todo el edificio, bien armado, se va levantando para llegar a ser un templo santo en el Señor… para ser morada de Dios por su Espíritu" (2:21-22). En el pensamiento bíblico, un templo es santo porque está apartado para los propósitos de Dios así como porque es morada de Dios. Todo lo que es apartado por Dios, y usado por Dios, es santo en virtud de esa relación con Dios. La iglesia es la comunidad compuesta de creyentes a los que se les insta continuamente a que ofrezcan "su cuerpo como sacrificio vivo" (Romanos 12:1). Es de destacar que, según la versión de la Biblia Reina-Valera de 1960, el apóstol Pablo nos llama a presentar nuestros cuerpos (plural) como un sacrificio vivo y santo (singular), de tal manera que nosotros, siendo muchos, nos convirtamos en el único cuerpo de Cristo, un cuerpo para ser ofrecido en sacrificio a Dios. En el pasaje que sigue a esta amonestación, Pablo propone lo que la santidad significa en las relaciones prácticas y cotidianas, y de vida juntos como iglesia: humildad (v. 3), servicio entusiasta y voluntario (vv. 4-8), amor, gozo, oración, hospitalidad, simpatía, paz y bondad, por sólo mencionar unas pocas características. En suma, el modelo de santidad para la iglesia no es otro que Jesús mismo y es por el compartir mutuo en el único Espíritu de Dios, que también ungió y facultó a Jesús, que la iglesia puede ciertamente tener una actitud "como la de Cristo Jesús" (Filipenses 2:5).

El Pentecostés: la reversión de Babel

No podemos hacernos la ilusión de que la iglesia manifieste a la perfección estas cuatro marcas o características, ni que lo haga siquiera de forma considerablemente adecuada. Ciertamente ellas indican la comunidad ideal hacia la cual Dios llama y faculta la iglesia, sabiendo que el cumplimiento de ese llamado hacia la comunidad escatológica todavía aguarda la consumación gloriosa de todas las cosas. Aun así, en la iglesia y su compañerismo debe haber un atisbo, ¡por lo menos un atisbo!, de los cielos, un anticipo de la gloria divina, en adoración, servicio y amor.

Los sacramentos: actuemos la historia

Uno de los temas importantes que resuenan a lo largo de la historia de Dios es que este mundo material es bueno; es la creación buena de un Dios bueno. Los cristianos se unen a los judíos y los musulmanes al afirmar que el mundo físico no es inferior o malo, sino que en realidad manifiesta los buenos y amorosos propósitos de Dios. Sin embargo, los cristianos van más allá de la doctrina de la creación cuando confiesan su creencia de que, en Jesucristo, Dios el Creador se ha hecho Dios nuestro Salvador. En la doctrina de la encarnación (esa creencia distintivamente cristiana de que el Logos de Dios, el Verbo de Dios que comparte esencialmente la naturaleza divina, se convirtió en un ser humano y vivió entre nosotros) se nos da un reconocimiento más profundo de la bondad y la santidad de la creación material. Si Dios, en Cristo, en verdad ha venido y compartido nuestra existencia como criaturas en este mundo, entonces la carne y la sangre, el agua y el pan, la tierra, las rocas y las plantas, y todo lo demás, existen ciertamente para celebrarse y apreciarse. Pensemos de nuevo en el prólogo del Evangelio de Juan:

> Por medio de él todas las cosas fueron creadas; sin él, nada de lo creado llegó a existir. En él estaba la vida, y la vida era la luz de la humanidad. ... Esa luz verdadera, la que alumbra a todo ser humano, venía a este mundo. El que era la luz ya estaba en el mundo, y el mundo fue creado por medio de él, pero el mundo no lo reconoció. ... Y el Verbo se hizo hombre y habitó entre nosotros. Y hemos contemplado su gloria, la gloria que corresponde al Hijo unigénito del Padre, lleno de gracia y de verdad. (Juan 1:3-4, 9-10, 14)

La historia de Dios

La lógica misma de la encarnación, según se explora en Juan 1, afirma la buena disposición de Dios de "codearse" con nosotros dentro de las realidades finitas de la creación. La salvación no es cuestión de escapar del mundo, sino de que Dios entre profundamente en el reino de la creación para traer sanación y redención. El mundo físico no debe ser rechazado o menospreciado; sino apreciado, y no sólo como creación de Dios, sino también como el ámbito en el que Dios se ha encarnado en Jesucristo. Las doctrinas de la creación y la encarnación nos dicen que es aceptable y bueno ("muy bueno", de hecho) que seamos criaturas finitas y físicas dentro de la creación de Dios.

Somos seres físicos y existimos en un mundo físico, ¡y es un mundo bueno! Los sacramentos (del latín, *sacer* = santo) de la iglesia son un medio importante por el que la mayoría de los cristianos afirma que Dios no sólo crea el reino material, sino que también opera en, y a través de él, bendiciéndolo por medio de la presencia del Verbo. En el uso de los sacramentos, la mayoría de los cristianos afirma que el ámbito de la creación no es un obstáculo o un impedimento a superar para llegar a Dios; sino que es obra divina y, por lo tanto, una forma en la que el Creador nos puede tocar con gracia. No es extraño que el Libro de Oración Común anglicano (el manual de culto que utilizaba Juan Wesley) llame a los sacramentos "un medio por el que recibimos gracia", ya que, seguramente, los elementos creados del agua (en el bautismo) y del pan y el vino (en la comunión) pueden convertirse en canales de gracia que toquen nuestras vidas a un nivel más profundo que un sermón o una conferencia. Los seres humanos son más que un cerebro que oye y procesa palabras e ideas; también somos criaturas físicas, emocionales y estéticas capaces de experimentar físicamente el amor y la alegría en lo más profundo de nuestro ser. Así, el Libro de Oración Común continúa diciendo que los sacramentos son una "promesa que nos asegura [gracia]", lo que significa que ofrecen consuelo físico y promesa corporal. Son, podríamos decir, un medio importante por el cual Dios "se pone en contacto" con nosotros, físicamente.

Ciertamente, se ha mencionado que sólo la mayoría de los cristianos entiende y practica los sacramentos de esta manera, porque no todos lo hacen. El grupo cristiano más prominente en esta categoría de excepciones son los cuáqueros, fundado por George Fox, inglés del siglo XVII que creía que prácticas como el bautismo y la Santa Cena habían de entenderse y practicarse sólo en términos espirituales, y en un nivel espiritual. En el otro ex-

Los sacramentos: actuemos la historia

tremo, la Iglesia Católica Romana históricamente ha afirmado el valor sacramental de muchos ritos religiosos, habiendo sido el número de los sacramentos tan alto como treinta (en la Baja Edad Media), aun cuando ahora se sitúen en siete: el bautismo, la confirmación, la eucaristía o comunión, el santo matrimonio, la ordenación, la confesión o penitencia, y la extremaunción o bendición sacerdotal al momento de la muerte. La mayoría de las denominaciones protestantes, incluyendo las de tradición wesleyana, apoyan el reconocimiento de dos sacramentos: el bautismo y la comunión.

Pero cuando de escuchar y contar la historia de Dios se trata, debatir el número de sacramentos auténticos no es en lo más mínimo tan importante como reconocer la importancia de lo que llamamos teología sacramental. A aquellos que niegan o menosprecian la importancia de la participación de los cristianos en estos rituales de simbolismo físico, un acercamiento sacramental a la teología les responde diciendo que el agua y el vino y el pan de este mundo nos adentran en una historia que realmente ha ocurrido en este mundo material y en la historia humana. El cristianismo no es simplemente una lista de principios espirituales o un conjunto de ideales, sino que incluye la recitación y la celebración de determinados eventos en nuestro mundo, en los cuales creemos y confesamos que Dios ha actuado de manera decisiva para la salvación del mundo. Lejos de ser rituales vacíos, los sacramentos nos ayudan a revivir, y a experimentar físicamente, esos acontecimientos históricos de redención en este mundo. ¡En los sacramentos recreamos la historia de Dios! La teología sacramental nos anima a ver que, si en verdad Dios ha laborado decisivamente en este mundo para nuestra salvación al entrar en nuestra existencia como criaturas y compartirla por medio de Cristo, entonces de alguna[s] manera[s] importante[s] todo el mundo de Dios es capaz de ser transparente a la presencia creadora y redentora de Dios de ser por lo menos de vez en cuando un "medio de gracia" para nosotros si somos perceptivos y receptivos. Por ejemplo, aunque el protestantismo, históricamente, no ha considerado la relación del matrimonio como sacramento, muchos teólogos protestantes felizmente afirman el carácter potencialmente sacramental del matrimonio; a saber, que el marido y la mujer, en su relación de amor y cuidado mutuo, pueden servir como un medio por el cual la amable y bondadosa presencia de Dios pueda tocar profundamente la vida de uno y otro.[1]

No hay duda de que Jesús alentó una sensibilidad sacramental hacia la creación de Dios, sobre todo en las parábolas y enseñanzas basadas en observaciones del ámbito material en el que vivimos: semillas de mostaza y agricultores, lirios del campo y aves del cielo, el sol y la lluvia. Jesús obviamente consideraba que los elementos de la creación eran capaces de proporcionar formas profundas de apreciar el amor y la presencia sustentadora de Dios (Mateo 5:44-45). Cuando Jesús les enseñó a los discípulos que ni siquiera un gorrión "caerá a tierra sin que lo permita el Padre" (10:29), la implicación es que el Creador está presente con todas y cada una de las criaturas, sustentándolas a todas, desde la más grande hasta la más pequeña.

Si existe ese amplio sentido sacramental en el que se nos anima a apreciar toda la creación como un potencial "medio para recibir [gracia]", una "promesa que nos la asegura", ese amplio sentido para el cristiano está arraigado y basado en las particularidades de la vida y el ministerio de Jesús. La historia de Dios de la cual damos testimonio proporciona la base y el fundamento para nuestra convicción de que Dios está bondadosa y amorosamente presente en, y a través de, todos los elementos creados. En consecuencia, Juan Wesley, al comentar la bienaventuranza de Jesús: "Bienaventurados los de limpio corazón, porque ellos verán a Dios" [RV60] escribió, "Los puros de corazón ven todas las cosas llenas de Dios. Lo ven en el firmamento de los cielos, en la luna que brilla, en el sol… y en el caminar sobre las alas del viento". Pero, continuó Wesley, "de una manera más especial, ven a Dios en sus ordenanzas" (en el culto público, en la oración privada, en la lectura de la Biblia o escucharla ser proclamada, y en la participación en la Santa Cena). "En todas estas maneras [de observancia cristiana] designadas [por Dios] se encuentra una cercanía tan estrecha que no se puede expresar".[2] En pocas palabras, es la presencia de Dios en Cristo, que la iglesia proclama desde sus púlpitos y celebra en sus sacramentos, la que nos asegura de la presencia de Dios en la creación y con ella. De aquí que los protestantes, históricamente, hayan insistido en que un sacramento, para que sea sacramento, deba estar claramente relacionado con los actos y las palabras del propio Jesús. Y debido a esto algunos cristianos protestantes insisten en el lavamiento de los pies como un tercer sacramento, junto con el bautismo y la Santa Cena (Juan 13:12-15). Debemos, sin embargo, centrarnos en estos últimos dos rituales, los cuales tradicionalmente han sido identificados entre la mayoría de los cuerpos protestantes como sacramentos, siendo así identificados de la misma manera por la tradición teológica wesleyana.

Los sacramentos: actuemos la historia

En primer lugar está el bautismo, que a menudo se le llama el sacramento de comienzo o inicio de la vida cristiana. La teología más desarrollada del bautismo en el Nuevo Testamento nos la ofrece el apóstol Pablo en su carta a los Romanos. En esta carta, él sostiene que el bautismo es una recreación de la muerte y resurrección de Jesús y el creyente se une a Cristo por ese medio. En el bautismo, entonces, el creyente se identifica con la historia de la muerte y la resurrección de Jesús como su nueva forma radical de pensar y de ser. "Por tanto", escribe Pablo, "mediante el bautismo fuimos sepultados con él en su muerte, a fin de que, así como Cristo resucitó por el poder del Padre, también nosotros llevemos una vida nueva" (Romanos 6:4). La muerte de Jesús "al pecado una vez para siempre" (v. 10) se ve como el modelo para nuestra propia muerte al pecado y el que Dios haya resucitado a Jesús señala la realidad transformadora de que estemos "vivos para Dios en Cristo Jesús" (v. 11).

Parecería que, dado este simbolismo, el bautismo por inmersión sería el modo preferido. Pero Pablo mismo varía su imaginería bautismal al escribirle a los corintios que "fuimos bautizados por un solo Espíritu para constituir un solo cuerpo —ya seamos judíos o gentiles, esclavos o libres—, y a todos se nos dio a beber de un mismo Espíritu" (1 Corintios 12:13). Aquí la imagen en la mente de Pablo no es la de la muerte, sepultura y resurrección de Jesús, sino la del Espíritu derramado de Dios, una imagen que se refleja en el bautismo por aspersión. Estos dos ejemplos, que probablemente podrían multiplicarse, sugieren una variedad en el simbolismo bautismal, lo que proporciona una advertencia en contra de un acercamiento demasiado estricto o legalista a las cuestiones del modo bautismal. Tal vez por eso la iglesia, en sus tradiciones mayoritarias a lo largo de la historia, ha mantenido cierta apertura hacia la forma o modo del bautismo.

Por supuesto, en cualquiera de las imágenes de Pablo para el bautismo que ya hemos mencionado, Jesús sigue siendo el foco. Si la imaginería de Romanos sugiere la muerte, sepultura y resurrección de Jesús, la imaginería de Corintios sugiere la unción única de nuestro Señor por parte del Espíritu de Dios, lo que es narrado más poderosamente en los evangelios por medio de los relatos de su bautismo. Aquí, de hecho, nos encontramos con la justificación principal para el bautismo cristiano: Jesús mismo fue bautizado, y luego mandó a los discípulos que bautizaran en el nombre del Padre, del Hijo y del Espíritu Santo (Mateo 28:19). Pero si nuestro propio bautismo implica una identificación con Jesús, hay que destacar que su bautismo, en obediencia a la voluntad de Dios, es un acto de identificación con nosotros como pecadores.

Recordemos que Juan el Bautista era un predicador del desierto que atraía a las multitudes de la ciudad hasta el río Jordán con sus sermones atronadores sobre el arrepentimiento del pecado. El del Bautista, de acuerdo con el Evangelio de Marcos, era un "bautismo de arrepentimiento para el perdón de pecados" (1:4). Los ritos de purificación que incluían el agua no eran desconocidos entre los judíos de la época de Juan pero, en general, la idea del bautismo como un ritual de iniciación se hubiera dirigido con mayor presteza hacia los gentiles. De este modo se obtiene una idea del mensaje radical de Juan en la medida en que lo dirigió sobre todo a sus compatriotas judíos. "No piensen que podrán alegar: 'Tenemos a Abraham por padre'. Porque les digo que aun de estas piedras Dios es capaz de darle hijos a Abraham", les reprochaba el Bautista (Mateo 3:9). Él se había retirado al desierto como una señal de juicio en contra de la maldad de las ciudades, especialmente Jerusalén, y estaba llamando a sus hermanos israelitas, en cierto sentido, de vuelta a la experiencia de radical de confianza en Dios representada en aquellas andanzas de sus antepasados en el desierto. Los estaba preparando, decía, para la venida del Mesías, quien recogería el "trigo en su granero", y quien también "quemará [la inútil paja] con fuego que nunca se apagará" (v. 12). Este radical profeta del desierto traía un mensaje de arrepentimiento del pecado tipo fuego y azufre a fin de preparar a los hijos de Abraham para la pronta venida del reino de Dios.

Y aquí Jesús se apareció para ser bautizado. El Santo, que "no cometió pecado" (2 Corintios 5:21; compárese con 1 Pedro 2:22), bajó de muy buen grado al Jordán para recibir ese bautismo de arrepentimiento de pecado. En ese suceso vemos reflejado el acto de identificación de Jesús con los pecadores, por lo que no es casualidad que esto marcara el inicio oficial de su ministerio (un ministerio que, después de todo, se caracterizaría por una identificación con los pecadores, con los marginados, con la gente *non grata* del mundo judío de la Judea del primer siglo). Se puede trazar una línea recta que pase desde el acto de identificación de Jesús con los pecadores en su bautismo por todo el camino a través de su ministerio, y hasta su crucifixión entre dos ladrones. Porque es a través de la identificación de Jesús con nosotros en amor compasivo y empático que Él busca y salva a los perdidos.

En el bautismo, el nuevo cristiano expresa que es ese mismo Jesús el que lo ha encontrado a él o a ella. Así como Jesús fue bautizado en identificación

Los sacramentos: actuemos la historia

con nosotros en nuestro pecado y perdición, así también nuestro bautismo nos une a Jesús en su muerte y resurrección ungidas por el Espíritu. Su identificación con los pecadores, en última instancia, llevó a Jesús a la cruz, donde ciertamente hemos descubierto gracia y el perdón de nuestros pecados y el empoderamiento divino para morir al poder del pecado, ya que nosotros, a su vez, nos estamos identificando con ese Mesías crucificado. El rito del bautismo, entonces, implica nuestra inmersión en los momentos críticos de la propia historia de Jesús, sumergiéndonos así en esa historia a través de la acción sacramental; una acción que, nosotros confiamos y creemos, es en sí misma bautizada en el Espíritu Santo de Dios.

El bautismo es, pues, el sacramento de la iniciación en la vida cristiana, mientras que la Santa Cena o comunión es el sacramento del sustento y el cultivo de la vida cristiana. A pesar de que algunas denominaciones cristianas han restringido los comulgantes a los que son oficialmente miembros de la denominación, no es así con las iglesias de la tradición wesleyana, que en general han mantenido lo que se llama una "comunión abierta". Esto significa que tales observancias de la comunión están abiertas a aquellos que no son miembros oficiales, siendo el único requisito un verdadero arrepentimiento y una sincera intención de amar y seguir a Cristo. Pero aunque esta cena normalmente se considera un sacramento de sustento para la persona que ya es cristiana (y por tanto, al menos en principio, ya bautizada), Wesley, quien animó a sus metodistas a participar en la comunión tan frecuentemente como les fuera posible, reconocía que la comunión también podría servir como "ordenanza de conversión"; es decir, como la ocasión de la conversión de una persona. Si Wesley estaba en lo correcto, entonces por lo general, no sería prudente que quienes administren la cena tomen las decisiones sobre quién es elegible para participar y quién no. De hecho, uno podría señalar a las cenas de comunión radicalmente abiertas de Jesús durante su ministerio (otro indicio dramático de su identificación con los pecadores) como evidencia de que su mesa probablemente está todavía abierta a los que vengan a Él reconociendo la necesidad de perdón y gracia. Ciertamente, el único milagro de Jesús que se registra en los cuatro evangelios, la alimentación de la multitud, es descrito por los evangelistas en términos claramente eucarísticos: Jesús dio gracias a Dios, partió el pan y lo distribuyó libremente (Mateo 15:36). Alimentar a miles de personas en las colinas de Galilea, palpablemente (más bien vigorosamente) sugiere una mesa del Señor abierta a todos los que quieran venir y ser nutridos.

La historia de Dios

Aun suponiendo que las cenas fraternales poco ortodoxas de Jesús con las prostitutas, los recaudadores de impuestos, etc. (al igual que las que tuvo con todas aquellas familias hambrientas en la campiña), puedan arrojar nueva luz sobre la comunión no hay duda de que su última cena con los doce es la que debe venir a la mente en primer lugar en nuestras reflexiones sobre este sacramento. Es evidente que nuestra poderosa recreación de la última cena de Jesús en compañía de sus amigos más cercanos tiene una conexión íntima con la cena de la Pascua judía, puesto que era esa cena la que Jesús estaba celebrando (Lucas 22). Tal vez esa conexión deba darnos una pista sobre una dinámica importante en la Santa Cena, ya que para los judíos, a lo largo de su historia, participar de la cena pascual no ha sido recordar casualmente los acontecimientos históricos de la liberación de sus ancestros de Egipto, la cual Dios obró, sino revivir los acontecimientos, realmente estar allí de nuevo, experimentando la salida de Egipto como miembros de ese gran pueblo de Israel. De la misma forma, debe haber algo sobre la observancia cristiana de la Santa Cena que sea más que un simple recuerdo, ya que es, de hecho, volver a vivir la pasión de Jesús, y su muerte y resurrección; y en específico, porque la celebración del sacramento está animada por la presencia del Espíritu divino que ungió a Jesús. Con una comprensión así de la Santa Cena, la pregunta que se hace en el viejo cántico negroide norteamericano, "¿Estabas allí cuando crucificaron a mi Señor?", podría responderse sólo con un humilde, "Sí" y con una palabra de agradecimiento por el amor revelado en la cruz. Por cierto, hay numerosas tradiciones cristianas que llaman a este sacramento eucaristía, término que proviene de la palabra griega que significa dar gracias. Y es que en realidad Jesús, con su propio ejemplo, les enseñó a sus discípulos a dar gracias, puesto que Él mismo practicó en esta comida la acción de gracias a Dios (Mateo 26:26-29).

Pero tan poderoso como pueda ser en la comunión revivir el sufrimiento y la muerte de Jesús, y dar gracias por ello, todavía hay algo más que se encarna en este sacramento. Ciertamente, hay un sentido real en el que cada vez que los cristianos se arrodillan juntos para partir el pan y beber el vino, están representando toda la historia del evangelio. Esta verdad emerge más claramente en la narración que Lucas nos hace de la Santa Cena.

En primer lugar, esta comida incluye un recuerdo del pasado. Jesús parte el pan y lo identifica con su cuerpo, que pronto será dado por sus discípulos en la cruz. Luego pasa la copa y la identifica con un nuevo pacto a punto de ser sellado en su sangre (22:19-20). Ahora bien, lo que había en un futuro

Los sacramentos: actuemos la historia

próximo para los discípulos de Jesús en aquel momento se encuentra en el pasado para nosotros, y así, al participar hoy del pan y el vino juntos estamos proclamando "la muerte del Señor" (1 Corintios 11:26). Y esta es una proclamación no en palabras, sino en los elementos materiales del pan y el vino, y en las posturas corporales de arrodillarse y dar gracias, de recibir y compartir, y de comer y beber. Hacemos todas estas cosas "en memoria" de Jesús.

Pero, al igual que la Pascua, la Santa Cena no es estrictamente un recuerdo de los acontecimientos del pasado o la recordación apropiada de un héroe muerto. La Santa Cena, con su comunión (literalmente, "unión con"), también incluye el elemento del presente. Ahora nos encontramos en su mesa con el Señor viviente y de misericordia, y nos sentamos a la mesa con su multitud de discípulos a través de los siglos. En esta mesa, nos recuerda

Lucas, Jesús es un siervo que derrama su vida y su sangre por nosotros. "Porque, ¿quién es más importante, el que está a la mesa o el que sirve? ¿No lo es el que está sentado a la mesa? Sin embargo, yo estoy entre ustedes como uno que sirve" (22:27).

"Yo estoy entre ustedes", dice Jesús, prometiendo su presencia continua en la mesa. Pero no se trata meramente de que esté en medio de nosotros cuando nos reunimos para la comunión; nuestro Señor viviente está en medio de nosotros como el que sirve. Jesús no es menos un siervo en su gloria de la resurrección que lo que fue en la última cena. De aquí que llegar a la mesa de Cristo hoy en día es llegar a ser servido por Él y a participar con gratitud en su vida de servidumbre. Pero no es suficiente que Jesús esté entre nosotros como el que sirve; si tomamos dentro de nosotros su cuerpo y sangre en los elementos sacramentales, también estamos diciendo algo acerca de cómo nosotros, el cuerpo de Cristo, tiene la intención de vivir.

Lucas hace que esto nos toque aún más de cerca cuando un poco más adelante nos narra la historia de los dos discípulos quebrantados en el camino a Emaús y la manera en que sus ojos finalmente se abrieron al Cristo resucitado "cuando partió el pan" (24:35). Tal vez, por primera vez, se dieron cuenta de las heridas en sus manos o tal vez había algo peculiarmente característico en la manera cuidadosa en que el Extraño manejó el pan que les hizo recordar a Jesús. O tal vez sea suficiente decir, con Lucas, que "se les abrieron los ojos" (v. 31). De todos modos, el punto es que existe una manera de vislumbrar al Jesús resucitado cuando rompe y comparte el pan con sus discípulos. Agustín sugirió una vez que cuando los cristianos tienen en sus manos el trozo de pan partido en la mesa del Señor se están ofreciendo a sí mismos, como su Señor, para ser rotos en servicio y amor, para ser el cuerpo de Cristo roto de nuevo en y para el mundo. Cuando ese cuerpo es roto, la presencia de Cristo entre nosotros como "el que sirve" puede ser percibida con mayor facilidad.

Pero así como la Santa Cena recuerda el sufrimiento pasado de Jesús y su presencia actual en medio de nosotros como siervo, también apunta hacia el futuro con anticipación.

Entonces les dijo:

> —He tenido muchísimos deseos de comer esta Pascua con ustedes antes de padecer, pues les digo que no volveré a comerla hasta que tenga su pleno cumplimiento en el reino de Dios.
>
> Luego tomó la copa, dio gracias y dijo:
>
> —Tomen esto y repártanlo entre ustedes. Les digo que no volveré a beber del fruto de la vid hasta que venga el reino de Dios. (Lucas 22:15-18)

Aquí podemos sentir la profunda conexión entre Jesús y sus discípulos, y el sentido profundo de este momento para Jesús. A medida que Jesús anticipa el "éxodo" (del griego, *exodos* = salida, 9:31) que está a punto de darse con la cruz y la resurrección, va a mirar aún más allá de estas cosas hacia el glorioso cumplimiento de las intenciones de Dios para la creación. Es un momento conmovedor en el que Jesús promete no volver a celebrar la Pascua hasta que la consumación del reino de Dios traiga a buen término la salvación anticipada en el éxodo y en la mesa del Señor. Sentarse en esta mesa en la comunión hoy es anticipar con nostalgia el banquete mesiánico "para todos los pueblos, un banquete de manjares especiales, un banquete de vinos añejos" en el que Dios "devorará a la muerte para siempre" y "enjugará las lágrimas de todo rostro" (Isaías 25:6, 8). No es extraño que Pablo escribiera que, en esta comida sagrada, proclamamos "la muerte del Señor hasta que él venga" (1 Corintios 11:26). Recordamos el cuerpo roto de Cristo y la sangre derramada en la cruz; experimentamos la presencia del Cristo resucitado en medio nuestro como un siervo entre siervos; y esperamos la venida de Cristo otra vez en el glorioso *telos* de los propósitos de Dios, algo

Los sacramentos: actuemos la historia

que toda la creación espera ansiosamente, gimiendo y sufriendo "dolores de parto" (Romanos 8:22). Haciendo eco de los sentimientos de la iglesia del primer siglo decimos: "Amén. ¡Ven, Señor Jesús!" (Apocalipsis 22:20).

La salvación en Cristo

El tema central de la historia cristiana, y el corazón de la predicación y los sacramentos de la iglesia, es que Jesús es el Salvador del mundo. La buena noticia que proclamamos es que Dios, en amor sin par, ha tomado la iniciativa en Jesucristo para redimir a una humanidad caída y encadenada en el pecado, para reconciliarnos con Él y para restaurarnos a la imagen divina. Esto es total y completamente la obra de Dios, "que en Cristo, Dios estaba reconciliando al mundo consigo mismo, no tomándole en cuenta sus pecados..." (2 Corintios 5:19).

Los evangelios están tan repletos de historias que le ponen vitalidad y color a la doctrina cristiana de Jesús como el Salvador del mundo, que parecería totalmente arbitrario reducir la riqueza y variedad de esas narrativas a una sola. Pero hay una, registrada en los tres evangelios sinópticos, que es particularmente reveladora de la fuerza salvadora de Jesús de cara a las fuerzas demoníacas destructivas que distorsionan y corrompen la vida humana. Se trata de la "historia de terror" del encuentro de Jesús con un endemoniado en el cementerio.

Lo que llama la atención de esta historia es que demuestra hasta qué punto Jesús estuvo dispuesto a llegar, y lo está, a fin de redimir y restaurar las vidas humanas caídas. Para poder apreciar esto debemos obtener una visión completa de lo que supuso ese encuentro:

- En primer lugar, Jesús y los doce discípulos habían cruzado el mar de Galilea y desembarcado en "el país de los gerasenos" (Marcos 5:1), tierra de gentiles. Tal vez los había desviado de su trayectoria la violenta tormenta que la barca había resistido antes de que Jesús trajera la calma al mar. Pero sin importar la razón, cualquier lector judío del Evangelio de Marcos ya se hubiera comenzado a sentir incómodo por esto de que otros judíos como él o ella hubieran arribado a la orilla en un territorio de gentiles inmundos.

- A continuación leemos que "un hombre... de entre los sepulcros", quien de hecho "vivía en los sepulcros", se enfrentó a Jesús y a sus discípulos (vv. 2-3). De acuerdo con la ley sacerdotal judía, la persona que tocaba un cadáver quedaba inmunda durante una semana (Números 19:11). De aquí que la inmundicia de un cadáver le diera una especie de aire generalizado de inmundicia a los cementerios. Así que, además de que este hombre desesperado fuera gentil, tenía la desgracia de vivir entre los muertos, habiendo sido rechazado y desterrado de la comunidad humana.

- Lucas también señala que, "Hacía mucho tiempo que este hombre no se vestía" (8:27), cosa que empeoraba su condición de vergüenza y humillación. Marcos nos dice, además, que el hombre golpeaba con las piedras del cementerio su cuerpo desnudo, amoratado y vulnerable (5:5), lo que según las reglas sacerdotales, también era un acto inmundo (Levítico 19:28), por no mencionar lo horriblemente autodestructivo que era todo esto.

- A medida se acumula un nivel de inmundicia tras otro, Marcos también nos informa que el hombre estaba poseído por "un espíritu maligno" (5:2), o demonio. La "inmundicia" de la historia alcanza aquí proporciones cósmicas e infernales.

- Pero como si fuera poco, más adelante nos enteramos de que este hombre desnudo, y que se infligía daño, y que tenía un espíritu inmundo, y que vivía en las tumbas, también estaba cerca de una manada de cerdos, animales inmundos de acuerdo con la ley judía.

Lo que habría sido un hedor insoportable de inmundicia terminaba por hacer de toda la situación algo verdaderamente apestoso para cualquier observador judío de la Palestina del primer siglo. Se trataba realmente de una "historia de terror" para los israelitas. Con todo, es en ese contexto que Jesús entra con su cabeza en alto y lo hace como el viviente Señor del amor, que va a traer la redención a esta vida en ruinas y aparentemente sin esperanza. ¡Jesús es la salvación de Dios en medio de la creación caída! En lugar de tratar al hombre como el resto del pueblo lo había hecho, privándole de la identidad humana y deshumanizándolo con el exilio y las cadenas, Jesús lo enfrenta, víctima sin nombre como es este hombre y lo trata como persona

La salvación en Cristo

valiosa preguntándole cómo se llama (v. 9). Pero después de que Jesús hubo exorcizado los demonios que habían plagado al hombre, los que lo conocían, al verlo "sentado, vestido y en su sano juicio, tuvieron miedo" (v. 15). Evidentemente, la poderosa liberación que Jesús trajo a esta desgraciada víctima de las fuerzas destructivas del infierno había perturbado de tal manera a la gente de la ciudad cercana, que terminaron rogándole a Jesús que se fuera (v. 17).

Lo que vemos en una historia como esta es que no existe situación, por muy triste y aparentemente sin salida que sea, en la que Jesús no esté dispuesto a entrar, o sea incapaz de hacerlo, con el fin de llevar la sanidad divina y la liberación. Toda su educación en la Ley y la cultura judía pudieron haberle estado gritando a Jesús que saliera de allí, ¡y que lo hiciera pronto! Pero la compasión y el amor, las fuerzas motrices de la oferta de salvación que Dios nos hace, dijeron lo contrario. Jesús se encontró con este gentil solitario, asustado y endemoniado, uno "que no pertenecía", un hombre olvidado, el más olvidado de todos y lo restauró a su bienestar físico, espiritual y social (vv. 15, 19). En respuesta a su liberación, el hombre expresó su deseo de acompañar a su libertador (v. 18), aunque Jesús se negaría diciéndole en cambio a este que había sido expulsado de la familia y la sociedad, "Vete a tu casa, a los de tu familia, y diles todo lo que el Señor ha hecho por ti y cómo te ha tenido compasión" (v. 19).

Fue seguramente la misericordia divina la raíz y la causa de la liberación de este hombre y también lo es de nuestra salvación en Jesucristo. La misma misericordia compasiva que movió a Jesús a pasar por aquel cementerio gentil, finalmente lo moverá a ir a una cruz romana en la que verterá la vida y la sangre por todos. Sin embargo, a pesar del gran poder salvífico encarnado en el ministerio de Jesús de predicar, curar, exorcizar, ir a la muerte y resucitar a nueva vida, la obra reconciliadora de Dios podría fracasar en el sentido de que sería posible que cualquier persona pueda rechazar el amor expiatorio de Dios en Jesucristo.

Ahora bien, la manera en que la tradición arminio wesleyana entiende la soteriología (del griego, *sotería* = salvación, sanidad) nos va a hacer insistir en que la oferta de salvación de Dios se concede gratuitamente a todos. Según la Biblia, Dios no quiere "que nadie perezca sino que todos se arrepientan" (2 Pedro 3:9). Pero el hecho de que muchos no se arrepienten proporciona una pieza de evidencia muy aleccionadora de que no todo lo que Dios quiere llega a buen término. Aún así, la tradición arminio wesleyana volverá a insistir en que Dios desea que todas las personas sean redimidas y restauradas a través de Jesús. La obra expiatoria de Dios en Cristo es, por tanto, ilimitada, aunque no en el sentido de que tenga un poder ilimitado (puesto que su poder está limitado por nuestra respuesta a Dios), sino que es ilimitada en su extensión (ya que es para todas las personas). Cristo vivió, murió y vive para siempre por todos. Ciertamente Dios será obstinadamente persistente aun cuando la gracia de Dios no abrume la voluntad humana. Esto ha quedado ilustrado en el hecho de que Jesús se negó a dejar al hombre en su opresión demoníaca a pesar de sus súplicas de que Jesús no lo "atormentara" (Marcos 5:7).

Asumiendo que la obra expiatoria de Dios esté condicionada por la naturaleza de la respuesta humana, es importante poner de relieve que incluso nuestra respuesta es suscitada y capacitada por la gracia preveniente. Con esto nos referimos a la presencia del Espíritu Santo de Dios que nos mueve profundamente, creando en nosotros una sed de redención. Dios ha dado el primer paso hacia nosotros, los pecadores, con el hecho de que Cristo murió por nosotros, así como Pablo lo enseña en Romanos 5:8. Además, Dios toma el siguiente paso al evocar dentro de nosotros un sentido de nuestra necesidad. Y es que la gracia preveniente consiste en esa presencia activa de Dios en nuestras vidas, siempre tocando a la puerta, siempre susurrándonos a todos del amor y la misericordia divina y siempre pidiendo respuesta. Ya hemos encontrado esta doctrina en el capítulo 9 de este libro con la historia trágica de Caín. Contrariamente a la posición calvinista reformada clásica, la comprensión arminio wesleyana de esta gracia es que se puede resistir, como de hecho lo hizo Caín. Dios desea la respuesta más profunda de nuestros corazones, por lo que no es su voluntad salvarnos en contra de nuestra voluntad. La gracia preveniente solo hace posible que, de alguna manera, nosotros podamos responder. Cuando una persona dice que sí a la gracia ofrecida por Dios a través de Cristo en el Espíritu Santo, a tal respuesta se le llama conversión (de, *com* = juntos, *vertere* = girar). ¿En qué consiste esa respuesta? En general, la tradición cristiana ha puesto de relieve dos componentes diferentes, pero estrechamente relacionados, de la respuesta apropiada al evangelio, una respuesta que es habilitada y potenciada por la gracia. Dichos componentes son la fe y el arrepentimiento.

Se puede ver que la fe, a su vez, tiene dos dimensiones. La primera podría llamarse la fe como un asentimiento, o la creencia y afirmación personal de que Dios realmente ha actuado por nuestra redención en Cristo. "Como

La salvación en Cristo

tal", escribe Gabriel Fackre, "[la fe] implica una afirmación acerca de cómo son las cosas, una creencia, un ¡Sí! al relato de la historia cristiana acerca del amor sufriente en el Calvario que quita los pecados del mundo".[1] Pero tan importante como pueda ser esta dimensión intelectual de la fe, nunca será fe verdaderamente cristiana hasta que la segunda dimensión, la fe como confianza, también forme parte de la respuesta de uno a la gracia divina. El libro de Santiago en el Nuevo Testamento deja bien claro este punto: la fe consiste en el ofrecimiento de la vida de uno, propia y entera, al Dios cuya historia se relata en la Biblia. Es un encomendarse activamente, con el corazón, el alma, la mente y las fuerzas a amar y obedecer a Dios. Si la fe como un asentimiento confiesa "que en Cristo, Dios estaba reconciliando al mundo consigo mismo" (2 Corintios 5:19), la fe como confianza dice, "He sido crucificado con Cristo… Lo que ahora vivo en el cuerpo, lo vivo por la fe en el Hijo de Dios, quien me amó y dio su vida por mí" (Gálatas 2:19-20).

En lo que se refiere a la Biblia, la fe no se puede separar claramente del arrepentimiento, ya que el arrepentimiento implica el acto de apartarse del pecado y volverse a Dios. Creer en el Dios que nos redime en Cristo inmediatamente nos exige un darnos la vuelta, un hacer caso del llamado al discipulado y a la obediencia que necesita la creencia en Jesús. El arrepentimiento del pecado, de hecho, era la orientación principal de la proclamación de Juan el Bautista, y de Jesús, del reino de Dios que vendría (Mateo 3:2; 4:17). Por lo tanto, creer en Cristo en el sentido bíblico, es también, por necesidad, arrepentirse de una vida de pecado. Tal acto de fe/arrepentimiento luego se integra a una relación continua de un discipulado obediente. De aquí que la fe como obediencia diga: "Voy a tomar mi cruz y seguirle".

Pero por importantes que sean estas consideraciones acerca de la respuesta humana a la gracia divina, las mismas nunca deberán nublar la convicción cristiana fundamental de que no nos salvamos a nosotros mismos. Dios, en su misericordia insondable, es quien nos salva. Hay un sentido real en el que nosotros, esclavizados al pecado y espiritualmente muertos (Efesios 2:1-3; Romanos 6:17-21), somos casi tan impotentes como el endemoniado geraseno. Nosotros podremos gustar de la redención sólo en la medida en que Jesús el Salvador se adentre poderosa y misericordiosamente en nuestra condición de pobreza. Tito 3:3-7 afirma esta verdad con claridad y poder:

> En otro tiempo también nosotros éramos necios y desobedientes. Estábamos descarriados y éramos esclavos de todo género de pasiones y placeres. Vivíamos en la malicia y en la envidia. Éramos detestables y nos odiábamos unos a otros. Pero cuando se manifestaron la bondad y el amor de Dios nuestro Salvador, él nos salvó, no por nuestras propias obras de justicia sino por su misericordia. Nos salvó mediante el lavamiento de la regeneración y de la renovación por el Espíritu Santo, el cual fue derramado abundantemente sobre nosotros por medio de Jesucristo nuestro Salvador. Así lo hizo para que, justificados por su gracia, llegáramos a ser herederos que abrigan la esperanza de recibir la vida eterna.

Del mismo modo que la conversión cristiana cuando se considera desde el lado de la respuesta y experiencia humana tiene varios componentes (fe/arrepentimiento/obediencia), así también los tendrá desde el lado de la misericordia y la gracia divina. El pasaje de Tito citado con anterioridad, y con lo cual la tradición cristiana coincide, refleja de hecho los tres aspectos diferentes de la actividad salvífica de Dios de la justificación, la regeneración y la adopción tal y como se intersectan con el corazón humano en el momento de la conversión.

El aspecto de la conversión que se conoce como la justificación se refleja claramente en las palabras, "Pero cuando se manifestaron la bondad y el amor de Dios nuestro Salvador, él nos salvó, no por nuestras propias obras de justicia sino por su misericordia. ... justificados por su gracia..."[Tito 3:4, 7]. Ya hemos considerado la idea de que nosotros seamos justificados por Dios cuando analizábamos en el capítulo 19 de nuestro libro lo que Pablo escribió acerca de Abraham, quien fue justificado o a quien Dios "le tomó en cuenta como justicia" el haber creído en la palabra de Dios. Abraham, según el argumento de Pablo, encontró la aceptación de Dios por su aceptación de la promesa de Dios de que sería padre de muchas naciones. Por lo tanto, Abraham fue traído a una relación correcta con Dios por haber considerado que Dios era digno de confianza. Se puede establecer un paralelo entre Abraham y nosotros en este punto: nosotros también nos encontramos con promesas divinas. Pablo, positivamente, llama a Jesús aquél en quien todas las promesas de Dios encuentran su amén, su validación. En consecuencia, es posible mirar la vida y las palabras de Jesús a fin de descubrir la naturaleza de las promesas de Dios para nosotros y en esa historia de Jesús se nos dice que Dios ya nos ama, ya nos ofrece el perdón y ya ha

La salvación en Cristo

reconciliado al mundo consigo mismo como Dios. Como con Abraham, todo lo que realmente se nos pide que hagamos es creer esas promesas y vivir en su luz. Esta es la justificación por la gracia mediante la fe que estaba en el corazón de la proclamación de la reforma de Martín Lutero: no hay nada que podamos hacer, o agregarle a ella, para ganar la oferta de la gracia que Dios nos hace en Jesucristo.

Este mensaje triunfal de la sorprendente gracia de Dios es, sin duda, la nota distintiva del evangelio. La gracia de Dios es sorprendente porque con demasiada frecuencia en las escuelas, en los lugares de trabajo, con las amistades y, trágicamente, incluso dentro de muchas familias, nuestro valor y posición se evalúan sobre la base del desempeño. Sin embargo, ¡la promesa de Dios para nosotros en la vida, las palabras, la muerte y la resurrección de Jesús es que somos amados, perdonados y aceptados tal como somos! Si aceptamos esa promesa y descansamos en esa gracia, a nosotros, como a Abraham, esto se nos tomará "en cuenta como justicia". Somos justificados o traídos a una relación propia con Dios, relación que se basa en la fidelidad de Aquél que promete pero que se actualiza en nuestra creencia en la promesa. Nuestra tendencia, aprendida de la sociedad y de la familia, es con demasiada frecuencia tratar de agradar a Dios por ser agradables, ganar el favor divino por ser buenos, merecer la misericordia y el amor divino por hacernos dignos de ser amados. Pero esas tentativas nuestras de hacernos dignos del amor y de la gracia de Dios son las que en realidad obstaculizan el que recibamos lo que ya libremente se nos ofrece. La buena noticia es que Dios nos ama y nos ofrece perdón ahora.

La regeneración, ese segundo aspecto de la conversión cristiana, visto desde la perspectiva de la función y la actividad de Dios, se refleja en las siguientes palabras del pasaje de Tito mencionado arriba: "Nos salvó mediante el lavamiento de la regeneración y de la renovación por el Espíritu Santo, el cual fue derramado abundantemente sobre nosotros por medio de Jesucristo nuestro Salvador". Regenerar literalmente significa "traer otra vez a la vida" o "traer nueva vida a", que es precisamente lo que el Espíritu Santo de Dios, el Dador de la vida, hace en la conversión. Así, a la vez que Wesley llama a la justificación un cambio relativo; es decir, un cambio en la relación entre Dios y la persona, él también va a caracterizar la regeneración como un cambio real; es decir, el comienzo de la transformación de la naturaleza o carácter de esa persona por la presencia del Espíritu Santo. A nosotros, según la imaginería maternal usada por Jesús en su conversación con

La historia de Dios

Nicodemo, se nos da un renacimiento o un nacimiento "de arriba" por el Espíritu (Juan 3:3, 7). Pablo describe esa misma realidad de una transformación iniciada en nuestras vidas cuando escribe que "Dios ha derramado su amor en nuestro corazón por el Espíritu Santo que nos ha dado" (Romanos 5:5).

Anteriormente en este libro (capítulo 17) hemos descrito al Espíritu de Dios como la presencia misma de Dios generando creativamente orden del caos y animando todas las cosas vivientes (Salmos 104:27-30). Por lo tanto, el Espíritu, como una gracia que crea, está presente en todas las personas y, en efecto, en todo el universo. También hemos hablado del Espíritu de Dios como presente en todas las personas, atrayéndolos, seduciéndolos, convenciéndolos de pecado y creando en ellas una sed de redención. Esto, por supuesto, es hablar de gracia preveniente. Pero cuando una persona responde a las buenas nuevas de Jesucristo con fe y arrepentimiento y en virtud del empoderamiento de la gracia preveniente de Dios, él o ella se abren a una nueva dimensión de la experiencia del Espíritu como gracia transformadora. Y es una gracia, ya que la gracia es la presencia activa de nuestro Dios amoroso en todas las vidas, aun cuando el carácter o la eficacia de la gracia dependan de la naturaleza y el alcance de la respuesta humana.

Puesto que el Espíritu que sostiene nuestras vidas, y que nos trae a la fe y que transforma nuestros corazones, es el Espíritu que fue revelado de manera determinante en la persona de Jesús, el "cambio real" que se inicia en ese momento es un cambio en la dirección de la semejanza a Cristo. Obviamente, no somos tan enteramente transformados en el momento de la conversión al punto de que no haya necesidad de una mayor transformación y crecimiento. Esto no es más que el comienzo del proceso por el cual se nos está transformando "según la imagen de su Hijo" (Romanos 8:29), un proceso que no se completará sino hasta que veamos a Jesús (1 Juan 3:2). Este proceso de toda una vida, de volvernos cada vez más semejantes a Cristo en pensamiento, palabra y obra, es la santificación. Por lo tanto, a ese aspecto de la conversión al que se le llama regeneración, a veces también se le va a identificar como santificación inicial, ya que es el punto inicial en el que nos embarcamos en el camino de ser santificados y también el inicio de ese embarque. Como ya hemos visto, para Wesley, esta santidad es, en esencia, la semejanza de Cristo y la que, a su vez, se manifiesta en el amor a Dios y al prójimo. En este sentido, la regeneración puede ser entendida como el momento en el que somos situados en el sendero del amor. La descripción ya

La salvación en Cristo

citada de Pablo de la regeneración como el derramamiento del amor de Dios en nuestros corazones se puede interpretar, por consiguiente, como una referencia tanto a nuestro amor a Dios como al amor de Dios por otras personas operando en nosotros y por medio de nosotros (compárese con Gálatas 5:22).

La tercera y última dimensión de la conversión, vista desde la perspectiva de la obra de Dios, se llama adopción; la cual se refleja en las siguientes palabras de la carta a Tito: "Así lo hizo para que... llegáramos a ser herederos que abrigan la esperanza de recibir la vida eterna". Ser un heredero es serlo propiamente por testamento de un padre, por ser un miembro de la familia. Pablo afirma "que todos los que son guiados por el Espíritu de Dios son hijos de Dios" y que han recibido "el Espíritu que los adopta como hijos" (Romanos 8:14, 15). El ser adoptados en la familia de Dios en el momento de la conversión nos da la libertad de acercarnos a Dios con confianza y honestidad y de clamar en el Espíritu de Jesús: "¡Abba! ¡Padre!" (v. 15; Gálatas 4:6). Por supuesto, convertirnos en un hijo del Padre también significa que entramos en una familia con innumerables hermanos y hermanas, y con Jesús como nuestro Hermano Mayor (Hebreos 2:10-13). Él es el Hijo que es el heredero de la gloria y el poder del Padre pero nosotros somos, por su fidelidad, "herederos de Dios y coherederos con Cristo, pues si ahora sufrimos con él, también tendremos parte con él en su gloria" (Romanos 8:17). Estas palabras de Pablo sobre el sufrimiento con Cristo son un recordatorio aleccionador de que ser adoptado en la familia de Dios, es decir, convertirse en un "hermano menor" de Cristo y coheredero de la vida eterna, puede exigir sus costos en un mundo alejado de Dios.

En el lado más positivo, la imaginería de la adopción nos recuerda que la conversión cristiana es siempre la conversión a una comunidad de fe. Hemos sido traídos a una familia cristiana que nos precede y que nos rodea con amor y aliento, y que celebra la gran historia de la redención de Dios cada día del Señor. Ese Espíritu de Dios que testifica de nuestra adopción y que clama "*¡Abba!*" dentro de nuestros corazones (Romanos 8:15; Gálatas 4:6), es el mismo Espíritu en el que todos los creyentes comparten juntos en la iglesia (1 Corintios 12:7, 13). La realidad de la *koinonía*, o el mutuo compartir en el Espíritu derramado de Dios, nos debe obligar a una conciencia de nuestra necesidad de los unos por los otros. Estamos puestos en el cuerpo de Cristo para animarnos unos a otros y ayudar a cada uno a que cuente y viva la historia de Dios. Y es por esto que les cantamos a nuestros compañeros miembros de la familia, los hermanos y hermanas en la compañía del Cristo resucitado,

> *Dime esa grata historia*
> *Con lentitud, y así*
> *Conoceré la obra*
> *Que Cristo hizo por mí,*
> *Dímela con frecuencia,*
> *Pues soy dado a olvidar,*
> *Y el matinal rocío*
> *Suele el sol disipar.*

—Katherine Hankey

Técnicamente hablando, el endemoniado de Gerasa no pasó por una conversión cristiana como tal. Sin embargo, se encontró con Jesús y la narrativa de ese encuentro nos proporciona el siguiente retrato del milagro multifacético del momento salvador como lo hemos discutido en este capítulo:

- Que Jesús estuviera dispuesto a marchar sin vacilaciones a través de la muerte y la decadencia de los sepulcros para encontrarse con el hombre poseído y oprimido, y preguntarle por su nombre, es un retrato del amor incondicional de Dios que nos da la bienvenida tal y como somos, un retrato de la justificación.

- Que Jesús transformara a este hombre devastado y angustiado en un hombre confiado y calmado, "sentado, vestido y en su sano juicio" (Marcos 5:15) es el retrato del cambio radical de corazón y de carácter que se nos ofrece en la regeneración.

- Que Jesús restaurara al hombre a su familia y a la sociedad que por miedo lo había exiliado y que ahora pudiera volver a entrar en relaciones humanas de cuidado y amor mutuos en lugar de seguir en el horror y la soledad de los sepulcros es un retrato de esa dimensión de la conversión llamada adopción.

Hay un punto final. Este hombre, redimido de los poderes destructivos del infierno, "se puso a proclamar… lo mucho que Jesús había hecho por él" (5:20). ¡Que podamos nosotros ir y hacer lo mismo!

La santidad bíblica

Juan y Carlos Wesley creían que el llamado divino de los metodistas era "difundir la santidad bíblica por toda la tierra" de Inglaterra y más allá. Así también, los cristianos de la tradición wesleyana (particularmente los del movimiento de santidad, cuyas raíces históricas inmediatas están en los avivamientos norteamericanos del siglo XIX) continúan viendo la santidad, o la doctrina de la entera santificación, como merecedora de un realce primario.[1] Creen que su función en la iglesia universal es dar testimonio, tanto con palabras como con la vida, al llamado explícito a la "santidad de corazón y vida" en la historia de Dios.

Y esto es algo que está bien claro: la expectativa de que el pueblo de Dios pueda y deba ser santo es un tema explícito a lo largo de toda la Biblia. Ese llamado divino está arraigado en la confesión de que Dios es santo y que busca personas que representen al Santo.

La pregunta fundamental, entonces, es: ¿qué es la santidad? ¿Qué quiere decir la Biblia con ese término? En las Escrituras hebreas, la santidad (*kadosh*) se refiere, ante todo, a la mismísima divinidad de Dios, a la asombrosa gloria, la alteridad indecible, la majestad insondable y el misterio de ese Creador que ha llamado a Israel a la existencia. Esa santidad divina es tal que puede, sencillamente, abrumar a los seres humanos. Pensemos en la experiencia del profeta Isaías en el templo y en donde él dice: "...vi al Señor excelso y sublime" (6:1). En la tradición hebrea se creía imposible "ver" a Dios porque la experiencia sería tan abrumadora que destruiría al que la tuviera. Por lo tanto, el que Isaías sencillamente hiciera tal reclamación era algo revolucionario y señalaba la extrañeza del evento. Isaías informa haber oído a los seres celestiales clamando: "¡Santo, santo, santo es el Señor Todopoderoso; toda la tierra está llena de su gloria!" (v. 3). Este encuentro con el Santo redujo a Isaías a un terror absoluto: "¡Ay de mí, que estoy perdido! Soy un hombre de labios impuros y vivo en medio de un pueblo de labios blasfemos, ¡y no obstante mis ojos han visto al Rey, al Señor Todopoderoso!" (v. 5). Respuestas similares de temor de parte de los israelitas por la manifestación de la divina gloria y santidad han de encontrarse en el monte Sinaí (Éxodo 20:18-21), en la exclamación final de Job de absoluta humildad en respuesta a la voz en el torbellino (42:1-6) y con los discípulos que caen sobre sus rostros cuando Dios habla desde la nube de gloria en los relatos de la Transfiguración (por ejemplo, Mateo 17:1-8).

Luego, en este primer sentido de la palabra, Dios es santo porque Dios es enteramente otro, indeciblemente diferente y totalmente único. "¿Quién, Señor, se te compara entre los dioses?" cantaban Moisés y los israelitas después de su liberación de los egipcios en el éxodo. "¿Quién se te compara en grandeza y santidad? Tú, hacedor de maravillas" (Éxodo 15:11).

Sobre esta base, así como Dios es santo porque no hay ningún otro ser que se le compare (después de todo, Dios es el creador de todas las cosas) también las cosas u objetos pueden ser descritas como santas, como sería la tierra (Éxodo 3:5) o el día de reposo (Génesis 2:3). Cosas como estas son sagradas porque se asocian de manera única con un Dios santo; la divina presencia, bendición o nombre las aparta; es decir, las santifica, para los propósitos de Dios. De la misma manera, los israelitas debían ser santos, ser posesión y pueblo de Dios. El capítulo 19 de Levítico, el cual es parte de un pasaje más largo (capítulos 17-26) que a veces los eruditos bíblicos llaman el Código de Santidad, comienza con el mandato de, "Sean santos, porque yo, el Señor su Dios, soy santo". Israel fue llamado a apartarse por asociación con el Santo, quien estaba ligado a este pueblo por el éxodo y el don de la Torá. Es importante señalar que, en este pasaje bíblico, la santidad no se refiere sólo a lo que a veces se denomina prácticas ceremoniales que diferencian a los israelitas de otras naciones, como los sacrificios (v. 5) y el mantener diferentes tipos de animales, semillas y material de ropa separados unos de los otros en señal de que habían sido "apartados" o santificados. También se refiere a las prácticas éticas que distinguen a los israelitas en virtud de la calidad de su vida juntos como pueblo del pacto de Dios, como es la alimentación de los pobres y de los extranjeros (vv. 9-10), la consideración con los discapacitados (v. 14) y la práctica imparcial de la justicia (v. 15). Este código de santidad, en efecto, no sólo contiene el mandato bien conocido de, "Ama a tu prójimo como a ti mismo" (v. 18), sino que también manda a los israelitas a que amen al extranjero como se aman ellos mismos, "porque

La santidad bíblica

también ustedes fueron extranjeros en Egipto" (v. 34). El pueblo debía cultivar la memoria narrativa de su propia alienación, de su propia opresión y esclavitud, como la base para una empatía con el sufrimiento y la pobreza de otros. Y todo esto se dice representar, en el nivel humano, la santidad del Dios de Israel. El capítulo termina con palabras que unen a todos los demás temas: "No cometan injusticias falseando las medidas de longitud, de peso y de capacidad. Usen balanzas, pesas y medidas justas. Yo soy el Señor su Dios, que los saqué de Egipto. Obedezcan todos mis estatutos. Pongan por obra todos mis preceptos. Yo soy el Señor" (vv. 35-37).

Así, pues, este don de la Torá era para santificar al pueblo de Israel, para separarlo como pueblo único de Dios por medio de la práctica tanto ceremonial como ética. Cabe agregar, sin embargo, que los judíos tradicionales, desde los tiempos bíblicos hasta la actualidad, tienden a rechazar cualquier distinción entre las leyes ceremoniales y las éticas; ya que se entiende que todas las leyes mosaicas tienen sus raíces en el mandamiento divino. En todo caso, es obvio que un aspecto integral de representar la santidad de Dios era una preocupación por la justicia, un aspecto de la Torá que posteriormente destacarían los profetas.

Al igual que Moisés recibió el don de Dios de la Torá en un monte, en el Evangelio de Mateo, donde se desarrolla una teología narrativa de Jesús como el nuevo Moisés (ver capítulo 16 de este libro), también encontramos a Jesús en una ladera dando la palabra de vida a la comunidad de discípulos (5:1). Este Sermón del Monte, como lo llamamos hoy, contiene, en un atrayente paralelo con Levítico 19, el siguiente mandamiento de Jesús: "Por tanto, sean perfectos, así como su Padre celestial es perfecto" (Mateo 5:48). Volveremos a esto un poco más adelante.

Pero hasta aquí está claro que, dentro de la noción bíblica de santidad, hay dos enfoques o aspectos diferentes que han comenzado a tomar forma: en primer lugar, una santidad ceremonial (típica del ritual sacerdotal) destinada a reflejar una diferencia y distinción absolutas entre Dios y el ámbito de la creación, y en donde los objetos y las personas son hechas santas al ser apartadas para un uso sagrado, en asociación con Dios; y en segundo lugar, una santidad ética (típica del mensaje de los profetas) destinada a reflejar el amor santo y el cuidado de Dios por todas las personas.

Y no es arriesgado decir que Jesús compartió con los profetas hebreos una preocupación más profunda por la justicia, el amor y la misericordia, que por la santidad asociada a prácticas rituales como la observancia del sábado, los diezmos y el lavado de manos. Claro que Él no rechazó enteramente esta última categoría. Su actitud hacia estos asuntos quizá se resuma mejor en la siguiente respuesta a quienes criticaron a sus discípulos por recoger granos en sábado: "El sábado se hizo para el hombre, y no el hombre para el sábado" (Marcos 2:27). Esto implica que preocuparse por el bienestar humano (amor práctico por el prójimo y el extraño) suplanta toda otra ley. Muchos fariseos de la época también enseñaban que la vida humana era más valiosa que cualquier requerimiento de la Torá pero Jesús parece haber ido más lejos al hacer curaciones en sábado a personas con dolencias que no amenazaban sus vidas, una tarea que fácilmente podría haber esperado hasta el día siguiente (3:1-5).

Ahora bien, aunque Jesús estaba ubicado en la tradición ética de los profetas, hay un sentido en el que el evangelio aglutina las corrientes sacerdotales y éticas en el concepto cristiano de la santificación. Por ejemplo, en su carta a los cristianos en Roma, el apóstol Pablo les ruega "que cada uno de ustedes, en adoración espiritual, ofrezca su cuerpo como sacrificio vivo, santo y agradable a Dios" (Romanos 12:1). Por lo general se pasa por alto, aunque no deja de ser significativo, que Pablo describe a sus lectores como un sacrificio singular y a la vez colectivo, "a fin de que los gentiles lleguen a ser una ofrenda aceptable a Dios, santificada por el Espíritu Santo", ¡y con el mismo Pablo como el sacerdote (15:16)! Juntos, sus cuerpos ofrecidos forman "un solo cuerpo en Cristo" (12:5), lo cual significa que como creyentes, "cada miembro está unido a todos los demás" (v. 5) y por lo tanto llamados a vivir "en armonía los unos con los otros" (v. 16). Como cuerpo, pues, de Cristo (al igual que Jesús fue ofrecido a Dios como un sacrificio vivo) estos creyentes viven juntos intercambiando dones (vv. 6-8), en afecto mutuo (v. 10) y en la hospitalidad a los extraños (v. 13, reminiscencias de Levítico 19:34). Así, el lenguaje sacerdotal de ofrecer nuestros cuerpos como un sacrificio colectivo y vivo conduce inmediatamente a consideraciones éticas que surgen del mandamiento de "amarse unos a otros", porque "el amor es el cumplimiento de la ley" (13:10; véase también el v. 8). Este pasaje conmovedor de Pablo demuestra que estamos llamados a consagrarnos, a apartarnos, incluso a santificarnos (2 Corintios 6:14–7:1). Sin embargo, es el Espíritu Santo el que santifica la ofrenda (Romanos 15:16) haciéndola santa "y agradable" (12:1; 15:16). Ciertamente, la parte del Espíritu Santo de Dios es comenzar la obra transformadora dentro de nuestras vidas, "por-

La santidad bíblica

que Dios ha derramado su amor en nuestro corazón por el Espíritu Santo que nos ha dado" (Romanos 5:5). La santificación es la obra general de Dios; es ese proceso por el que estamos siendo hechos cada vez más a la semejanza de Jesús (Colosenses 3:10). Pero el hecho de que Pablo deba rogar a sus lectores que ofrezcan sus cuerpos como un sacrificio vivo, y sobre bases diarias en la vida cotidiana, hace evidente que Dios no quiere recrearnos sin nuestra participación dispuesta.

Es la convicción de los cristianos wesleyanos dentro de la tradición de santidad que, en la medida en que voluntariamente ofrezcamos nuestras vidas a la presencia santificadora de Dios, es posible, por el poder transformador del Espíritu de Cristo, alcanzar "perfección en amor", una frase favorita de Juan Wesley que se encuentra en su libro predilecto de la Biblia (1 Juan 4:16-18). Si Jesús no sólo enseñó sino que también obró en amor a Dios y al prójimo, el volver a ser creados por el Espíritu es entonces ser cada vez más como Jesús, que es ser cada vez más un amante de Dios y de todos nuestros prójimos en todas partes. Esto nos trae de vuelta a nuestras relaciones como el escenario real de la vida santificada, la vida apartada para Dios: ¿expresamos a Dios, representamos a Cristo, en nuestra interacción con los que nos rodean? Recordemos que Levítico 19, el Código de Santidad de Moisés, incluía mucho acerca de que el ser santo como Dios era santo involucraba las relaciones y prácticas cotidianas de los judíos. Si interpretamos el Sermón del Monte de Jesús como su código de santidad surge la misma verdad: Jesús, quien desafía a sus discípulos a ser "perfectos, así como su Padre celestial es perfecto", no nos deja en ignorancia acerca del tipo de perfección que se nos exige.

> Ustedes han oído que se dijo: "Ama a tu prójimo y odia a tu enemigo". Pero yo les digo: Amen a sus enemigos y oren por quienes los persiguen, para que sean hijos de su Padre que está en el cielo. Él hace que salga el sol sobre malos y buenos, y que llueva sobre justos e injustos. Si ustedes aman solamente a quienes los aman, ¿qué recompensa recibirán? ¿Acaso no hacen eso hasta los recaudadores de impuestos? Y si saludan a sus hermanos solamente, ¿qué de más hacen ustedes? ¿Acaso no hacen esto hasta los gentiles? Por tanto, sean perfectos, así como su Padre celestial es perfecto. (Mateo 5:43-48)

La historia de Dios

Esta es la forma en que, según la Biblia, es posible ser santo, ser perfecto, ser hijos de un Dios santo: podemos ser perfectos en amor, o ser perfeccionados en el amor en virtud del poder que da el amor divino, porque "Dios es amor" (1 Juan 4:8, 16). Pero todavía hay que decir más sobre la posibilidad de tal calidad de vida y de relaciones.

Y es que hablar de la santificación como una vida llena de amor por Dios y el prójimo, como lo estamos haciendo aquí, es hablar en términos relacionales. En este marco de comprensión, el pecado no es una cosa o sustancia que Dios arranca y saca de nosotros. Por el contrario, el pecado es desamor, una carencia o privación de relaciones auténticas y amorosas con Dios y el prójimo, incluyendo el extraño y el enemigo. Cuando Dios comienza a salvarnos a través de la habilitación de nuestra respuesta de fe a la gracia de Dios dada libremente por medio de Jesucristo, somos en ese momento traídos a una relación correcta con Dios (reconciliación). Y en ese momento somos santificados, apartados por Dios en Cristo Jesús. En términos del Nuevo Testamento, ¡ya somos santos! Nuestros pecados son perdonados (justificación), se nos da el Espíritu Santo (regeneración) y ese mismo Espíritu da testimonio de que ahora somos hijos de Dios (adopción).

En el movimiento wesleyano de santidad hacemos bien en recordar el consejo de Wesley de que, al mismo tiempo que se les recomienda a las personas la entera santificación, no se debe menospreciar o ignorar la regeneración, que es donde el proceso de santificación ya ha comenzado. Como hemos señalado anteriormente, esa es la razón por la que a veces se le llama santificación inicial. Se ha sugerido que lo que ocurre en la entera santificación, no como opuesto a la santificación inicial sino como un adelanto de ella, es que se empieza verdaderamente a reconocer las implicaciones de que hayamos sido apartados por Dios en nuestra conversión a Cristo. En ese reconocimiento de las implicaciones más profundas de la relación con Dios y con los demás, nosotros, activa y voluntariamente, y con amor, confiamos nuestras vidas redimidas (específicamente, como indica Pablo, nuestros cuerpos) a Dios.

Lo "segundo" de la santificación (una segunda obra definida de gracia" es una frase importante en la tradición de santidad) es esa relación más profunda con Dios que fluye del amor sustentador y transformador de Dios en lo más recóndito de nuestras vidas. Esta obra de Dios induce nuestra respuesta de entera consagración, una respuesta de ofrecernos a nosotros mismos, juntos como iglesia, como un sacrificio vivo. En la medida en que el

La santidad bíblica

discípulo cristiano continúe, gracias al bondadoso empoderamiento del Espíritu de Dios, en esa relación, él o ella es enteramente santificado, puesto que ese compromiso es esencialmente el de amar con el ser entero a Dios, y amar al prójimo, expresándolo en actos concretos de un compromiso con el bienestar del otro. Esa orientación de amar activamente, sostenía Juan Wesley, excluye por definición el pecado, si el pecado se entiende como la ausencia o el rechazo de esa relación de amor, y los pecados se entienden como las actitudes y acciones (o no acciones) que manifiestan ese desamor. En su libro, *La Perfección Cristiana,* Wesley lo pone de esta manera: "La perfección bíblica es amor puro que llena el corazón y que rige todas las palabras y acciones.... Pero si el amor de Dios llena todo el corazón, no puede haber ningún pecado en él.... [Es] amor que llena el corazón, que expulsa el orgullo, la ira, el deseo, la voluntad propia; que está siempre gozoso, que ora sin cesar y que en todo da gracias".[2]

Cuando, por la gracia de Dios, vivimos en tales relaciones de amor a Dios y a los demás, somos perfectos (del griego, *télos* = objetivo o propósito) en el sentido de que estamos siendo aquello para lo que fuimos creados. Somos perfectos en intención, porque será el motivo subyacente de nuestras vidas amar a Dios y al prójimo. También somos perfectos en dirección porque nuestras vidas estarán dirigidas hacia un volvernos cada vez más semejantes a Cristo, lo que, como señaló Wesley, es ser cada vez más una persona de amor. Esta es la vida santificada, la vida apartada para amar a Dios y a otros. Al estar en este ofrecimiento abierto, creciente y profundo de nuestros cuerpos a Dios a través del magnánimo poder del Espíritu Santo en nuestras vidas, la "inclinación a pecar" (Carlos Wesley) necesariamente se va, porque la "inclinación a pecar" significa precisamente esa inclinación fundamental a alejarnos de Dios y del prójimo, y a acercarnos a nuestra propia agenda e ídolos (desamor). Es importante recordar, sin embargo, que siendo que este entendimiento de la santificación está enmarcado en términos relacionales, no hay garantía absoluta de que la "inclinación a pecar", o la naturaleza carnal, no pueda regresar. Después de todo, no se trata de una cosa que se saca de nosotros de tal manera que no pueda retornar. Siendo que con la palabra *amor* nos estamos refiriendo a una relación de devoción y obediencia a Dios (y con la palabra *pecado* nos estamos refiriendo al rechazo o perversión de esa relación) se trata, pues, de una manera de vivir con Dios y con el prójimo, de la cual es posible caer. Con todo, es seguro que el Dios "que nos da la victoria por medio de nuestro Señor Jesucristo" (1 Corintios

15:57) nos ofrecerá toda la gracia y la ayuda necesaria para permanecer en relaciones santificadas con Dios y con los demás.

En el centro del asunto de la doctrina de la entera santificación está lo que la Biblia llama el corazón; es decir, nuestro sentido más profundo de lo que somos. El corazón o verdadero ser no es destruido por Dios en la santificación, ni es "limpiado" en el sentido de que alguna cosa o mancha se remueva para que no vuelva. Las palabras *amor* y *pecado,* como se utilizan aquí, describen las cualidades básicas de relación con Dios y con el prójimo entre las cuales se nos reta, ahora y siempre, a elegir. Por lo tanto, estamos hablando de relaciones, y una relación (por definición) significa que uno está siempre involucrado. Así, por ejemplo, ser "llenos del Espíritu Santo" no quita ni niega la individualidad; aunque a veces se le describa erróneamente como estar "controlado" por el Espíritu de forma tal que se acerca peligrosamente a sugerir que nos convertimos en un robot operado por el Espíritu, o en una marioneta de Dios. Tales imágenes de Dios, obviamente, están en contradicción directa con el énfasis de este libro en el deseo que Dios tiene de entrar en pactos de alianza, y con la comprensión arminio wesleyana del sinergismo. En ese sentido, es significativo que la lista de Pablo del fruto del Espíritu incluya el "dominio propio" (Gálatas 5:23) y que a Timoteo se le diga que el don de Dios para nosotros no es "un espíritu de timidez", sino más bien un espíritu de poder y de amor y de autodisciplina (2 Timoteo 1:7).

Dios está creando las criaturas humanas únicas que nosotros llegaremos a ser y su propósito, según la Biblia, es redimirnos (o redimir "nuestros cuerpos", como escribe Pablo en Romanos 8:23) y llamarnos a las mejores posibilidades que Él tiene para nuestras vidas. Pero, ¿qué hay implícito en esas posibilidades? Tengamos en cuenta que los seres humanos somos creados a imagen de Dios y además, que Dios es amor. Esto lo que implica es que nuestro propósito principal (y nuestro objetivo) deberá ser convertirnos en criaturas de amor. Esto, de hecho, nos fue personificado y se nos narró en las palabras y los actos de Jesús, quien dijo a sus seguidores, "Y éste es mi mandamiento: que se amen los unos a los otros, como yo los he amado.... De este modo todos sabrán que son mis discípulos, si se aman los unos a los otros" (Juan 15:12; 13:35). La propia vida de Jesús deja en claro que el amor no es un idealismo romántico ni florido, sino que consiste en poner nuestras vidas por el otro en la vida compartida del discipulado, lo cual se nos revela perfectamente en Jesús cuando pone su vida por nosotros en la

La santidad bíblica

cruz (15:13; 1 Juan 3:16-17). Así, la idea bíblica del amor no es emoción o sentimentalismo, sino el compromiso de cada día y de cada momento de entregar nuestras vidas por los demás, ya sea en términos de tiempo, intereses, dinero o de nosotros mismos.

El siguiente, entonces, es el ideal cristiano; el llamado de Dios a cada vida cristiana y el que Juan Wesley previó mientras leía la Biblia: que es posible en este momento, y en cada momento que pasa, por el poder bondadoso y transformador del Espíritu Santo de Dios, amar a Dios con todo nuestro corazón, alma, mente y fuerza, y amar a nuestro prójimo como a nosotros mismos. Vivir de esta manera es ser libertado del pecado (1 Juan 1:6 – 2:1, 7; 3:11; 4:19-21). Es ser amado por Dios, y saberlo, y luego devolver ese amor dándose uno a Dios y al prójimo; así como Dios ha derramado la vida y el amor divinos hacia nosotros en Cristo. Anteriormente en nuestro libro hemos citado un poema que Juan Wesley escribió en su diario. Nos parece oportuno citarlo de nuevo, esta vez como el cierre de estas reflexiones sobre la santidad bíblica:

¡Oh, concédeme que nada en mi alma
more, sino tu puro amor!
Oh, que tu amor enteramente me posea.
Mi tesoro, mi alegría y mi corona.
¡Aleja de mi corazón extrañas llamas!
Y que todos mis actos, palabras y pensamientos sean amor.

La praxis de la existencia cristiana

La palabra *praxis* se utiliza a menudo en la filosofía y la teología contemporáneas para referirse a una comprensión específica de la relación entre las ideas que sostenemos y las obras que hacemos. En síntesis, esta comprensión pone en duda la concepción tradicional de la relación entre el pensamiento y la acción humana. Aunque la gente, en las culturas occidentales, ha creído generalmente que las ideas y las acciones son inseparables, ha sido común suponer que las ideas constituyen la base y el fundamento de las acciones y las prácticas. Por el contrario, los pensadores que utilizan el término *praxis* tienden a creer que la relación opera en ambos sentidos; por lo que, muy frecuentemente, son nuestras acciones (y nuestras no acciones) las que forman, o incluso crean, nuestro pensamiento. Entonces, la *praxis* por lo general sugiere un tipo de acción intencional que genere reflexión y un modo de reflexión que siga atentamente y muy de cerca la acción del ser humano en el mundo, especialmente en respuesta a los pueblos marginados que están siendo política y económicamente oprimidos.

Por tanto, titular este capítulo, "La praxis de la existencia cristiana", es tratar de pensar cuidadosa y deliberadamente acerca de qué tipo de vida, vivida por los discípulos cristianos, favorece al máximo la fecundación de una buena teología. Es preguntarse qué tipo de acciones, más clara y determinantemente, caracterizan la existencia verdaderamente cristiana en este mundo. Qué clase de vida nos ayuda a entender mejor la naturaleza de la relación entre Dios y los seres humanos, y qué es lo que Dios desea y requiere.

Para el cristiano, la respuesta más convincente a estas preguntas implica la apelación a una historia: la historia narrada en los evangelios, la historia de Jesús. Es la historia de este judío (su vida y ministerio, y su muerte y resurrección) la que ha generado y sostenido la continua tarea del pensamiento y la práctica cristiana durante casi dos milenios. Él es Aquél a través del cual "la gracia y la verdad nos han llegado", porque, "A Dios nadie ha visto nunca; el Hijo unigénito, que es Dios y que vive en unión íntima con el Padre, nos lo ha dado a conocer" (Juan 1:17-18). Este mismo Jesús dejó claro que la revelación de Dios Padre se produjo a través de su vida, precisamente en su praxis: "El que me envió está conmigo; no me ha dejado solo, porque siempre hago lo que le agrada" (8:29). Es justamente debido a que Jesús "anduvo haciendo el bien" y en la medida en que lo hizo, que comprendemos que "Dios estaba con él" de una manera única y poderosa y reveladora (Hechos 10:38). La verdadera naturaleza de la praxis cristiana se nos ofrece en la historia de Jesús.

Pero, ¿cómo podemos comprender y manejar esa historia? ¿Cómo podríamos caracterizarla? Si se nos preguntara, "¿Qué es lo que se puede aprender acerca de Dios y de los seres humanos al ver a Jesús?", ¿cómo responderíamos?

Cada uno de los evangelios sinópticos presenta una variación de esa pregunta. En Mateo, la pregunta es: "¿cuál es el mandamiento más importante de la ley?" (22:36). En Marcos se plantea la pregunta de forma parecida: "De todos los mandamientos, ¿cuál es el más importante?" (12:28). En Lucas es: "¿qué tengo que hacer para heredar la vida eterna?" (10:25). En cada caso, la pregunta que se le plantea a Jesús es una pregunta acerca de lo que los seres humanos tienen el propósito de ser y hacer. Y aquí, tal vez más que en ningún otro lugar, podemos aprender de Jesús lo que significa ser verdaderamente cristiano, verdaderamente humano, verdaderamente de Dios.

De los tres pasajes similares (y quizá paralelos), el de Lucas es el más atractivo e interesante, si por ninguna otra razón, porque presenta a Jesús como un "teólogo narrativo" en su mejor expresión. En otras palabras, que en nuestro esfuerzo de esbozar la naturaleza de la praxis cristiana, somos atraídos por la historia de Jesús, y por lo tanto atraídos a una historia de Jesús, la historia de un samaritano compasivo.

Parte del poder de esta historia, lo cual a menudo el lector moderno olvida o ignora, es su ubicación dentro de una historia más amplia que Lucas está contando. La conversación en la que Jesús está enfrascado cuando teje esta parábola es una parte tan importante de la narrativa de Lucas como la

La praxis de la existencia cristiana

parábola misma. Es, por tanto, fundamental tener en cuenta que la conversación comienza con la siguiente pregunta de parte de un teólogo judío: "Maestro, ¿qué tengo que hacer para heredar la vida eterna?" La pregunta le presta a la conversación que sigue un significado escatológico, puesto que implica que la existencia humana en el aquí y el ahora de alguna manera es un preludio de lo que está por venir.

Jesús, reconociendo que el teólogo está tratando de atraparlo en sutilezas teológicas, pone el balón en la cancha de su interlocutor: "Tú eres el experto en la ley. ¿Qué ves ahí?" La tendencia de Jesús a responder a las preguntas con preguntas no sólo era un excelente instrumento de enseñanza, sino que también era una práctica común entre los rabinos judíos, y la sigue siendo hoy. (Una vez le pregunté a un profesor mío que también era rabino, "¿Por qué los judíos responden tan a menudo a una pregunta con otra pregunta?" Él respondió: "¿Y por qué no?")

El teólogo respondió con dos mandamientos de Moisés, el doble mandamiento de amar a Dios y al prójimo. En los evangelios de Mateo y Marcos, esta respuesta se encuentra en los labios de Jesús. El hecho de que en Lucas sea el teólogo el que ofrezca este resumen de la Torá de Dios sugiere que esa respuesta no era exclusiva de Jesús, sino que, de hecho, circulaba en las discusiones religiosas judías. La literatura rabínica de aproximadamente el mismo período, en efecto, así lo corrobora. El punto aquí es que Jesús felizmente reconoció que la ley mosaica contenía el corazón mismo de lo que es ser un humano ante Dios; la vida eterna es en realidad una cuestión de amor: amor a Dios y a los demás.

"Bien contestado —le dijo Jesús—. *Haz eso y vivirás*" (Lucas 10:28, cursivas añadidas por el autor).

Después, Lucas nos dice que el teólogo quiso "justificarse". ¿Qué pudo haber significado "justificarse"? Pudo haber significado que el teólogo se sintió medio estúpido porque Jesús interrumpió la discusión con una respuesta más bien sencilla y evidente, cuando él como el experto estaba queriendo exhibir todo el peso de sus conocimientos teológicos. Según esta interpretación, el teólogo quería "justificarse" como teólogo: por lo cual se esforzó en mantener viva la discusión con una pregunta de seguimiento, "¿Y quién es mi prójimo?" (v. 29). También es posible que este teólogo hubiera visto la libertad del amor de Jesús por los demás y que de alguna manera quisiera justificar la estrechez de su propio amor dándole a "prójimo" una definición estrecha.

Cualesquiera que hubieran sido los motivos detrás de la pregunta, Jesús, como de costumbre, ¡se niega a dejarse arrastrar hacia una discusión teórica que pretendía hacer que los teólogos se sintieran mejor consigo mismos! En lugar de participar en definiciones y argumentaciones abstractas sobre el concepto de lo que es un prójimo, Jesús simplemente nos cuenta una historia:

> Bajaba un hombre de Jerusalén a Jericó, y cayó en manos de unos ladrones. Le quitaron la ropa, lo golpearon y se fueron, dejándolo medio muerto. Resulta que viajaba por el mismo camino un sacerdote quien, al verlo, se desvió y siguió de largo. Así también llegó a aquel lugar un levita, y al verlo, se desvió y siguió de largo. Pero un samaritano...
>
> (Versículos 29-33)

En ese momento, las bocas de los oyentes de Jesús debieron haberse quedado completamente abiertas, preguntándose con respiración entrecortada, "¿Dijo lo que yo pienso que dijo, samaritano?"

Jesús, el Maestro tejedor de historias, conmociona completamente a los allí reunidos pronunciando esa simple palabra. No muy diferente del estilo de muchos maestros judíos narradores-de-cuentos, Jesús parece estar creando la típica estructura tripartita en la que el tercer personaje de la parábola, el que baja por el camino tras los dos ejemplos negativos, sería el héroe. Los primeros dos caracteres, el sacerdote y el levita, representan la clase religiosa del templo. Parece, entonces, que este galileo rural y narrador de historias está a punto de asestar un golpe a la quijada de la estructura de poder de la santidad organizada representada por el templo de Jerusalén y sus agentes. En ese caso, tal vez los oyentes habrían preferido que el tercer personaje hubiera sido un laico judío, tal vez incluso un judío galileo como Él y sus discípulos. En cambio, Jesús dice: "Pero un samaritano..."

Debemos esforzarnos por apreciar el valor de conmoción que tuvo el que Jesús mencionara a un samaritano como el tercer personaje heroico de la parábola. Por desgracia, los siglos que llevamos contando y volviendo a contar esta historia, han convertido al buen samaritano en un cliché, cosa que ha desvanecido su valor de conmoción. Pero, para los judíos de la Palestina

La praxis de la existencia cristiana

del primer siglo, los samaritanos eran, para ponerlo de manera burda, basura. Eran considerados racialmente inferiores, mestizos, por ser el producto de matrimonios interraciales judíos. También eran considerados religiosamente inferiores, como herejes que habían sintetizado las enseñanzas de Moisés (aceptaban la Torá, o los primeros cinco libros de la Biblia) con ideas extranjeras. El Evangelio de Juan, al preparar la escena de la conversación de Jesús con la mujer samaritana junto al pozo, describe bien la situación sociológica del primer siglo cuando señala que "los judíos no usan nada en común con los samaritanos" (4:9). Ciertamente, en esa misma conversación junto al pozo, Jesús refleja las actitudes religiosas de los judíos de la época al decirle a la mujer: "Ahora ustedes [los samaritanos] adoran lo que no conocen; nosotros [los judíos] adoramos lo que conocemos, porque la salvación proviene de los judíos" (v. 22).

Cabe destacar, también, que la animosidad entre judíos y samaritanos no era simplemente una actitud generalizada arraigada en prejuicios raciales y religiosos. Menos de dos siglos atrás, la casa de culto de los samaritanos, ubicada al pie del monte Guerizín en el norte, había sido destruida por los ejércitos judíos. No hacía mucho tiempo, los samaritanos habían contraatacado. Durante una temporada de Pascua, probablemente durante la infancia temprana de Jesús, vándalos samaritanos se habían infiltrado en el templo de Jerusalén al amparo de la noche, dispersando huesos de esqueletos humanos por el suelo del recinto del templo. Este acto de profanación era una dramática declaración del rechazo samaritano del templo de Jerusalén en favor del sitio de Guerizín como el lugar aceptado por Dios para la adoración y el sacrificio. Estos y otros actos de agresión y venganza de ambas partes no eran olvidados por ninguna de ellas. No hay duda de que Jesús había crecido oyendo historias sobre esos samaritanos blasfemos y asquerosos.

Por supuesto, esta disputa sostenida entre judíos y samaritanos sobre el sitio correcto de adoración va a jugar un papel crítico en la parábola de Jesús. Las dos primeras figuras son un sacerdote y un levita, quienes se desviaron "y pasaron de largo", manteniendo su distancia del hombre medio muerto en la cuneta. Ambos, dentro del marco de la narrativa de la parábola, son inmediatamente reconocibles como oficiantes del culto del templo. Pero Jesús no estaba necesariamente implicando que eran hombres malos y sin sentimientos, sino que eran participantes de un sistema de santidad ceremonial que embotaba su capacidad de compasión. Acercarse demasiado a un cadáver los habría hecho ritualmente impuros y no aptos para el servicio del templo, por lo que era imposible que se acercaran lo suficiente al hombre golpeado y ensangrentado, siquiera para determinar si todavía respiraba. El samaritano, en cambio, se acerca lo suficiente a la víctima como para "compadecerse" (v. 33) de ella.

Notemos, también, que la parábola de Jesús no profundiza en las convicciones religiosas del samaritano, o la falta de ellas; éste no se detiene para ayudar al hombre en necesidad porque recuerde algún mandamiento de la Torá. Más bien, como Jesús lo cuenta, el samaritano simplemente "llegó a donde estaba el hombre" y "se compadeció", y partiendo de ese sentido humano profundo y empático de identificación con el sufrimiento del otro, el samaritano atiende de manera extravagante la necesidad de este pobre hombre que necesitaba ayuda. Podríamos sugerir, además que, aunque ofrecer un conmovedor ejemplo de la doctrina de la gracia preveniente presumiblemente estaba bastante lejos de la mente de Jesús al contar esta parábola, las acciones del samaritano son, de hecho, el tipo de acción a la que nos referimos cuando hablamos de la gracia preveniente. El samaritano se acerca lo suficiente a la víctima sufriente como para empatizar con él y hacer algo al respecto. Aunque era un pecador caído como todos los demás, el samaritano hereje (desde la perspectiva de los judíos) responde con compasión hacia la persona definida socialmente como su enemiga. La experiencia humana de la empatía que mueve a alguien a responder con servicio compasivo a las necesidades de otros es un indicio, creemos los wesleyanos, de que el Espíritu de Dios está obrando de una manera profunda.

Hay un último detalle que aumenta todavía más el sentido del valor de conmoción de la parábola de Jesús. Esta parábola le es única al Evangelio de Lucas y probablemente no es coincidencia que exista otro pasaje, fundamental para apreciar éste, que también le sea exclusivo a Lucas: el relato del rechazo que sufrieron Jesús y los discípulos cuando intentaban parar en una aldea de los samaritanos para pasar la noche. ¿Por qué fueron rechazados? Porque Jesús "se dirigía a Jerusalén" (9:53). Los discípulos responden a esta bofetada en la mejilla sugiriendo que se les permita hacer "caer fuego del cielo para que los destruya [a los samaritanos]" (v. 54). Jesús, sin embargo, rechazará de inmediato este coqueteo con la venganza.

Tengamos en cuenta que Lucas sitúa la historia de los samaritanos que rechazan a Jesús y a los discípulos no mucho antes de la parábola de Jesús del samaritano compasivo. No es difícil imaginar que los discípulos todavía

La praxis de la existencia cristiana

sentían el aguijón de este rechazo. De aquí que cuando Jesús pronuncia esas palabras explosivas de, "un samaritano", está virtualmente echándole sal a la herida del rechazo. Casi se les puede oír murmurar entre ellos, en vergüenza e ira:

¿Cómo puede Jesús hablar así de un samaritano?

¿No se da cuenta de que los samaritanos son unos herejes sucios y mestizos?

¿Es que no recuerda cómo nos echaron a patadas de la ciudad el otro día?

¿No puede ver Jesús que la gente no va a tolerar esta manera de hablar?

Es crucial reconocer que, en el propio acto de relatar esta parábola, Jesús estaba amando activamente a su prójimo. En efecto, Jesús estaba amando activamente al enemigo, como lo definía su cultura. Al contar una historia que pone a un samaritano "hereje y mestizo" bajo una luz favorable, Jesús de hecho hace de un samaritano el modelo del amor al prójimo, y ciertamente el modelo de lo que significa vivir de verdad (10:28) y heredar la vida eterna (v. 25). De esa manera, Jesús a su vez desafiaba los prejuicios teológicos y sociales aceptados de los judíos. Él, pues, estaba haciendo de la narración de una historia, un poderoso momento de praxis, un momento en el que una historia de amor al prójimo de verdad se convertía en un evento o una expresión de amor al prójimo. En realidad, no importaba si un samaritano jamás se había detenido para ayudar a un judío apabullado e indefenso. Lo que importaba era que Jesús estaba obligando a sus oyentes a reconsiderar la relación entera entre el judío y el samaritano, y entre el samaritano y Dios.

También es importante señalar que, en la conclusión de la historia, Jesús dirige una pregunta más al teólogo. La pregunta de Jesús, sin embargo, es la misma que el teólogo había hecho ("¿Y quién es mi prójimo?"), pero al revés y de cabeza. Esta es la pregunta que Jesús le hace: "¿Cuál de estos tres piensas que demostró ser el prójimo del que cayó en manos de los ladrones?" (10:36). Y la pregunta ya no es teórica; no se trata de definir apropiadamente *prójimo* (ya que si puedo definir *prójimo* de una manera lo suficientemente restringida, también puedo reconocer fácilmente quién no es mi prójimo y por consiguiente a quién no necesito amar). Ahora la pregunta es sobre aquello que se necesita para ser un prójimo. El movimiento del pensamiento ahora se aleja de la abstracción y se acerca a un movimiento activo, "de prójimo", a cada otro ser humano y especialmente hacia los que son fácilmente pasados por alto, ignorados y marginados. Permítaseme una manera libre de expresar el punto de Jesús: "No teorices sobre quién es tu prójimo y quién no lo es o quién es merecedor de tu ayuda y compasión. Tu prójimo es toda persona con la que entras en contacto y tú deberás ser prójimo a todos, sin excepción". Para el momento en que Jesús ha terminado esta parábola, el *prójimo* ya no describe a otra persona tanto como describe una cierta forma de vida con los demás a la que se nos reta adoptar y poner en práctica. Y es que, después de que el teólogo admitió que el prójimo era "el que se compadeció de él" (al parecer el teólogo no se atrevió a decir "samaritano"), Jesús de nuevo tornó la parábola hacia la praxis: "Anda entonces y haz tú lo mismo" (10:37).

"¿Qué tengo que hacer para heredar la vida eterna?" "Haz eso y vivirás". "Anda entonces y haz tú lo mismo". Estos comentarios críticos dentro de la conversación entre el teólogo judío y Jesús dejan claro que el asunto de la vida eterna realmente se centra en el hacer, en la praxis, en el amor. Porque es en amar a Dios con todo lo que somos y tenemos, y en amar a las demás personas como personas como nosotros, que verdaderamente estamos viviendo una calidad de vida llamada eterna. Y es que, muy a menudo, la "vida eterna" en el Nuevo Testamento es en primer lugar una calidad de vida divina antes que una cantidad de vida (es decir, eterna). La vida eterna comienza aquí; comienza ahora, en una vida completamente entregada al amor. Es esa clase de vida la que caracteriza el seguir a Jesús y la que caracteriza lo que Wesley quiso decir con "perfección". No es de extrañar que Wesley, al comentar sobre esta parábola, escribiera:

> Vivirá para siempre aquella persona, y sólo aquella, que así ame a Dios y a su prójimo en la vida presente.... Vamos y hagamos del mismo modo, considerando como nuestro prójimo a toda persona que necesite nuestra ayuda. Renunciemos al fanatismo y al celo partidista que obligue nuestros corazones a la insensibilidad hacia toda la raza humana, limitándonos a un número pequeño cuyos sentimientos y prácticas sean tan parecidas a las nuestras que nuestro amor por ellos no sea más que el reflejo del amor propio. Con sincera apertura de mente, recordemos siempre la afinidad de familia entre ser humano y ser humano, y cultivemos ese feliz instinto por el que, en la constitución original de nuestra naturaleza, Dios nos ha unido fuertemente los unos con los otros.[1]

El fin de la historia de Dios: la doctrina de las últimas cosas

La doctrina de la escatología (del griego, *éscatos* = último o final) tiene que ver con la esperanza en Cristo que la tradición cristiana asocia con el fin de la historia de Dios. ¿Qué esperamos? ¿Cómo esperamos que salga y por qué?

Al comenzar a investigar los problemas tradicionalmente asociados con el fin de la historia de Dios, hay que tener en cuenta que la palabra *fin* tiene dos significados diferentes, aunque relacionados, y ambos son importantes para la escatología cristiana. El primer significado de fin, y el más común, es la conclusión temporal de algún proceso. Por ejemplo, estamos acercándonos al fin de este libro o el fin de un partido de baloncesto llega cuando el reloj marca :00 y suena la chicharra final. El otro significado de fin se refiere a la meta o el propósito de alguna acción. En este caso, nuestro fin al escribir este libro ha sido ofrecer una introducción a la disciplina y el arte de la teología por medio de una reflexión sobre la narrativa bíblica. En el caso de los jugadores de baloncesto, el fin que tienen en mente, por lo general, es ganar el juego (aun cuando fines más nobles, tales como la formación del carácter, el trabajo en equipo y el espíritu deportivo, a menudo sean reconocidos más o menos de la boca para afuera).

Las personas parecen generalmente tener en cuenta el primer significado de fin cuando hablan de "los tiempos del fin" de la escatología. En ese caso, se piensa de la escatología como refiriéndose a cierto calendario de eventos que marca el tic-tac del reloj de la creación hasta el fin del mundo tal y como lo conocemos. Así, el fin de la presente era estaría marcado por la segunda venida de Cristo, la resurrección general de los muertos y el juicio final. El fin, entendido como esta clase de punto de detención en el tiempo, también se puede aplicar a nuestras vidas individuales, como cuando morimos.

Parece inevitable, pues, que este sentido de fin ciertamente juegue su papel en lo que entendemos por el final de la historia de Dios. Todo lo finito llega tarde o temprano a su conclusión. Aparte de la expectativa cristiana sobre el fin del mundo, los cosmólogos y los físicos predicen que, con el tiempo, la estrella de tamaño mediano que llamamos sol se extinguirá y la vida en este planeta llegará a un final escalofriante, aun cuando la vida humana en este planeta se las arregle para sobrevivir las amenazas nucleares y ambientales, o la sobrepoblación y la hambruna masiva. Y si los seres humanos algún día desarrollaran la tecnología de viajes espaciales para enviar una colonia de gente a un mundo habitable en los confines de nuestra galaxia y así escapar del desvanecimiento del sol, los astrónomos en general creen que con el tiempo el universo entero, o bien se tornará demasiado frío para la vida, o de lo contrario se colapsará finalmente sobre sí mismo en una bola de fuego inimaginablemente candente. De cualquier manera, el universo, tal y como lo conocemos actualmente, llegará a su fin, y con él, toda la vida humana. En términos del Nuevo Testamento, nos estamos acercando al "día de Dios... Ese día los cielos serán destruidos por el fuego, y los elementos se derretirán con el calor de las llamas" (2 Pedro 3:12). Otro de los escri-

El fin de la historia de Dios: la doctrina de las últimas cosas

tores del Nuevo Testamento concatena varias citas de la Biblia hebrea para establecer el mismo punto, pero en lenguaje más poético:

> *En el principio, oh Señor, tú afirmaste la tierra,*
> * y los cielos son la obra de tus manos.*
> *Ellos perecerán, pero tú permaneces para siempre.*
> * Todos ellos se desgastarán como un vestido.*
> *Los doblarás como un manto,*
> * y cambiarán como ropa que se muda;*
> *pero tú eres siempre el mismo,*
> * y tus años no tienen fin.*
>
> (Hebreos 1:10-12)

De modo que, en este primer sentido de la palabra, el "fin del tiempo" con el que la escatología se ocupa nos recuerda que nuestra vida individual, al igual que la vida de nuestro universo como un todo, es finita y limitada. Todo es creado; o en los términos de la Escritura hebrea, todo es "polvo", siempre proclive hacia la disolución. Toda la existencia, tal y como la conocemos, llegará a su fin.

El segundo significado del fin de los tiempos en la escatología, no obstante, es probablemente el más significativo. Nos referimos al fin o la meta de Dios para el reino de la creación. La escatología en este sentido intenta hablar de lo que creemos que son las intenciones de Dios para crear el mundo, o dónde "terminará" el universo cuando sea llevado a su fin por guía providencial. El libro de Apocalipsis ofrece la siguiente visión cautivante del fin que Dios tiene para la creación:

> Después vi un cielo nuevo y una tierra nueva, porque el primer cielo y la primera tierra habían dejado de existir, lo mismo que el mar. Vi además la ciudad santa, la nueva Jerusalén... Oí una potente voz que provenía del trono y decía:
>
> «¡Aquí, entre los seres humanos, está la morada de Dios!
> Él acampará en medio de ellos, y ellos serán su pueblo;
> Dios mismo estará con ellos y será su Dios.
> Él les enjugará toda lágrima de los ojos.
> Ya no habrá muerte,
> ni llanto, ni lamento ni dolor,
> porque las primeras cosas han dejado de existir.»

La historia de Dios

El que estaba sentado en el trono dijo:
«¡Yo hago nuevas todas las cosas!»

(21:1, 3-5)

El tiempo del fin en este segundo sentido tiene sus raíces en la convicción bíblica de que Dios, el Creador, creará de nuevo al mundo y que Dios, el Redentor, es fiel para producir una creación redimida inmersa en la alegría y el compañerismo de Dios. La escatología cristiana proclama que Dios es capaz de llevar a cabo el propósito divino de la creación y que lo hará. Tal parece que toda historia llega a su fin y el fin de la historia de Dios, tanto en términos de su fin temporal como de su fin intencional, es *shalom:* "la salud de las naciones" (Apocalipsis 22:2).

¿Qué espera usted? Aprendamos una lección de Juan el Bautista

Cuando la escatología se convierte en el foco de atención de las personas no es inusual que una considerable cantidad de especulaciones y discusiones ocupen el centro del escenario. A algunas personas les resulta fascinante debatir los más mínimos detalles sobre el pre- o el pos- milenarismo, o el pre- , el pos- , y el mediano tribulacionismo, o el rapto, o el juicio del gran trono blanco, o el anticristo, o el cielo y el infierno, o, lo que es todavía más intimidante, todo lo anterior a la misma vez. Las doctrinas de la escatología siempre van a generar una enorme controversia y emoción debido a que tienen que ver con nuestras expectativas acerca de acontecimientos futuros y desconocidos. Es por esto que puede ser beneficioso que comencemos nuestras reflexiones sobre la escatología considerando una historia fascinante del evangelio. La historia comienza de la siguiente manera: "Juan estaba en la cárcel, y al enterarse de lo que Cristo estaba haciendo, envió a sus discípulos a que le preguntaran: ¿Eres tú el que ha de venir, o debemos esperar a otro?" (Mateo 11:2-3).

Con el fin de entender la pregunta de Juan, tal vez deberíamos tratar de sentarnos junto a él en su celda de prisión. Mientras se consumía en la cárcel de Herodes, Juan estaba pensando sobre todo lo que le había sucedido desde que la palabra de Dios vino a él en el desierto. Al igual que los profetas de la antigüedad, parecía que hablar la palabra de Dios no había hecho otra cosa que meterlo en problemas. Nada tenía sentido y en la oscuridad de su celda, y en aquella oscuridad de su duda, cuestionó su propio mensaje. Él recordaba cómo, en un principio, todo había parecido demasiado claro. Había venido predicando con el fuego de un abigarrado montuno y diciendo, "Arrepiéntanse, porque el reino de los cielos está cerca" (3:2). Había insistido en que el bautismo no sólo era para los gentiles que deseaban convertirse al judaísmo, sino que también era una señal de arrepentimiento para los judíos, todo lo cual era un mensaje radical y revolucionario. Frente a aquellos que contaban con su herencia judía para una posición de privilegio ante Dios, él explotó diciendo: "No piensen que podrán alegar: 'Tenemos a Abraham por padre'. Porque les digo que aun de estas piedras Dios es capaz de darle hijos a Abraham" (v. 9).

Juan había insistido en que los que estaban dispuestos a arrepentirse, o a volverse de sus pecados, se bautizaran en señal de su arrepentimiento. También había advertido que pronto vendría uno que "limpiará su era" y que "la paja, en cambio, la quemará con fuego que nunca se apagará" (v. 12).

Entonces apareció Jesús. Llegó a las orillas del Jordán y pidió el bautismo. "¿Que yo te bautice?", había preguntado Juan conmocionado y desconcertado. ¡El suyo era un bautismo de arrepentimiento del pecado! ¿Qué necesidad tenía Aquél santo y justo de ser bautizado con estos pecadores? En todo caso, mientras permanecía sentado en aquella oscura celda, Juan recordaba haber dicho que era él quien debía haber sido bautizado por Jesús. Sin embargo, Jesús había insistido en que había que hacerlo de esa manera. Juan finalmente había aceptado pero de alguna manera simplemente no tenía sentido alguno entonces, ni ahora.

Su mente comienza a reproducir los acontecimientos que le han traído a este lugar infernal. Su predicación del arrepentimiento y la justicia no había hecho acepción de personas. Había criticado hasta al mismo rey Herodes por vivir en adulterio. Se había arriesgado por causa de la justicia pero ahora se encontraba aquí, en la oscuridad, y con deseos de poder ver una vez más la luz del día.

Finalmente, y sin embargo, no son sus circunstancias inmediatas las que ahora lo afligen. Él sabe que los que defienden la justicia a menudo sufren penurias en manos del mundo. Después de todo, ¿no había sido el gran profeta Isaías hendido por la mitad? No; su sufrimiento, acongojante como era, no era lo que más le afectaba. Lo molestaban, sobre todo, los informes del ministerio de Jesús, los cuales estaban llegándole hasta la profunda

¿Qué espera usted? Aprendamos una lección de Juan el Bautista

mazmorra donde lo había puesto Herodes. "Juan estaba en la cárcel, y al enterarse de lo que Cristo estaba haciendo…"

En efecto, eran esos hechos de Jesús los que habían obligado a Juan a enviar un par de sus discípulos hasta Él. E irían y le harían esta pregunta: "Jesús, ¿pero qué es esto que estás haciendo?"

"¿Eres realmente Aquél que yo dije que eras? Me arriesgué y te señalé como el Mesías, el Ungido, el Redentor de Israel. Pero ahora lo que realmente quiero saber es quién eres. Hablé de Aquél que bautizaría al mundo en el fuego del juicio, que separaría a los justos de los pecadores como el trigo de la paja, ¡que limpiaría este mundo del pecado y quemaría a los impíos en el fuego que nunca se apaga!"

"Dime, ¿eres tú el que había de venir. . . o esperaremos a otro?"

***

Jesús no estaba actuando conforme a las expectativas de Juan. Juan estaba perplejo, desanimado, y en la oscuridad. Hacía tan sólo una hora sus mensajeros habían vuelto con una respuesta de parte de Jesús. Probablemente Juan tenía la esperanza de oír algo así como: "Mis ejércitos están creciendo, Juan. Cesarea, la sede del gobierno de Roma, está a punto de caer. Un grupo de combatientes de la resistencia clandestina pronto te liberará de la cárcel. Los pecadores están siendo destruidos, y el juicio y la ira están a punto de comenzar".

Pero no. Juan ahora está reflexionando sobre esa respuesta misteriosa de Jesús que le trajeron sus discípulos: "Vayan y cuéntenle a Juan lo que están viendo y oyendo: Los ciegos ven, los cojos andan, los que tienen lepra son sanados, los sordos oyen, los muertos resucitan y a los pobres se les anuncian las buenas nuevas" (11:4-5).

Hay que notar que Jesús no se prestó para dar una respuesta directa y simple a la pregunta de Juan. Jesús respondió con sus obras, presumiblemente las mismas obras que habían ocasionado la pregunta de Juan en primer lugar. ¡Es probable que esto no fuera lo que Juan estaba esperando!

los ciegos ven. . .
los cojos andan. . .
los que tienen lepra son sanados, los sordos oyen. . .
los muertos son resucitados, y a los pobres se les anuncian las buenas nuevas.

Tal vez Juan se estaba preguntando, "¿Las buenas nuevas? ¿Y qué del juicio? ¿Qué pasó con el fuego inextinguible de la ira furibunda de Dios? ¿Qué pasó. . .?" Pero ahí también estaba esa breve postdata de Jesús: "Dichoso el que no tropieza por causa mía" (v. 6).

Jesús, ¿qué quieres decir con eso?

***

Estando aquí sentados con Juan en esta celda de prisión, tal vez podamos entender sus sentimientos. Está en desdicha por haber hecho lo que era correcto. Pero Dios no está actuando de la manera que Juan esperaba. Esperaba un poderoso Mesías que obligara a la sumisión por medio del poder divino, que destruyera la oposición y arrojara a los enemigos de Dios en el fuego del infierno. Por el contrario, Juan está oyendo reportes de un afable y humilde sanador de enfermos que ama a los recaudadores de impuestos y acoge a los pecadores. Juan era un asceta del desierto, que vestía una gruesa prenda de pelo de camello y comía langostas. A Jesús, por el contrario, se le llama "un glotón y un borracho, amigo de recaudadores de impuestos y de pecadores" (11:19). ¿Dónde está el poder en eso? ¿Dónde está la justicia? ¿Dónde está el hacha puesta al árbol?

Dios, ¿qué estás haciendo?

Seguramente hay una lección muy sencilla aquí para nosotros. Juan el Bautista, al igual que la mayoría de sus contemporáneos, esperaba un mesías que fuera un poderoso libertador de corte militar. A pesar de que Juan había sido considerado por Jesús como "un profeta. . . y más que un profeta" (v. 9), él no entendía cómo Jesús podría ser el cumplimiento de las esperanzas escatológicas judías. Y parece que, en efecto, Jesús no cumplía esas esperanzas y tal vez ese sea precisamente el punto.

¿Qué esperamos? ¿Qué tipo de sermones o conferencias hemos oído que han creado ciertas expectativas, o establecido ciertas fechas para ciertos eventos escatológicos, sólo para ver esas expectativas incumplidas? La lección básica obtenida de Juan el Bautista sería, entonces, que Dios no está sujeto a

¿Qué espera usted? Aprendamos una lección de Juan el Bautista

las expectativas humanas. El Santo no está limitado ni obligado por ningún escenario escatológico particular que pueda ser establecido por medio de esmerados gráficos escatológicos detalladamente elaborados por los llamados expertos en profecía. Esta fue una lección que Juan Wesley pareció haber aprendido, ya que demostró muy poco interés en las profecías populares de su propia era. Un ejemplo típico de su actitud se encuentra en una carta en la que Wesley comenta sobre la predicción de un estudioso de la Biblia llamado Johann Bengel, en el sentido de que Jesús regresaría en 1836. Wesley escribió: "No tengo opinión alguna en mi mente; no puedo determinar nada al respecto. Estos cálculos están muy por encima de mí y fuera de mi vista. Sólo tengo una cosa que hacer: salvar mi alma y la de los que me escuchan".[1]

Por nuestra parte, la única afirmación que podemos hacer sobre las bases de esta historia de Juan en la cárcel, es que el obrar de Dios en la historia hacia su cumplimiento escatológico tiene que ver con curaciones, con restauración, con vida, con buenas nuevas, ya que eso es lo que ha sido revelado en Jesús. La auto revelación de Dios se ha producido de manera decisiva y la escatología deberá ser moldeada por esa revelación. En otras palabras, la escatología cristiana en su mejor expresión afirma que el cumplimiento final de los propósitos de Dios ya se ha vislumbrado en el ministerio amante y misericordioso de Jesús. Ello significa, por tanto, que nunca se deberá permitir que nuestras expectativas y especulaciones sobre los eventos del fin del tiempo se disgreguen arbitrariamente de la revelación del corazón de Dios en la persona de Jesús, el "apacible y humilde de corazón" (v. 29). Si "Jesucristo es el mismo ayer y hoy y por los siglos" (Hebreos 13:8), entonces, Aquél que viene por segunda vez no será esencialmente diferente a Aquél que ya ha venido, ni podrá de hecho serlo.

"Amén. ¡Ven, Señor Jesús!" (Apocalipsis 22:20), aún cuando la manera de tu venida nos sorprenda.

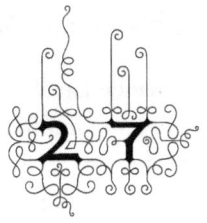

La venida del Reino

La confusión que Juan parece haber experimentado en la celda de aquella prisión podría ser fácilmente rastreada, en gran medida, hasta el hecho de que tanto él como Jesús parecían haber estado predicando el mismo mensaje. El Evangelio de Mateo ciertamente caracteriza la predicación de los dos con palabras idénticas: "Arrepiéntanse, porque el reino de los cielos está cerca" (3:2; 4:17).[1]

Dado que este es el mensaje proclamado por Jesús y por Juan, es crucial para nosotros entender tanto como podamos lo que el mensaje podría haber significado para los que lo oían. Cuando los judíos del primer siglo escuchaban que el reino de Dios estaba cerca, ¿qué imágenes o esperanzas evocaba ese mensaje en sus mentes? O, ¿qué significaba para los discípulos el que Jesús les diera instrucciones de que oraran por la venida del reino de Dios?

La frase "reino de Dios", que se da predominantemente en los evangelios sinópticos, rara vez aparece en las Escrituras hebreas. No obstante, el concepto de reino o reinado de Dios sí está muy presente. Leemos en Éxodo que el propósito que tuvo Dios de llamar al pueblo judío a un pacto de alianza en el Sinaí consistió en que Israel fuera "mi propiedad exclusiva entre todas las naciones. Aunque toda la tierra me pertenece, ustedes serán para mí un reino de sacerdotes y una nación santa" (Éxodo 19:5-6). Israel fue llamado a salir de entre los muchos pueblos del mundo a fin de que fuera una nación de representantes de Dios, un reino de sacerdotes, con la implicación obvia de que sería Dios el que reinaría en ese reino. Dios no es menos el Soberano de toda la creación y de sus pueblos por haber establecido este reino del pacto especial. El pasaje de Éxodo, pues, deja claro que la tarea de representar al Dios de Israel tiene como objetivo ser un sacerdocio para todos los pueblos, porque "toda la tierra me pertenece".

La historia de Dios

El concepto de Dios como rey de Israel (y de nuevo, sin duda, de toda la creación) también está vigorosamente implicado en la historia del clamor de Israel por un rey y la respuesta del profeta Samuel a ese deseo (véase el capítulo 14 de nuestro libro). Según esa historia, aunque Samuel insistió en que Dios iba a ser su rey, Dios siempre cedió a la petición. La carrera real de Saúl, la primera elección de Dios, terminó en fracaso, vergüenza y, finalmente, en suicidio. Sin embargo fue seguido por David, el rey más grande en la memoria colectiva de Israel. Cuando, en las generaciones posteriores, la fortuna de Israel comenzara a desvanecerse, cuando evidentemente la destrucción y el exilio se convirtieran en la suerte de Israel, el recuerdo de la gloria de David se mantendría como un rayo de esperanza. Los profetas de Israel comenzaron a mirar hacia un cumplimiento futuro del reino de Dios en el que, en su mayoría, los buenos (y románticos) recuerdos del reinado de David proveerían el modelo y el ideal. Así, por ejemplo, Jeremías profetizó:

> *Vienen días —afirma el Señor—, en que de la simiente de David haré surgir un vástago justo; él reinará con sabiduría en el país, y practicará el derecho y la justicia. En esos días Judá será salvada, Israel morará seguro. Y éste es el nombre que se le dará: "El Señor es nuestra salvación".*
>
> (23:5-6)

Isaías, por su parte, vería así el futuro:

> *Del tronco de Isaí [el padre de David] brotará un retoño;*
> *un vástago nacerá de sus raíces.*
> *El Espíritu del Señor reposará sobre él:*
> *espíritu de sabiduría y de entendimiento,*
> *espíritu de consejo y de poder…*
> *Él… no juzgará según las apariencias,*
> *ni decidirá por lo que oiga decir,*
> *sino que juzgará con justicia a los desvalidos,*
> *y dará un fallo justo*
> *en favor de los pobres de la tierra…*
> *La justicia será el cinto de sus lomos*
> *y la fidelidad el ceñidor de su cintura.*
>
> (11:1-5)

La venida del Reino

No debe sorprendernos, entonces, que la esperanza de redención de Israel tuviera un tono político distintivo: su libertador sería un rey justo cuya gloria superaría incluso la de David. Era por esto que al Mesías esperado se le llamaba "el hijo de David". Y esto no era principalmente una cuestión de genealogía. Más bien, "hijo de David" significaba, en primer lugar, que el Mesías iba a venir con el espíritu de David, bajo la unción divina, para restaurar el gobierno de Dios sobre Israel, e incluso sobre toda la tierra. El libertador sería otro David. Es por eso que Mateo, en la apertura de su evangelio, se ocupó de identificar a Jesús como el hijo de David, y que en varias ocasiones los evangelios nos digan que las personas abordan a Jesús llamándole, "hijo de David". Hay numerosas razones para creer que las personas que recibieron a Jesús en su entrada triunfal real a Jerusalén, creían que Él estaba a punto de derrocar el imperio pagano que ocupaba la tierra de Israel y que lo reemplazaría con el gobierno divino:

> —¡Hosanna!
> —¡Bendito el que viene en el nombre del Señor!
> ¡Bendito el reino venidero de nuestro padre David!
> —¡Hosanna en las alturas!
>
> (Marcos 11:9-10)

Sabemos que esas esperanzas escatológicas se estrellaron en menos de una semana cuando ese Mesías esperado, en lugar de haber conquistado a los romanos, fue él mismo crucificado en una cruz romana como tantos otros insurrectos judíos lo habían sido y lo serían. Los sentimientos de decepción del par de discípulos en el camino de Emaús, eran sin duda comunes: "…nosotros abrigábamos la esperanza de que era él quien redimiría a Israel" (Lucas 24:21). Al parecer no había una disparidad radical entre las expectativas judías comunes de intervención y gobierno divino, y lo que Jesús realmente había presentado. ¡Y es que Jesús había insistido en que el reino de Dios estaba a la mano! Pero si Él no quiso necesariamente decir por "reino de Dios" lo que la mayoría de sus congéneres judíos querían decir con esa frase, ¿qué otra cosa pudo haber querido decir? Queremos sugerir tres esferas del ministerio de Jesús que arrojan luz sobre el significado intencional que Él le daba al "reino de Dios":

En primer lugar, es en las enseñanzas de Jesús, especialmente en las parábolas, donde el reino de Dios se revela. Recuérdese con qué frecuencia las parábolas de Jesús abren con, "El reino de los cielos es como…" Las imágenes de Jesús tocante al reino de Dios son extraídas de un vasto caudal de experiencia de vida cotidiana: el gobierno divino es como un grano de mostaza que comienza pequeño y con el tiempo se convierte en un gran árbol; es como una mujer que pone un poco de levadura en una pieza de masa hasta que la masa se fermenta completamente; es como un rey que perdona grandes deudas pero que a su vez espera que dicha gracia se extienda mutuamente entre sus súbditos; es como un pastor que con amor busca la oveja descarriada; es como una mujer que se alegra de haber descubierto una moneda perdida durante la limpieza de la casa. Estas, por supuesto, no son más que una muestra de las imágenes del reino utilizadas por Jesús pero ellas y muchos otros de sus relatos comparten un mismo tema dominante: es considerable lo que es inesperado y sorprendente en el reino de Dios. Se trata de un dominio en el que los contratados a última hora, en efecto, pueden recibir un salario igual al de los que trabajaron durante todo el día; un dominio en el que se invita a la mesa real a los vagabundos de "los caminos y las veredas", y no a los ricos e influyentes; un dominio en el que los pobres tienen un lugar y una herencia especial; un dominio en el que los hambrientos son alimentados y los que lloran se reirán de alegría, y en el que se volcarán y quedarán invertidas todas las estructuras económicas y políticas de este mundo (Lucas 6:20-26). Jesús compartía las expectativas de sus contemporáneos judíos de un reinado inminente de Dios pero había información de sobra en las parábolas del reino como para sugerir que el elemento de profunda sorpresa, el elemento de la imprevisibilidad encantadora de Dios, hacía imposible que la imaginación humana comprendiera plenamente la naturaleza del gobierno de Dios que habría de venir.

En segundo lugar, vemos la venida del reino en las curaciones y las exhortaciones de Jesús. Jesús era conocido como uno cuya enseñanza, entregada con un sentido de autoridad interna, era ratificada por milagros. Después de un exorcismo al principio del ministerio de Jesús, Lucas relata que, "Todos se asustaron y se decían unos a otros: «¿Qué clase de palabra es ésta? ¡Con autoridad y poder les da órdenes a los espíritus malignos, y salen!»" (4:36). Su derrota de los demonios era la señal poderosa de un acercamiento del reino de Dios que superaba los poderes de oscuridad y opresión. Ya vimos en el capítulo 17 que Jesús, como respuesta a la acusación de que "no expulsa a los demonios sino por medio de Beelzebú, príncipe de los demonios", respondió que Él expulsaba a los demonios por el Espíritu de Dios y, según sus palabras, "si expulso a los demonios por medio del Espíritu de

La venida del Reino

Dios, eso significa que el reino de Dios ha llegado a ustedes" (Mateo 12:24, 28).

Del mismo modo, el ministerio de curación de Jesús, el cual a menudo se realizaba en asociación con la proclamación del reino de Dios (compárese con Marcos 2:1-12), se puede entender como una manifestación del reino futuro de Dios que ahora impregna la Galilea del primer siglo en la persona de Jesús. Si en efecto, el gobierno de Dios va a ser uno de *shalom* (es decir, uno de paz y bienestar en todas las dimensiones de la existencia terrenal, incluyendo la física, la emocional, la relacional, la política y la ecológica) entonces los actos de sanación de Jesús eran como incursiones en el futuro, un anticipo de la "salud de las naciones" que Dios tiene reservada (Apocalipsis 22:2).

En tercer lugar, Jesús expresa y revela el reino de Dios en su amor y humildad, en particular cuando Él mismo se llega hasta los oprimidos, los proscritos y los marginados de la sociedad. Para Jesús, el reino de Dios es un reino de amor: amor al prójimo, sí, pero todavía más sorprendentemente (y más en consonancia con la naturaleza del gobierno divino) amor al enemigo. Era un amor que habría de abarcar a los romanos que los oprimían, a los samaritanos que los despreciaban y a los recaudadores de impuestos que los engañaban. Mientras que los fariseos tendían a definirse a sí mismos, sobre todo, por la compañía que mantenían alrededor de la mesa en una cena, Jesús era el invitado de honor (y a veces el anfitrión) de reuniones de cena cuyos participantes hubieran recibido un cumplido si se les hubiera llamado un grupo variopinto. Los recaudadores de impuestos, las prostitutas y otros sórdidos y diversos pecadores eran todos bienvenidos a su mesa. Ese "compañerismo de mesa" de Jesús, como a menudo le llaman los eruditos bíblicos contemporáneos, sin duda era, para Él (y para los que captaron su mensaje) un signo y símbolo de la fiesta mesiánica futura en el reino de Dios, una fiesta en la que, en las propias palabras de Jesús, "muchos vendrán del oriente y del occidente[es decir, los no judíos] y participarán en el banquete con Abraham, Isaac y Jacob en el reino de los cielos" (Mateo 8:11). Las cenas festivas de Jesús con los marginados y los pecadores era una representación de la visión del profeta Isaías de cuando "el Señor Todopoderoso preparará para todos los pueblos... un banquete... de manjares especiales y de selectos vinos añejos", y también de cuando Dios "Devorará a la muerte para siempre" y "enjugará las lágrimas de todo rostro" (Isaías 25:6, 8). La mesa fraternal por la que los fariseos criticaron duramente a Jesús, por comprometer los estrictos requisitos de la santidad ritual, era un anticipo de esta fiesta en el reino venidero de Dios.

La amplia mesa de compañerismo de Jesús como símbolo de la fiesta del reino venidero de Dios es aún más evidente en el único milagro de su ministerio terrenal informado por los cuatro evangelios: la alimentación de las multitudes. Para nuestro Señor, esas miles de personas "eran como ovejas sin pastor", y su "compasión de ellos" (Marcos 6:34) era nada menos que la propia compasión de Dios. Para que esto quedara tan claro como el cristal, en los tres evangelios sinópticos la alimentación de la multitud con unos pocos panes y sardinas es precedida inmediatamente por la descripción de una cena muy diferente que representaba un género muy diferente de reino.

Esa cena contrastante fue el banquete de cumpleaños de Herodes, rey de los judíos y títere de Roma. En esa fiesta, que celebraba la política del poder, sin duda hubo numerosos platos de alimentos finos servidos por criados comunes. Hubo chicas que bailaban, intrigas políticas, acuerdos internos y, después del postre, la cabeza de Juan el Bautista en una bandeja. De los tales son los reinos de este mundo.

Pero ahora viene la cena del reino de Jesús; una cena que procede de otro mundo, el mundo por venir. La comida fue simple pero todo el mundo tuvo más que suficiente. Los propios discípulos de Jesús fueron los que sirvieron esta comida, distribuyendo el pan bendito y los peces a hombres, mujeres y niños. A las mujeres ni siquiera se les pidió servir en esta comida y mucho menos bailar. ¡Y nadie perdió su cabeza! Los banquetes romanos como el que Herodes patrocinó para impresionar a sus "altos oficiales… y a los notables de Galilea" (v. 21), eran desorbitados, extravagantes y sumamente derrochadores. La fiesta del reino de Jesús, por el contrario, concluyó con el esfuerzo concertado de recoger todos los restos de comida. En una notable pieza de instrucción única aparecida en el Evangelio de Juan, Jesús dijo a sus discípulos: "Recojan los pedazos que sobraron, para que no se desperdicie nada" (6:12). El reino de Dios busca recoger, redimir y restaurar todas las cosas a la salud y a la abundancia: que nada, ni nadie, se pierda o se desperdicie.

Hemos observado que había niños entre la multitud a la que Jesús y sus discípulos sirvieron esta gran fiesta mesiánica, este anticipo del reinado de Dios venidero. Esto nos debe recordar que los niños, a menudo marginados y pasados por alto en tiempos de Jesús, fueron objeto especial de su amor y

La venida del Reino

bienvenida. No olvidemos que cuando los discípulos trataron de obstaculizar a un grupo de padres que querían que Jesús bendijera a sus hijos, Él regañó a sus hombres, les dio la bienvenida a los niños y les dijo a todos los adultos presentes que "el reino de los cielos es de quienes son como ellos" (Mateo 19:14). Y por supuesto, cuando los discípulos se debatían sobre cuál de ellos era "el más importante en el reino de los cielos", el Evangelio de Mateo nos ofrece la siguiente remembranza del Señor de amor: "Él llamó a un niño y lo puso en medio de ellos. Entonces dijo: 'Les aseguro que a menos que ustedes cambien y se vuelvan como niños, no entrarán en el reino de los cielos. Por tanto, el que se humilla como este niño será el más grande en el reino de los cielos. Y el que recibe en mi nombre a un niño como éste, me recibe a mí'" (18:1, 2-5).

Es notable que Jesús caracterizara el reinado de Dios como uno que posee la naturaleza de la humildad de un niño, identificándose de tal manera con los niños como para enseñar que recibir a un niño en su nombre era, en efecto, recibirlo a Él. Si el reino de Dios es amar a Dios y al prójimo (Marcos 12:28-34), y hasta al enemigo; si el reino de Dios es amor extravagante y reconciliador prodigado a los pecadores; y si el reino de Dios de lo que trata es de la vulnerabilidad y la humildad de un niño, ¡entonces este rey y este reino son como ninguno en la tierra! Esto es importante, ya que castiga nuestra tendencia a pensar en Dios siguiendo el perfil de un rey terrenal sentado en un trono real, rodeado de riqueza y poder y, esencialmente, al margen de las luchas y el sufrimiento de sus súbditos. Y también desafía nuestras nociones de poder divino arraigadas en la experiencia de los potentados terrenales, los cuales con demasiada frecuencia han forzado sus deseos unilateralmente sobre peones impotentes. El reino de Dios, como se revela en las palabras y obras de Jesús, es un reino tranquilo, humilde, cariñoso y reconciliador. El gobierno de Dios no es infligido sobre nosotros, sino que se nos invita a participar en él. Quizá la naturaleza del reino divino se ejemplifique mejor en las siguientes palabras de Jesús: "Vengan a mí todos ustedes que están cansados y agobiados, y yo les daré descanso. Carguen con mi yugo y aprendan de mí, pues yo soy apacible y humilde de corazón, y encontrarán descanso para su alma. Porque mi yugo es suave y mi carga es liviana" (Mateo 11:28-30). ¡Esto parece más un nido que un reino!

¡Y con razón Juan el Bautista se sintió confundido! Él predicaba la venida de un reino que resplandecería en ira, fuego y juicio (Mateo 3:7, 10-12): mientras que Jesús ofrecía perdón, curación y gracia. La fe cristiana confiesa ciertamente que, en Jesús, el reino de Dios así ha venido. Jesús, en sus enseñanzas, sus poderosas obras y su amor humilde, encarna el reino real de Dios. Él es el Príncipe, la vanguardia del cielo, Aquél que establece una cabeza de playa para el reino de los cielos en la tierra. Esto explica el que, cuando un grupo de fariseos interrogó a Jesús con relación a la fecha de la llegada del reino de Dios, Él respondiera: "La venida del reino de Dios no se puede someter a cálculos. No van a decir: '¡Mírenlo acá! ¡Mírenlo allá!' Dense cuenta de que el reino de Dios está entre ustedes" (Lucas 17:20-21). La erudición bíblica reciente es de opinión prácticamente unánime al coincidir en que, en esta declaración, Jesús está refiriéndose a sí mismo, revelando que Él es el representante del Reino, Aquél por quien el reino de Dios estaba en medio de ellos.

Pero aun cuando el reino esté realmente presente en el ministerio de Jesús, también hay una dimensión futura en el gobierno de Dios. En el Evangelio de Lucas encontramos un retrato conmovedor de la anticipación que el propio Jesús hace del futuro cumplimiento de toda la creación, que se da dentro de la narrativa de la última cena con sus discípulos. A medida que Jesús come y bebe con sus amigos, les asegura que no participará de nuevo de esta cena "hasta que tenga su pleno cumplimiento en el reino de Dios", o "hasta que venga el reino de Dios" (22:16, 18). Más tarde esa noche, Jesús habla de nuevo del gobierno de Dios como opuesto diametralmente a los potentados políticos que "se enseñorean" sobre los demás, por ser el gobierno de Dios uno que, efectivamente, pertenece a la naturaleza del servicio. En pocas palabras, Dios es Aquél que sirve. Esta es la dimensión del reino que es realizable en nuestras vidas hoy en día en virtud de la presencia poderosa de Cristo el Siervo entre nosotros (v. 27). Pero hay más, ya que Jesús va a mirar de nuevo alrededor de la mesa, previendo una vez más una dimensión futura del reino al decir: "Ahora bien, ustedes son los que han estado siempre a mi lado en mis pruebas. Por eso, yo mismo les concedo un reino, así como mi Padre me lo concedió a mí, para que coman y beban a mi mesa en mi reino, y se sienten en tronos para juzgar a las doce tribus de Israel" (vv. 28-30).

Son promesas como estas las que nos alejan de una espiritualización del concepto del reino de Dios en su totalidad, o de creer que Jesús ya ha establecido el gobierno de Dios en forma definitiva o final. Nos encontramos aquí con la tensión entre la esperanza escatológica judía tradicional de la redención política que habría de obrar un hijo de David, y la afirmación

La venida del Reino

cristiana de que en Jesús el reino ha llegado. Pero es una tensión que el Nuevo Testamento, de hecho, mantiene. No es pues de extrañar que, después de la resurrección de Jesús, los discípulos asumieran que la redención política que habían esperado era ahora inminente. "Entonces los que estaban reunidos con él le preguntaron: 'Señor, ¿es ahora cuando vas a restablecer el reino a Israel?' " (vv. 7-8). Jesús, aunque no negó la esperanza judía que Juan el Bautista había previsto, y en la que el gobierno de Dios traería decisivamente el comienzo de una era de justo juicio, sí hizo que los discípulos alejaran su atención del reino futuro y la fijaran en el gobierno actual de Dios en las vidas humanas a través del poder del Espíritu.

Sucede, pues, que el reino de Dios es a la vez presente y futuro, manteniéndonos en la tensión del "ya/todavía no". El reino de Dios ya está aquí con la venida de Jesús, y en la presencia continua de Cristo a través del don del Espíritu (Romanos 14:17) pero todavía no está aquí en el sentido de que esperamos el cumplimiento de ese reino en el banquete mesiánico y en la salud de las naciones.

Es porque todavía esperamos la venida del reino de Dios en su plenitud, que no debemos identificar el reino de Dios con la iglesia de Jesucristo. Desde la época de Agustín, ha habido una tendencia, sobre todo en el catolicismo romano, a hacer precisamente eso: pensar en el reino de Dios, para todo propósito práctico, sólo en términos del poder actual y la influencia de la iglesia en la historia. La reacción protestante en general ha tendido a identificar el reino de Dios, no con instituciones visibles, sino con un reinado invisible de Dios en los corazones y las vidas de los creyentes. Sin embargo, ninguna de las dos ideas hace plena justicia a la esperanza bíblica de que el cumplimiento del reino incluye un cumplimiento futuro de toda la creación de Dios. El gobierno de Dios es mucho más grande, y mucho más amplio y universal en su alcance que la iglesia. Todos los cristianos son llamados a ser ciudadanos de ese reino ahora pero a la misma vez son llamados a luchar y orar por su pronto regreso. En palabras de Paul Tillich, "Sienten, o deben sentir, que son agentes de lucha del reino de Dios, fuerzas principales en el impulso hacia el cumplimiento de la historia".[2]

Esto, sin duda, nos debe tocar bien de cerca con la idea teológica importante de que la escatología no trata sólo acerca de lo que estamos esperando que Dios haga, sino de la visión divina de *shalom* para toda la creación, una visión que se comparte con nosotros y, al menos en cierta medida, se nos confía a nosotros. Si la reflexión escatológica alguna vez nos animara a cruzarnos de brazos y esperar sentados la liberación, ello sería contraproducente a lo que parece ser el interés de Dios de invitarnos a un pacto de alianza. Es cierto que el reino de Dios es una realidad que sólo Dios puede establecer; sin embargo, hemos visto en repetidas ocasiones que, aparentemente, el modo de acción preferido de Dios es alistar y capacitar nuestra respuesta propia y activa a las iniciativas divinas. Nos corresponde, pues, a nosotros, entender el concepto del reino de Dios, no como un "opio para las masas" (como Karl Marx creía acerca de la religión) sino como un acicate para nuestro orar y vivir en pro de la esperanza de que nuestras iglesias puedan aproximarse más estrechamente al modelo del reino como lo hemos vislumbrado en Jesús. Sí, porque, en las palabras del teólogo contemporáneo Jurgen Moltmann, "Nosotros somos obreros de la construcción del futuro [de Dios] y no sólo sus intérpretes".[3]

Muerte, resurrección e inmortalidad

Todos morimos. Este es un hecho que, aunque no sea especialmente atrayente, a todos nos es ineludible. Desde la perspectiva de los que estamos vivos, la muerte señala el fin de la historia de nuestras vidas, el punto final en la última página de la historia que somos cada uno de nosotros.

La escatología, como hemos observado, tiene que ver con el fin de los tiempos y el fin de los eventos. Así, en la teología, el significado de nuestra muerte y las cuestiones relativas a la posibilidad de nuestra vida más allá de la muerte, generalmente se consideran cuestiones escatológicas. ¿Continuaremos de una manera u otra viviendo más allá de los horizontes de nuestra vida actual?

La especulación humana ha contestado esa pregunta en una variedad de formas. La respuesta menos susceptible a la fe cristiana es la idea de la reencarnación o transmigración de las almas, la cual se encuentra más típicamente en las tradiciones hindú y budista. Pero la reencarnación siempre ha tenido sus partidarios en las culturas occidentales, como es el caso más reciente con las ideas y la influencia de la Nueva Era. En esencia, la reencarnación es la creencia de que el alma es una entidad eterna que se somete a un número casi infinito de encarnaciones de la criatura a lo largo de la historia, incluso tal vez no siempre como un ser humano. Desde una perspectiva cristiana, esta idea tiende a devaluar la vida presente debido a que la vida "real" del alma no se identifica con ninguna de sus encarnaciones finitas, sino con su viaje eterno y trascendente. Esto conlleva el que la identidad personal y el sentido de responsabilidad hacia la vida tiendan a difundirse, o incluso a perderse. La Biblia y la tradición cristiana no ofrecen apoyo a esa idea ya que, en realidad, le resta énfasis a la capacidad humana de responder delante de Dios por la vida que se le asigna a uno aquí y ahora. En las palabras de Hebreos 9:27, a menudo esgrimidas como evidencia contra la reencarnación, "está establecido que los seres humanos mueran una sola vez, y después venga el juicio".

Otra respuesta a la pregunta de si los seres humanos sobreviven la muerte, y cómo, es la ofrecida por la tradición filosófica griega clásica. Ahí nos vamos a encontrar con la idea de la inmortalidad del alma, probablemente mejor representada en los escritos de Sócrates y Platón. Para esa tradición de pensamiento, los seres humanos son un dualismo de cuerpo y alma: el cuerpo cambia, envejece y finalmente muere, en cuyo momento el alma (esencialmente inmutable) queda liberada. Así, en esa tradición, el cuerpo es poco más que una prisión del alma. Para Sócrates y Platón, la creencia en la inmortalidad del alma implicaba la preexistencia del alma, ya que si el alma es verdaderamente inmortal, debe ser inmortal en ambos "sentidos" de tiempo, el pasado así como el futuro. Verdaderamente muy pocos teólogos cristianos han aceptado la idea de la preexistencia del alma, siendo el más notable entre ellos Orígenes, el imaginativo pensador del siglo III (185-254), quien también creía en la transmigración del alma como se ha descrito anteriormente. Orígenes fue repetidamente condenado como hereje por los concilios oficiales de la iglesia. Una idea más dominante desarrollada en la tradición cristiana fue una especie de doctrina híbrida de la inmortalidad: Dios crea el alma en el momento de la concepción pero una vez creada, el alma es eterna. Esta comprensión del alma humana y su inmortalidad, llamada creacionismo, ha ejercido una influencia considerable en la historia y la práctica de la fe cristiana.

Gran parte de la erudición bíblica contemporánea ha desafiado el dualismo griego clásico de cuerpo y espíritu al argumentar que es ajeno a la antropología dominante de la Biblia. En las Escrituras hebreas, en términos generales, al ser humano se le piensa como una unidad psicofísica, un cuerpo animado por el *ruaj* o aliento de Dios. En palabras del erudito bíblico D. S. Russell, "al hombre se le considera [en el pensamiento israelita] como una unidad de personalidad, no una dicotomía de cuerpo y alma, o una tricotomía de cuerpo, alma y espíritu. El cuerpo no es... la cáscara mortal del alma inmortal".[1] La comprensión hebrea del ser humano, por lo tanto, deja poco espacio para el dualismo cuerpo/espíritu; cuando el cuerpo muere, el *nefesh*, o yo viviente, también deja de ser.

Muerte, resurrección e inmortalidad

Lo más cerca que los hebreos antiguos parecen haber llegado a una creencia en la vida después de la muerte traía implícito la idea del Seol, el lugar de los muertos, un reino de olvido, oscuridad y desesperación. Era a este mundo al que descendía ese vago parecido de la persona que una vez vivió y en el que habría de permanecer aislada por siempre del mundo de la vida y la personalidad. "Como nubes que se diluyen y se pierden, los que bajan al sepulcro [Seol] ya no vuelven a subir" (Job 7:9). No había concepto particular alguno de juicio divino o retribución asociado al Seol, siendo sencillamente la tierra de congregación común de todos los muertos. "Para todos hay un mismo final: para el justo y el injusto... Porque los vivos saben que han de morir, pero los muertos no saben nada ni esperan nada, pues su memoria cae en el olvido" (Eclesiastés 9:2, 5). Ciertamente, para el piadoso hebreo, el peor aspecto del Seol era que involucraba una alienación total de Dios: "Los muertos no alaban al Señor, ninguno de los que bajan al silencio" (Salmos 115:17). Para los antiguos israelitas, la única manera de vivir más allá de la muerte era por medio de los hijos y del patrimonio de uno, o en la vida corporativa continua del pueblo Israel.

Sin contar las esperanzas individuales dispersas de una comunión continua con Dios después de la muerte, el típico concepto judío del Seol prevalecería hasta el siglo II antes de Cristo y, en la época de Jesús, habría de estar representado oficialmente por los saduceos. Pero otras ideas, que a menudo eran asimiladas por los judíos de las culturas griegas y persas circundantes, y a las que les daban un enfoque nuevo para que cupieran en las presuposiciones judías, habían comenzado a abrirse paso en la literatura judía y su especulación sobre la vida después de la muerte. Estas ideas incluían toda la gama, desde la inmortalidad del alma, hasta la transmigración, y aun hasta la resurrección del cuerpo. Claro está, con esto no se quiere sugerir que la esperanza de resurrección se tomara prestada de manera indiscriminada de otras culturas. Russell, en su libro, *The Method and Message of Jewish Apocalyptic*, sostiene que había una lógica interna que operaba dentro del judaísmo, la cual eventualmente daría origen a la creencia en la resurrección:

> La creencia de Israel en la resurrección surgió naturalmente de [sus] convicciones de que el compañerismo que habían disfrutado con Dios en esta vida no podría ser roto ni siquiera por la muerte; y... por causa de su concepción hebrea particular de la personalidad era inevitable que, en última instancia, interpretaran tal supervivencia en términos de una resurrección corporal.[2]

La historia de Dios

Para la época de Jesús, la esperanza de resurrección había ganado bastante aceptación entre el pueblo judío y era defendida especialmente por los fariseos. La disputa sobre la resurrección era, en efecto, uno de los principales puntos de discordia entre los fariseos y los saduceos. Era, sin embargo, una disputa sintomática de una diferencia más recóndita, más profunda.

Los saduceos eran la secta político-religiosa más estrechamente asociada con el templo de Jerusalén y sus ritos sacerdotales. Los saduceos tendían a provenir de la élite adinerada y habían logrado llegar a un arreglo bastante feliz con el gobierno romano que ocupaba Palestina. Por lo tanto, los saduceos eran los políticos y religiosos "conservadores" del judaísmo del primer siglo, sin interés en derrocar al gobierno romano ni promover la innovación religiosa. Como representantes y defensores de la clase sacerdotal asociada a los ritos del templo, aceptaban como las Escrituras canónicas sólo el Pentateuco (del griego, *penta* = cinco; *teuchos* = libro), o los cinco libros de Moisés (Génesis, Éxodo, Levítico, Números y Deuteronomio).

Los fariseos, por el otro lado, estaban interesados en un judaísmo de estudio y práctica tanto como de rituales y sacrificios. Era por esto que se asociaban más fácilmente con las sinagogas localizadas, en contraposición con la centralización del poder que representaba el templo. Aunque los fariseos habían accedido a la dominación romana en aras de la supervivencia judía, no disfrutaban ni buscaban su colaboración directa y obvia. Eran los "progresistas" y aceptaban como Escrituras, junto con el Pentateuco, los escritos de los profetas, poetas e historiadores judíos. Sobre la base de este cuerpo significativamente más grande de Escrituras al cual recurrir, los fariseos se diferenciaban de los saduceos por creer en ángeles y demonios, en la resurrección de los muertos y en el juicio final. Era evidente que para los fariseos y muchos otros judíos las creencias gemelas en la resurrección y el juicio final complementaban su rechazo de la opresión romana. Muy pronto, creían los fariseos, el Mesías de Dios vendría a marcar el comienzo de la consumación de la historia, que incluiría la resurrección de todas las personas (y a menudo la de naciones) para recompensa y castigo. Una creencia en la resurrección como el punto final de la historia implicaba un vuelco de la historia, un enderezamiento de los males y el establecimiento de la justicia divina. Estas creencias podrían ser consideradas potencialmente insurreccionales por cualquier poder político dominante, incluyendo a los romanos en la Palestina del primer siglo. Por lo tanto, los saduceos tenían razones tanto políticas como religiosas para rechazar la fe fariseaica en la resurrección.

Muerte, resurrección e inmortalidad

A pesar de las críticas que Jesús dirigió a algunos fariseos, es evidente que se fue del lado de ellos en sus diferencias con los saduceos. En Mateo 22:23-33, leemos de un grupo de saduceos que intentaron probar la teología de Jesús con su "historia/problema" de una robusta mujer que duró más que siete hermanos que trataron sin éxito de mantener vivo el nombre de la familia. Según la ley judía, bajo ciertas circunstancias, a los hermanos se les hubo requerido casarse (por turno) con la mujer pero ninguno tuvo éxito en producir descendencia. "Ahora bien, en la resurrección, ¿de cuál de los siete será esposa esta mujer", preguntaron los saduceos, "ya que todos estuvieron casados con ella?" (v. 28).

Pero nótese ante todo el papel de la mujer en esta historia. Ella es poco más que un bien mueble, una propiedad, la posesión en cuestión. Es significativo que Jesús rechace la base misma del problema. La mujer, en primer lugar, no "pertenece" a uno u otro de los hermanos. Si no en un mundo palestino del primer siglo, de dominación masculina y supuesta superioridad, entonces por lo menos en la resurrección la mujer será igual al hombre, por cuanto todos "serán como los ángeles que están en el cielo" (v. 30).

Jesús procedió a ofrecer un argumento a favor de la resurrección con base en las Escrituras. De esa manera, al parecer estaba dispuesto a enfrentar a los saduceos en su propio terreno apelando al Pentateuco y citando la historia de la zarza ardiente del Éxodo, donde Dios se encuentra con Moisés y le dice "... Soy el Dios de Abraham, de Isaac y de Jacob". Estas palabras se encuentran en Éxodo 3:6 pero otras auto designaciones similares se extienden a lo largo de los cinco libros de Moisés, que eran las Escrituras que los saduceos reconocían como autorizadas. Jesús citó las Escrituras en las cuales ellos creían a fin de demostrar la realidad de la resurrección en la que ellos no creían. Puede que la línea de argumentación de Jesús nos parezca no venir al caso pero es una argumentación con un toque farisaico rabínico bastante característico en cuanto a su interpretación y aplicación de las Escrituras. Cuando Dios le habla a Moisés, argumentaba Jesús, Dios no se identifica como el Dios de los muertos (por ejemplo, "Era el Dios de Abraham"), sino de aquellos que viven ("Soy... el Dios de Abraham"). Pero, más allá de la discusión superficial basada en un simple punto gramatical está la preocupación más profundamente teológica de afirmar la fidelidad al pacto de parte de Dios. Si el Santo verdaderamente es fiel a las relaciones y promesas de pacto establecidas con Abraham, Isaac y Jacob, seguramente esa fidelidad divina llegará más allá de la tumba. La verdad subyacente de la resurrección es que Dios nos valora a nosotros las criaturas humanas lo suficiente como para mantener nuestra identidad incluso más allá de nuestra muerte física.

Para la fe cristiana, por supuesto, la creencia en la resurrección no depende particularmente de la validez de la conversación de Jesús con los saduceos, sino de que Dios ha levantado a Jesús de los muertos. Ciertamente nosotros afirmamos, con Jesús, que Dios es fiel a la relación de pacto con Abraham, Isaac y Jacob pero el apóstol Pablo nos recuerda que la fidelidad y las promesas de Dios son decididamente satisfechas y confirmadas en Cristo (2 Corintios 1:18-20). Es por la resurrección de Cristo que nosotros no confiamos "en nosotros mismos sino en Dios, que resucita a los muertos" (v. 9).

¡El Dios que resucita a los muertos! Esto pone de relieve una verdad importante acerca de la creencia en la resurrección: es el acto de Dios, a fin de que la esperanza cristiana de vida más allá de los horizontes de la presente vida no dependa de alguna noción de inmortalidad humana per se, sino firme y enteramente en la gracia divina. "Esto produce una sensación de dependencia absoluta en Dios a la hora de la muerte, una sensación que está de acuerdo con la comprensión bíblica del ser humano como habiendo sido formado del 'polvo de la tierra,'" escribe el filósofo de la religión John Hick. Y añade: "Solo a través del amor soberano y creador de Dios puede haber una nueva existencia más allá de la tumba".[3]

Claro que se podría argumentar que el creacionismo defendido por Agustín y Aquino, y que domina gran parte de la tradición cristiana, a la vez que enseña una especie de inmortalidad del alma reconoce igual y seguramente que la vida después de la muerte es un don divino. Y si se tiene en mente la comprensión cristiana del universo como sustentado en su propio ser, en cada momento por el poder bondadoso y creativo de Dios, se podría demostrar que la doctrina de la inmortalidad del alma, al menos en un contexto cristiano, va a depender entera y radicalmente de Dios tanto como lo hace la doctrina de la resurrección.

Pero aun si concediéramos ese punto, hay tres razones fundamentales para defender la esperanza cristiana de la vida después de la muerte en términos de una resurrección divina y no como inmortalidad del alma: (1) las buenas nuevas de los apóstoles no eran que Jesús fuera un alma inmortal sino que Dios había levantado al Crucificado de entre los muertos; (2) la

Muerte, resurrección e inmortalidad

Biblia en general tiene poco que decir sobre el alma como una entidad inmortal, de aquí que en su lugar, y por lo regular, hable del "alma" como más o menos equivalente a lo vivo; y (3) que la resurrección, en la proclamación bíblica, es una resurrección del cuerpo y por lo tanto implica una afirmación adicional de la bondad del orden material en un sentido en el cual "la inmortalidad del alma" simplemente no lo hace ni lo puede hacer.

El tercer punto merece un poco más de consideración. El apóstol Pablo les aseguró a los corintios que el acto de Dios de la resurrección no dependía de la resucitación de cuerpos o de la reconstitución de los mismos átomos y moléculas de los que la persona estaba compuesta en el momento de la muerte. El cuerpo de resurrección, después de todo, "resucita en gloria" y "en poder", como "cuerpo espiritual" (1 Corintios 15:43, 44). Pero sigue siendo un cuerpo; lo que subraya una vez más que Dios es el creador y sustentador del orden material y que la bondad de la creación material es afirmada por nuestro Creador. Los seres humanos no son espíritus encajonados en cuerpos que ansíen su emancipación. Por el contrario, son cuerpos creados y henchidos ("llenos de espíritu"), cuyo destino final ante Dios es ser cuerpos espirituales recreados y restaurados.

En la fe cristiana, la bondad del cuerpo (y de todos los cuerpos materiales) es celebrada en la creación, reafirmada en la encarnación y anticipada en la resurrección. De hecho, Pablo en su Epístola a los Romanos, extiende la esperanza gloriosa de resurrección a la totalidad del orden creado:

> La creación aguarda con ansiedad la revelación de los hijos de Dios, porque… la creación misma ha de ser liberada de la corrupción que la esclaviza, para así alcanzar la gloriosa libertad de los hijos de Dios. Sabemos que toda la creación todavía gime a una, como si tuviera dolores de parto. Y no sólo ella, sino también nosotros mismos, que tenemos las primicias del Espíritu, gemimos interiormente, mientras aguardamos nuestra adopción como hijos, es decir, la redención de nuestro cuerpo. (8:19-23)[4]

En la tradición wesleyana haríamos bien en seguir el énfasis de Juan Wesley en esta visión paulina de la redención de toda la creación. En su sermón, "La Liberación General", el que basó precisamente en este pasaje de Romanos 8, Wesley proclamó que el gran amor de Dios es extendido a todas las criaturas. Wesley escribió: "Nada es más seguro que esto, puesto que 'el Señor ama a cada hombre', y 'su misericordia es sobre todas sus obras', sobre todo lo que siente, todo lo que sea capaz de placer o dolor, de felicidad o miseria". Los clamores de todas las criaturas de Dios, sea o no que nosotros los humanos estemos prestando atención, "entran en los oídos de Aquél que las ha creado". Dios, quien es amor infinito, no solo oye su clamor sino que ciertamente les contestará con liberación en la era venidera. Wesley tenía la esperanza de que tales consideraciones "ablandaran nuestros corazones", "agrandaran nuestros corazones hacia esas pobres criaturas" y, por lo tanto, "nos animaran a imitar a Aquél cuya misericordia es sobre todas sus obras". Para Wesley, este cuidado divino y compasión reflejados por nosotros hacia las criaturas no humanas de Dios, era un aspecto crucial de lo que significa para nosotros ser creados a imagen de Dios, la imagen divina hacia la cual estamos siendo restaurados por medio de Jesucristo.[5]

Si nuestros cuerpos son creados por Dios y redimidos por Dios a través de la encarnación y resurrección de Cristo, entonces un sentido cristiano de obligación a las necesidades humanas debe ir mucho más profundo que la noción de "salvar un alma que nunca muere". Es a esa persona entera en toda su existencia encarnada, y la cual Dios crea, ama y cuida, a quien Jesús dirige nuestra atención y compasión (Mateo 25:31-46). Pero si utilizamos como base la imaginería de Pablo de una creación que gime podemos también sostener, como Wesley, que el amor y el cuidado de Dios por la creación material personificada se extiende más allá de los seres humanos para incluir a todo el universo. Esto, a su vez, conduce de nuevo a la legitimidad, sin mencionar la validez y obligación incluso divinamente ordenada, de desarrollar una conciencia ecológica cristiana y un compromiso con esa conciencia. Es seguro que hay "una amplitud en la misericordia de Dios", una amplitud en la que la doctrina de la resurrección corporal nos llama a participar.

La responsabilidad humana y el juicio divino

La doctrina de la resurrección como se exploró en el capítulo anterior nos ha enseñado que las criaturas humanas (y presumiblemente toda la creación) son, todas y cada una de ellas, de significado perdurable para Dios. La doctrina del juicio, por otro lado, nos recuerda que no sólo somos importantes para Dios sino también responsables ante Dios. Ser responsables significa que se nos requiere dar cuenta de nuestras vidas y que tenemos la capacidad de hacerlo. Hemos de responder por nuestros pensamientos, palabras y acciones y Dios requiere que lo hagamos.

Las doctrinas de la resurrección y el juicio están de hecho estrechamente vinculadas en la historia del pensamiento cristiano. Su inseparabilidad se anticipa eminentemente en Daniel 12:2, una de las afirmaciones más claras acerca de la resurrección en el canon hebreo: "y del polvo de la tierra se levantarán las multitudes de los que duermen, algunos de ellos para vivir por siempre, pero otros para quedar en la vergüenza y en la confusión perpetuas". Es de presumir que el apóstol Pablo está escribiendo a partir de esta tradición judía de resurrección y juicio cuando se refiere a "el día de la ira, cuando Dios revelará su justo juicio". Dios, proclama Pablo, "«pagará a cada uno según lo que merezcan sus obras». Él dará vida eterna a los que, perseverando en las buenas obras, buscan gloria, honor e inmortalidad. Pero los que por egoísmo rechazan la verdad para aferrarse a la maldad, recibirán el gran castigo de Dios" (Romanos 2:5-8).

Pablo pasa a considerar en el mismo pasaje una de las preguntas persistentes planteadas por la doctrina bíblica del juicio final: si el criterio del juicio es la medida en que una persona, según la frase de Pablo, "obedece a la verdad", ¿qué hay de los vastos millones de personas que nunca han oído hablar la verdad de la revelación bíblica? Esta es una pregunta importante pero no la única. También podríamos preguntar: Y para aquellos que han oído, ¿qué significa específicamente "obedecer a la verdad"? ¿Implica que somos salvos por nuestras obras? ¿Cómo figuran la gracia divina y la fe humana en el significado del juicio final?

Como es el caso con otras doctrinas escatológicas, la doctrina del juicio ha tendido a engendrar considerable especulación acerca del número y los modos del juicio divino. Como hemos formulado anteriormente, cada escenario diferente que se ha ofrecido tiende a responder a dichas preguntas a su manera propia y distintiva. Por consiguiente, en lugar de tratar de cerner estas distintas posibilidades, permaneceremos más cerca del corazón de la escatología wesleyana si ofrecemos algunas convicciones básicas, aunque generales, acerca de la doctrina del juicio sin entrar en los altercados vigentes sobre quién es juzgado, cuándo, y bajo qué circunstancias. Estas convicciones básicas o principios son tres:

Primero, que Dios es un juez justo. Esta es una convicción que fluye de la afirmación bíblica básica de que Dios es amor. Si ese es realmente el caso podemos tener la confianza de que la demanda de Dios de que respondamos por nuestras vidas será una demanda basada en la justicia o equidad última. Por ser únicamente nuestro Creador el que "conoce nuestra condición", y el que "sabe que somos de barro" (Salmos 103:14), será sólo Él quien podrá juzgar adecuadamente cada vida humana. A ese respecto H. Orton Wiley escribió: "Él, y sólo Él, es todo sabio, y sólo Él conoce los secretos más íntimos de la vida de los seres humanos. Él comprende no sólo sus acciones, sino sus pensamientos más íntimos y sus móviles más ocultos, incluso la naturaleza y las posibilidades de cada uno de ellos".[1]

Es reconfortante y a la vez incómodo que Dios nos vea como realmente somos, que "Ninguna cosa creada escapa a la vista de Dios. Todo está al descubierto, expuesto a los ojos de aquel a quien hemos de rendir cuentas" (Hebreos 4:13). Es reconfortante porque nos asegura que el juicio divino de nuestras vidas toma en cuenta todas las idiosincrasias de nuestras historias personales: nuestras heridas, luchas, malentendidos y debilidades. Dios no necesita juzgarnos según un ideal abstracto, ya que nuestro Hacedor nos conoce muy bien y puede juzgar nuestras vidas sobre esas bases.

Hay una historia acerca de Zushya, un rabino judío del siglo XVIII, que desde entonces ha sido contada muy a menudo por judíos y cristianos y que

La responsabilidad humana y el juicio divino

comunica poderosamente esta verdad del juicio divino. Estando en su lecho de muerte, Zushya se lamentaba con los reunidos a su alrededor de lo poco que había logrado durante su vida. Uno de los estudiantes del rabino le preguntó si él le temía al juicio divino que lo esperaba. Zushya comenzó a responder que sí, pero se detuvo y dijo: "No. Porque cuando comparezca ante el Todopoderoso, no se me va a preguntar, '¿Por qué no fuiste Moisés?' o '¿Por qué no fuiste David?' Sólo se me preguntará, '¿Por qué no fuiste Zushya?'"

El conocimiento exhaustivo que Dios tiene de nosotros y la demanda divina de respuesta de nuestra parte es algo que también puede resultar incómodo, ya que significa que nuestro Creador sabe cuándo hemos elegido el peor camino, y cuándo conscientemente hemos sido y hecho menos de lo que nos era posible dado los dones y gracias que nos pertenecieron en esta vida. Dios sabe cuándo no hemos sido nuestros más auténticos yoes. Una de las verdades de las numerosas parábolas de Jesús es que se exigirá mucho de la persona a quien se le ha dado mucho (Lucas 12:48). Sin embargo, este aspecto incómodo de lo inescapable de "los ojos de Aquél a quien debemos rendir cuentas" y del conocimiento minucioso y completo de nuestras vidas que Dios posee, nunca debe empañar la noticia esencialmente buena de que Dios es justo y equitativo. Esto es particularmente así ya que, según el testimonio de los evangelios, Jesús demuestra y enseña que la justicia divina es ante todo amable e indulgente en naturaleza. La voluntad de Jesús de perdonar, cuando otros estaban dispuestos a condenar y destruir (por ejemplo, Juan 8:2-11), revela la intención de Dios de recibirnos con Él aún a pesar de nuestras transgresiones. Sin embargo, al perdón divino siempre lo templará un profundo sentido de justicia.

Probablemente la mejor ilustración de estos dos elementos del perdón y la justicia en el juicio divino se encuentra en la parábola de Jesús del rey que deseaba "ajustar cuentas" con sus siervos (Mateo 18:23). Cuando uno de sus súbditos, que le debía millones, fue traído a su presencia, este rey "se compadeció de su siervo, le perdonó la deuda y lo dejó en libertad" (v. 27). ¡Esa es la gracia divina! Pero cuando llegó a oídos del rey que el súbdito inmediatamente dio la vuelta y trató con dureza a un consiervo sobre una deuda de aproximadamente un jornal, el rey lo convocó a su presencia. "¿No debías tú también haberte compadecido de tu compañero, así como yo me compadecí de ti?", le preguntó. "Y enojado, su señor lo entregó a los carceleros para que lo torturaran hasta que pagara todo lo que debía" (vv. 33-34). ¡Ese es el juicio divino! Jesús concluye esta parábola de juicio con las palabras: "Así también mi Padre celestial los tratará a ustedes, a menos que cada uno perdone de corazón a su hermano" (v. 35). La justicia inherente del juicio divino, como se revela en esta parábola, consiste en que Dios está listo y dispuesto a ofrecernos gracia pero también nos obliga a responder a esa gracia viviendo su generosidad en nuestras interacciones con los demás.

La segunda convicción básica de una teología wesleyana relativa al juicio divino de nuestras vidas es que Dios ha entregado el juicio final en las manos de Jesús. Este segundo principio no es difícil entenderlo como una extensión del primero: la justicia divina y su imparcialidad en el juicio se manifiesta en el hecho de que Dios le confía nuestro juicio a un ser humano que ha estado en nuestros zapatos y que ha compartido en nuestra suerte humana, y no a uno que, en palabras de Hebreos, sea "incapaz de compadecerse de nuestras debilidades" (4:15).

Jesús, el Hijo divino que comparte plenamente nuestra humanidad, y que ejemplifica de manera plena lo que es ser verdaderamente humano, está por tanto totalmente calificado para ser el estándar o juez por el que se midan todas las personas. Este, al parecer, fue uno de los énfasis primarios en la proclamación del Jesús resucitado que presentaba la iglesia primitiva. Así, Pedro le predicó a Cornelio el gentil y a su casa diciéndoles: "[Dios] nos mandó a predicar al pueblo y a dar solemne testimonio de que [Jesús] ha sido nombrado por Dios como juez de vivos y muertos" (Hechos 10:42). Y así Pablo, más tarde, les predicó a los eruditos y filósofos atenienses que Dios "pasó por alto aquellos tiempos de tal ignorancia, pero ahora manda a todos, en todas partes, que se arrepientan. Él ha fijado un día en que juzgará al mundo con justicia, por medio del hombre que ha designado. De ello ha dado pruebas a todos al levantarlo de entre los muertos" (17:30-31). Encontramos entonces, en este estrato temprano de la proclamación cristiana, la idea de que es precisamente como el Resucitado que Jesús es revelado y designado por Dios para ser Aquél por medio del cual se realizará el juicio divino.

El Evangelio de Juan afirma esencialmente la misma verdad en varias ocasiones, en particular en 5:22: "Además, el Padre no juzga a nadie, sino que todo juicio lo ha delegado en el Hijo". El tema es explorado adicionalmente en ese Evangelio y hasta calificado de una manera interesante cuando Jesús dice, "Si alguno escucha mis palabras, pero no las obedece, no seré yo quien lo juzgue; pues no vine a juzgar al mundo sino a salvarlo. El que me

La responsabilidad humana y el juicio divino

rechaza y no acepta mis palabras tiene quien lo juzgue. La palabra que yo he proclamado lo condenará en el día final" (12:47-48). Lo sugestivo de esto es que el acento esté colocado sobre la intención de Dios de salvar, no de condenar o juzgar. Si el Padre ha confiado el juicio al Hijo, el Hijo a su vez (al igual que el Padre) no está tan interesado en el juicio como en la gracia (3:17). Es cierto que hay un juicio que se destinará a todos pero no es tanto Jesús, sino la palabra que Él ha hablado, la que actuará como juez.

Sin embargo esta idea, de que es la palabra hablada de Jesús la que sirve de criterio para el juicio, plantea una vez más la cuestión de la cantidad de personas casi innumerable que nunca han escuchado esa palabra. ¿Cómo pueden ser juzgadas esas personas por esta palabra?

Esta interrogante significativa conduce a la tercera convicción básica en una comprensión teológica wesleyana de la doctrina del juicio final, a saber, que Dios, en Cristo, juzgará a cada persona según su luz o grado de comprensión de la voluntad de Dios y el evangelio. El texto paulino con el que abrimos este capítulo lleva a un examen de esta cuestión cuando Pablo habla de "los gentiles, que no tienen la ley"; es decir, la revelación, pero quienes, no obstante, "cumplen por naturaleza lo que la ley exige". Estas personas, dice Pablo, "son ley para sí mismos, aunque no tengan la ley" porque "muestran que llevan escrito en el corazón lo que la ley exige, como lo atestigua su conciencia" (Romanos 2:14-15). El Apóstol de los gentiles aquí habla de la posibilidad de que los pueblos paganos vivan según la voluntad de Dios en la medida en que la perciban y la entiendan, atendiendo a la luz de una gracia preveniente que incide en su propia cultura y circunstancias (compárese con el capítulo 4 de nuestro libro). Así, Juan Wesley, en su sermón titulado, "Sobre la Fe", se refirió a la fe de los paganos y los musulmanes como carentes, no de sinceridad, sino de luz. "No cabe duda", escribió Wesley, "que este alegato servirá para millones de paganos modernos. Puesto que a ellos poco se les da, de ellos poco será requerido. En cuanto a los antiguos paganos... no se esperará, pues, más de ellos que el que hayan vivido a la luz que tenían".[2]

De hecho, este principio de juicio divino según la luz recibida es aún otra dimensión de nuestro primer principio, el de que Dios es un juez eminentemente justo e imparcial. Esto significa que "el amor divino, ese amor que supera a todo otro amor ", no hará a nadie responsable de responder por lo que nunca ha oído o comprendido (compárese con Juan 15:22, 24). Esto tiene implicaciones importantes para la forma en que entendamos el juicio de Dios, incluso para las personas que parecen haber escuchado al menos un mínimo de la verdad del evangelio. Sólo Dios, que juzga los secretos de toda persona (Romanos 2:16), conoce la medida en la que cualquier ser humano en particular ha recibido la luz del evangelio, en el sentido de haberlo entendido y comprendido lo suficiente como para tomar una decisión responsable. No es, pues, de extrañar que Wesley, en el mismo sermón ya citado, escribiera, "No es... fácil pasar juicio alguno acerca de la fe de nuestros judíos modernos. Está claro que 'el velo está puesto sobre el corazón de ellos' cuando leen a Moisés y a los profetas. ... Sin embargo, no es nuestra parte dictar sentencia sobre ellos, sino dejarlos a su propio Maestro".[3] Hay indicios en el pensamiento de Wesley de que él entendía que las personas pueden rechazar, y a menudo lo hacen, lo que ellos creen que es el evangelio, sobre la base de las representaciones erróneas de ese evangelio encontradas en las palabras o actos de los cristianos.

Teniendo en cuenta esta consideración es probable, por ejemplo, que Dios, el juez justo, tenga en cuenta los siglos de antijudaísmo de la iglesia y la persecución de los judíos al medir la actitud del judío moderno hacia Jesús y el evangelio. Pero no podemos especular mucho sobre este tema. Al fin de cuentas se nos deja con la convicción primaria básica de que todo juicio divino es justo y equitativo, ya que Dios, en las palabras de Juan 7:24, no juzga "por las apariencias", es decir, no sólo si la persona "ha aceptado a Cristo" o no, sino "con justicia"; es decir, según el corazón interior y los móviles de una persona.

Podría objetarse que la doctrina de la salvación por la fe en Cristo implica que una persona es juzgada únicamente por si ha confesado o no a Jesús como Salvador y Señor. Pero Jesús mismo, en el Sermón del Monte, impone una pauta solemne sobre este tipo de pensamiento: "No todo el que me dice: 'Señor, Señor', entrará en el reino de los cielos, sino sólo el que hace la voluntad de mi Padre que está en el cielo" (Mateo 7:21). Hacer la voluntad de Dios le es posible a toda persona sólo en la medida y en los términos en que comprenda esa voluntad. En ese sentido se nos recuerda el conocido relato de Jesús de las ovejas y las cabras, en el cual nos encontramos con un fascinante escenario del juicio final donde el criterio del juicio no estriba en una consciente fe en Cristo sino en obras de misericordia un tanto inconscientes ("Señor, ¿cuándo te vimos...?") hacia el hambriento, el sediento, el forastero, el desnudo, el enfermo y el prisionero; todos los cuales Jesús identifica como "mis hermanos, aun... el más pequeño" (vv. 31-46, especial-

La responsabilidad humana y el juicio divino

mente 40, 45). Así, este tercer principio del juicio, el que Dios juzga a cada persona según su luz, significa que el juicio divino de nosotros se dará finalmente en términos de lo que habremos hecho con nuestras vidas a la luz de lo que creímos que se requería divinamente de nosotros.

¿Disminuye un entendimiento tal del juicio divino el impulso cristiano de predicar el evangelio? En otras palabras, se podría alegar que sugerir que Dios juzga a las personas según la luz que han recibido significa que en realidad no tenemos obligación de darles más luz que la que ya tienen. Pero no tenemos por necesidad que llegar a esa conclusión y de hecho no debemos hacerlo. Hay, en efecto, tres razones fácilmente identificables por las cuales esto es así: (1) porque nuestra motivación principal para difundir el evangelio no es salvar a la gente del infierno, sino cumplir la Gran Comisión que Jesús les dio a sus discípulos de evangelizar a todas las naciones y esto hace del asunto algo que estamos obligados a cumplir como discípulos de Jesús; (2) porque si la fe en Dios por medio de Jesucristo verdaderamente ha traído amor, paz y gozo en el Espíritu Santo a nuestras vidas, será el rebose de esa nueva vida desear compartirla con todas las personas; y (3) el hecho de que las personas van a ser juzgadas por la luz que han recibido no garantiza en ningún sentido que muchos hayan vivido conforme a esa la luz. De hecho, la doctrina del pecado original nos lleva a dudar seriamente de nuestra capacidad humana para cumplir con nuestros ideales y aún más, de la disposición para hacerlo, algo que nos asegura que en todas partes las personas necesitarán escuchar del evangelio de la gracia y el perdón.

En cuanto a nuestro primer principio, es importante recordar que una dimensión crucial del juicio justo de Dios es la voluntad absoluta de Dios para perdonar nuestros pecados, para ofrecernos la gracia. Muchas de las personas de diferentes tradiciones religiosas a lo largo de los siglos (las cuales se han esforzado en agradar a Dios) han conocido el deber pero no la gracia, la obligación pero no el perdón ni la aceptación. El evangelio de Jesucristo, por el contrario, es una proclamación no sólo de lo que Dios requiere, sino también, y lo que es más importante, de cómo el Padre nos ama y nos ofrece el abundante aunque costoso perdón en Cristo. Verdaderamente, tenemos una historia que contar a las naciones. El himno titulado, "Una Historia Tenemos, Preciosa", lo expresa así:

La historia de Dios

Una historia tenemos, preciosa
Que a las gentes bendecirá;
Historia de misericordia,
De paz y felicidad.
Un mensaje sublime tenemos
Que nos habla de salvación
En Cristo Jesús el Eterno:
Mensaje de inspiración.
Salvador inefable tenemos
A las gentes que demostrar,
Pues sólo así las veremos
Su vida por fin cambiar.

— H. Ernest Nichol
(Gracia y Devoción, #180)

El fin de la historia de Dios

¿Cómo será el fin de la historia de Dios? Esperamos que a estas alturas esté claro que uno de los sellos de un enfoque wesleyano hacia la doctrina escatológica es su sentido reservado. Cuando tratamos de hablar de "las últimas cosas" o del "fin" previsto por Dios (ya sea en términos de terminación o de meta) en realidad estamos pisando sobre un suelo misterioso. El apóstol Pablo, aludiendo a temas de la visión escatológica de Isaías, los aprovecha para recordarnos que las intenciones de Dios para la creación van más allá de nuestra imaginación más increíble:

> *Ningún ojo ha visto,*
> *ningún oído ha escuchado,*
> *ninguna mente humana ha concebido*
> *lo que Dios ha preparado para quienes lo aman.*
>
> (1 Corintios 2:9)

Por supuesto, ya hemos señalado anteriormente la convicción cristiana básica de que el final que Dios se propone para la creación habrá de ser consistente con la revelación divina en Cristo Jesús. Es cierto que ningún humano ha visto a Dios pero también es cierto que el Hijo, en sus palabras y obras, "nos lo ha dado a conocer" a tal punto que contemplar a Jesús es contemplar a Aquél que lo envió (Juan 1:18; 12:45). De esto ciertamente sigue que Jesús ya nos revela la naturaleza del fin último de Dios para el mundo. Puede que los detalles nos eludan pero ya se nos ha asegurado que la venida del reino no será diferente de lo que se ha revelado en Jesús. "No se angustien. Confíen en Dios, y confíen también en mí. En el hogar de mi Padre hay muchas viviendas; si no fuera así, ya se lo habría dicho a ustedes. Voy a prepararles un lugar" (14:1-2).

La historia de Dios

No hay duda de que estas palabras de esperanza están dirigidas a los discípulos, a aquellos que aman a Jesús y cumplen con su mandamiento de amarse unos a otros (Juan 14:20-24; 15:12). Pero no todas las palabras de Jesús sobre el destino final fueron palabras de esperanza. Jesús también habló libremente, especialmente en las parábolas, sobre la realidad del infierno. Esto nos recuerda que nuestra responsabilidad ante Dios, tal y como lo hemos explorado en el capítulo anterior, verdaderamente es de una importancia máxima. No podemos tomar con ligereza nuestra obligación de rendir cuentas, ya que Dios tampoco lo hace.

Para muchas personas, tanto cristianas como no cristianas, la idea de la condenación eterna les es desagradable y, según algunos, también les es contraria al énfasis bíblico en el amor de Dios. Pero si el amor en realidad de lo que trata es de relaciones mutuas, entonces uno podría argumentar que la perspectiva que resulta verdaderamente contraria al amor divino es el universalismo; esa idea de que todas las personas, de alguna manera, finalmente serán salvas. Dado que la posición arminio wesleyana va a insistir tan íntegramente en la importancia de la respuesta humana a la gracia divina, le será imposible abrazar el universalismo, por atractivo que parezca. La doctrina de la condenación eterna, o del infierno, es, en efecto, el resultado lógico de la afirmación bíblica de la responsabilidad humana ante Dios.

El infierno, entonces, es el resultado final del pecado, o la "última morada" de la persona que se ha encerrado a tal punto en sí misma que ha rechazado totalmente a Dios, quedando Dios totalmente ausente del "mundo" de esa persona. El infierno es el escogimiento que uno mismo hace de ausentarse de Dios, su propio y amante Creador. Se ha dicho que C. S. Lewis le llamó al infierno "el cumplido más grande que Dios le hace al hombre", puesto que significa que Dios, final e irrevocablemente, respetará la responsabilidad de la persona, es decir, su capacidad de responder.[1] Dios no anulará la decisión final y última de una persona, hecha a partir del tejido de su vida entera, con respecto a sus relaciones con Dios y con todos sus prójimos. Este acto de amor divino de entregar a las personas a sí mismas o a la ira (Romanos 1:21-32), iniciará para los finalmente impenitentes una experiencia que Jesús a menudo describió como ser echado "afuera, a la oscuridad, donde habrá llanto y rechinar de dientes".

Debemos recordar que Dios "no quiere que nadie perezca sino que todos se arrepientan" y vivan (2 Pedro 3:9). Pero si además mantenemos que Dios está comprometido con una relación de pacto o alianza con nosotros, sere-

El fin de la historia de Dios

mos llevados a concluir que sólo porque Dios quiera que todos se salven no significa que todos se salvarán. Nuestra agencia moral, esa dádiva de Dios que nos otorga una verdadera capacidad de respuesta y de responsabilidad, es más importante para Dios que nuestra salvación. Esto, entonces, lo que significa es que el infierno es de veras una "alternativa candente".

No obstante, aunque el infierno sea una enseñanza del Nuevo Testamento tan clara como prácticamente cualquier otra doctrina, lo que sea que digamos del infierno, en palabras de Russell Aldwinckle, deberá ser "consistente con la manera de ver a Dios como amor santo, donde el amor santo deba interpretarse a la luz de su manifestación en la vida, el ministerio, la muerte y la resurrección de Jesucristo".[2] El infierno no puede ser considerado como una tortura eterna y sádica, cosa que lo haría indigno de nuestra creencia en el Dios revelado en Jesucristo. Al mismo tiempo, no debe ser descartado o tomado a la ligera, ya que, una vez más, el infierno subraya nuestra capacidad de respuesta final o responsabilidad delante de Dios. El infierno se debe reconocer con toda su gravedad terrible como una condición de impiedad horrible, como el dolor último por haber sido cortado del mismísimo origen y Dador de la vida y el amor. Se podría esperar que, de alguna manera, hasta el infierno pudiera servir de propósito divino y redentor para aquellos que lo tengan como destino, pero eso sería especular más allá de lo que sabemos. Al final de cuentas terminamos con nuestro primer principio del juicio final tal y como lo hemos ofrecido en el capítulo 29, a saber, que Dios, que es amor, es eminentemente justo y equitativo en todo juicio. El resto hay que dejárselo al Juez.

Si es cierto que las intenciones de Dios para la creación son para el *shalom* y "la salud de las naciones" (Apocalipsis 22:2) y si "ya no habrá maldición" y "ya no habrá noche" (vv. 3, 5), entonces se podría preguntar si las posibilidades de libertad humana también dejarán de existir. Pero si nuestro Creador verdaderamente valora nuestras respuestas al amor y a la gracia divina, ¿qué estamos diciendo del cielo y del infierno: que Dios finalmente va a decir "¡Basta!" al proyecto de alteridad y libertad de la criatura? ¿Habrá llegado la responsabilidad a su fin? ¿Será posible que no haya más cambios de relación? Se concede que estas preguntas son especulativas y que sólo ocasionalmente se han tratado por los teólogos en la historia de la teología cristiana, sin embargo no dejan de ser preguntas interesantes.

Juan, el del Apocalipsis, en su visión de un cielo nuevo y una tierra nueva, incluyó el detalle fascinante de que el mar había "dejado de existir"

La historia de Dios

(21:1). Si recordamos que el mar es un símbolo bíblico recurrente de los elementos caóticos que amenazan la estabilidad y el orden de la creación de Dios, Juan parece estar sugiriendo que todas las contingencias, las amenazas y los peligros quedarán removidos. Pero es difícil comprender esa clase de escenario si es que todavía va a haber espacio para la posibilidad del agente humano. Al mismo tiempo, es difícil imaginar que el Dios que es amor niegue o remueva alguna vez de nosotros nuestra capacidad de amor auténtico arraigada en nuestra experiencia de elección real. Tal vez una solución a este problema se pueda sugerir en la posibilidad de que la experiencia de amor, de luz y de la presencia de Dios en la era venidera nos liberará verdaderamente para amar de maneras que ahora nos son desconocidas y, por lo tanto, en sentido paradójico para hacernos más libres de lo que jamás podremos experimentar en esta vida. (Lo contrario, precisamente, sería el infierno.) Esto sería así ya que, en la gloria que será revelada, seremos verdaderamente libres para amar, libres para servirnos unos a otros en amor y ello, según Pablo (Gálatas 5:1, 13), es la auténtica libertad.

Es también Pablo quien, en su capítulo clásico sobre la naturaleza de la resurrección, empuja los límites de la imaginación y el lenguaje humanos para hablar de "el fin" de una manera tal que afirme la realidad abrumadora de la divina presencia y a la vez, nuestra propia participación individual en la gloria divina y el conocimiento de ésta:

> Entonces vendrá el fin, cuando [Cristo] entregue el reino a Dios el Padre, luego de destruir todo dominio, autoridad y poder… Y cuando todo le sea sometido, entonces el Hijo mismo se someterá a aquel que le sometió todo, para que Dios sea todo en todos. (1 Corintios 15:24, 28)

¿Puede alguien imaginarse cómo será nuestra experiencia del fin de la historia de Dios? ¡Sólo si podemos saber lo que será para Dios ser "todo en todos"! Tal vez sería algo así como el recién nacido que trata de regresar a la matriz para explicarle a un niño que aún no ha nacido cómo es el mundo "que le espera allá afuera". Simplemente, no habría categorías a nuestra disposición para comprender esa clase de esfera de existencia. Cuando Dios cree "un cielo nuevo y una tierra nueva" (Apocalipsis 21:1), ¿excluirá la creación de otros universos, lo mismo después, que junto a la nueva creación? ¿Qué nuevas aventuras podría tener Dios deparadas para los redimidos? ¿Habrá nuevas historias que tejer? No lo sabemos ni podemos imagi-

El fin de la historia de Dios

nárnoslo pero sí podemos estar confiados en que todo lo que Dios haga lo hará con amor insondable.

Amor, tu nombre es sólo Amor:
calladamente percibí
tu voz diciendo al corazón:
«Mi vida entera di por ti».
Las sombras huyen, brilla el sol:
tu nombre, oh Dios, es santo Amor.[3]

Apéndice

La doctrina de la creación y la teoría científica como se reflejan en textos teológicos fundamentales de la tradición arminio wesleyana de santidad

En el capítulo 6 de este libro se ha hecho la afirmación de que la comprensión dominante de la tradición wesleyana referente a la Biblia, particularmente en lo que tiene que ver con la investigación, el descubrimiento y la teoría científica, propone que la principal preocupación y función de la Biblia consiste en comunicar la verdad teológica. Si ese es el caso, entonces la Biblia no deberá consultarse con el fin de que nos proporcione información científica, sino, en palabras de Wesley, de "que nos muestre el camino al cielo".

Lo que sigue son extractos de dos fuentes importantes en la tradición wesleyana de santidad: *Teología Cristiana,* por H. Orton Wiley, una obra que sirvió durante varias décadas como el texto teológico fundacional de la Iglesia del Nazareno, y que también fue ampliamente utilizado por otras denominaciones de esta tradición; y *Gracia, Fe y Santidad,* la teología sistemática de H. Ray Dunning, publicada en 1988, siendo éste el trabajo más reciente de su naturaleza escrito por un teólogo wesleyano de santidad.

Los pasajes siguientes demuestran una comprensión no literal de la Biblia y particularmente de los relatos de la creación del Génesis. Pero tal comprensión de ninguna manera comprometerá las poderosas verdades teológicas de los relatos de la creación, sino que en realidad podrá ayudarnos a entender y apreciar esas verdades de una forma más plena.

1. *Teología Cristiana,* por H. Orton Wiley, tomo 1 (2012), 403, 405, 406, 409, 414-415, 415-416, 419

Teorías de la creación

La teoría mecánica…sostiene que el mundo fue formado de una manera puramente externa y formal. Enfatiza el pensamiento de la trascendencia e ignora totalmente la inmanencia divina. Esa nunca fue la teoría de la iglesia primitiva. La misma ha surgido sólo en tiempos modernos y ha resultado de la protesta en contra del racionalismo extremo del movimiento crítico-histórico.

La teoría de la evolución natural… Cuando fue presentada por Darwin y su escuela… fue recibida con un gran aplauso. Sin embargo, difícilmente se puede esperar que se sostenga firme en contra de la creencia cristiana de la creación. No resuelve el problema. Meramente lo empuja hacia atrás en el tiempo y, por tanto, al final de cuentas tendrá que depender o de la creación o de la emanación. … Sólo la actividad creativa de Dios pudo haber originado la vida vegetal, animal y personal. … En tiempos recientes, la idea de la creación como un evento, inmediato y completo, ha sido desafiada en favor de la creación como un proceso continuo. La teoría es un derivado del énfasis renovado con respecto a la inmanencia divina y debido a la influencia de la hipótesis evolutiva, tomó la forma de la evolución teísta. Aunque estrechamente relacionada a la [fallida] teoría de la generación espontánea, considera la inmanencia divina como la realidad básica, en contraste con la eternidad de la materia. Insiste en que el desarrollo orgánico se debe… al poder divino que trabaja dentro del organismo. La actividad divina en ocasiones se identifica con todo el proceso y en ocasiones se limita meramente a los puntos de crisis en el desarrollo.

La doctrina bíblica de la creación

La doctrina bíblica de la creación sostiene que el universo tuvo un principio, que no es eterno como materia ni forma, que no es auto-originado y que debe su origen al poder omnipotente y la voluntad incondicional de Dios. Esta es la concepción cristiana.

El himno de la creación

El libro de Génesis abre con un salmo inspirado, en ocasiones conocido como el "himno de la creación", y en otras, como el "poema de la aurora". Pero con esto no se quiere decir que el relato sea alegoría o ficción, sino una descripción histórica verdadera, poéticamente expresada. … [E]l ritmo equilibrado, el movimiento majestuoso, los estribillos recurrentes y la mezcla de belleza y poder, todo indica que pertenece a la naturaleza de la poesía.

La cosmogonía mosaica

El relato del Génesis de la creación es principalmente un documento religioso. No se puede considerar una declaración científica y sin embargo no debe considerarse como contradictoria a la ciencia. … La palabra hebrea

Apéndice

yom, que se traduce "día", ocurre no menos de 1,480 ocasiones en el Antiguo Testamento y se traduce en poco más de 50 palabras diferentes, incluyendo términos como *tiempo, vida, hoy, era, para siempre, continuamente* y *perpetuamente*. Con un uso tan flexible del término original, es imposible dogmatizar o demandar una restricción rígida a sólo uno de estos significados. Con frecuencia se asume que la creencia ortodoxa original sostuvo un día solar de 24 horas y que la iglesia alteró su exégesis bajo la presión de los descubrimientos geológicos modernos. ... Este es uno de los "errores de la ignorancia". La mejor exégesis hebrea nunca ha considerado los días del Génesis como días solares, sino como días-períodos de duración indefinida. ... Sólo con los escolásticos de la edad media y los escritores evangélicos de los siglos XVII y XVIII, esta idea [de seis días de 24 horas] tuvo vigencia. Previo a esto, un punto de vista más profundo se enseñaba por los líderes reconocidos de la iglesia. ...

El relato de la creación del Génesis establece una distinción entre la primera producción de la materia en el sentido de origen y la creación secundaria, o la formación de esa materia por la elaboración subsecuente en un cosmos. ... El término creación mediata expresa mejor el pensamiento y expresa la idea de que Dios crea a través de la creación misma. ... Por tanto, cuando Dios creó la vegetación no dijo: "Haya vegetación" sino "Produzca la tierra hierba verde"; cuando creó la vida somática dijo: "Produzcan las aguas seres vivientes" y "Produzca la tierra seres vivientes según su especie". Esta es creación mediada. ... Cada uno de los días nuevos sucedió solamente por virtud de la palabra omnipotente hablada por el Creador y por tanto era *creatura*; pero cada nuevo día finalizó solamente cuando el tiempo se cumplió y las condiciones fueron perfectas; por tanto era *natura*. También aquí se sugiere que el progreso de la creación entera depende del progreso hecho por las criaturas en su desarrollo natural. ...

El orden de la creación

Así como es de profundo el misterio de la creación en el sentido primario, no lo es menos en el sentido secundario de formación. Dios no origina el material de la creación y luego de una manera externa lo forma en objetos individuales sin ninguna relación uno con el otro, excepto el de un forjador o arquitecto común. Él crea a través de la creación misma. ... Así el mundo tiene un principio tanto sobrenatural como natural. Es un cosmos donde la totalidad de las partes que componen el todo están arregladas con orden y belleza. No están desconectadas, sino que una emerge de la otra al mandato de Dios de manera tal que todas las cosas están relacionadas tanto en naturaleza como en consecuencia de su origen sobrenatural. No hay lugar en el relato para la teoría de la generación espontánea. Esta es la falacia de la hipótesis evolutiva. Si ahora notamos las varias etapas que se introducen por el fíat creativo "Sea" y concluyen con el estribillo "Y vio Dios que era bueno", tendremos delante de nosotros los siete actos formativos de Dios como se encuentran en el relato del Génesis. Éstos constituirán la serie séptupla de los comienzos naturales o nacimientos a partir de la materia preexistente y preparada que, a través del Verbo divino o *Logos,* transformó el mundo del caos al cosmos…

2. *Gracia, fe y santidad* (1988), 41, 392-397

… podemos afirmar que el contenido teológico de la Escritura es lo que es su dimensión autoritativa y el paso más crítico en la interpretación bíblica es el traer a su expresión la estructura teológica que informa al texto…

Es desafortunado que este pasaje [Génesis 1:1—2:4] haya sido usado tan frecuentemente para crear un conflicto entre la ciencia y la revelación. Tal conflicto es el resultado de dejar de reconocer la naturaleza de la narración. "Aunque la narración de la creación en la Biblia no es mitológica…, su intención tampoco es que sea cosmológica o científica".

[Dunning cita a Wiley diciendo:] Debemos tener mucho cuidado al entender qué significa cuando se dice que una narración es histórica, aunque sea poética. A fin de ver el significado de esta distinción, debemos primeramente diferenciar el simbolismo poético del mito. El mito, en las religiones de la antigüedad, se derivaba del mundo de la naturaleza en el cual los ritos celebraban fenómenos repetibles, tales como la repetición cíclica de las temporadas. La historia de la creación no es mítica, puesto que fue un evento de-una-vez-por- todas y no un evento repetido; por ende, es histórico. …

Contra este fondo, nos proponemos enfocar en la exégesis teológica de las narraciones bíblicas de la creación. Las dimensiones puramente teológicas son vistas más claramente cuando se les ve en contraste con la épica de la creación babilónica que las precede. La cosmología es esencialmente la misma pero la teología es significativamente diferente. …

El universo en el texto babilónico, como lo conocían los de la antigüedad, se describía como que había llegado a existir del conflicto entre los dioses. Bel, el dios supremo de Babilonia, derrotó a Tiamat, cortó su cuerpo

Apéndice

en dos y con una mitad hizo un firmamento que sostenía las aguas superiores en el cielo; la otra mitad se volvió "las aguas de abajo". Los paralelos a Génesis son obvios. Pero la narración inspirada le atribuye el origen del universo al Dios que es uno y por ende es monoteísta... en vez de ser... politeísta.

La estructura de la narración del proceso de la creación en Génesis 1 claramente se presenta para dar énfasis a la verdad teológica de que el principio del *sabbath* está arraigado en la actividad creadora de Dios. Para este punto, finalmente es muy pequeña la diferencia si la palabra hebrea *yom* (día) es interpretada literalmente como un período de 24 horas o como épocas de tiempo de duración indefinida. El punto es que el séptimo día es un día de descanso. La misma naturaleza del universo apoya el principio y por ende el menospreciarlo es jugar con el caos que fue echado para atrás por el fíat divino.

Notas bibliográficas

Capítulo 1

1. A. F. Sanner, "Survey of Christian Thought" (una conferencia presentada en Northwest Nazarene College, Nampa, Idaho, en la primavera de 1975).
2. John Wesley, *Explanatory Notes upon the New Testament* (London: Epworth Press, 1952), 794.

Capítulo 2

1. *John Wesley*, editado por Albert C. Outler (New York: Oxford University Press, 1964), 288.
2. Ibid., 214.
3. Ibid., 99-100.
4. Ibid., 497, 498

Capítulo 3

1. Albert C. Outler y Richard P. Heitzenrater, editores, *John Wesley's Sermons: An Anthology* (Nashville: Abingdon Press, 1991), 329, 333.
2. D. Stephen Long, "Aquinas and God's Sovereignty", en *The Sovereignty of God Debate*, editado por S. Long (Eugene, Oreg.: Cascade Books, 2008), 55. Long está basándose en el prólogo de Aquino a la pregunta de la *prima pars* de su *Summa Theologica*.
3. Agradezco al físico Karl Giberson, de Eastern Nazarene College, por su útiles percepciones acerca del principio antrópico. Para lectura adicional, véase Paul Davies, *God and the New Physics* (New York: Simon and Schuster, 1983).
4. Anselmo, "Proslogion", en *A Scholastic Miscellany: Anselm to Ockham*, editado y traducido por Eugene R. Fairweather (Philadelphia: Westminster Press, 1956), 73.
5. Ibid., 74.
6. Anselmo, "A Reply to Gaunilo", en *Philosophy in the Middle Ages*, editado por Arthur Hyman y James J. Walsh (Indianapolis: Hackett Publishing Co., 1987), 157.

7. Heinrich Ott, *God* (Atlanta: John Knox Press, 1975), 37.

Capítulo 4

1. John Wesley, *The Works of John Wesley*, tercera edición, 14 tomos (Reimpresión de la edición de 1872, Kansas City: Beacon Hill Press of Kansas City, 1978-79), 1:23. (De aquí en adelante, *Works*.)
2. Outler, *John Wesley*, 44.
3. Ibid., 47.
4. Ibid., 50.
5. Ibid., 66.
6. Wesley, *Works* 5:127.
7. Ibid., 6:512.
8. Ibid., 7:187.
9. Thomas A. Langford, *Practical Divinity: Theology in the Wesleyan Tradition* (Nashville: Abingdon Press, 1983), 26.

Capítulo 5

1. Esto puede sugerir una crítica a la teodicea tradicional calificándola como considerablemente miope por preocuparse en términos generales sólo del dolor del ser humano, sin tener en cuenta el de los animales. Juan Wesley, sin embargo, inspirado en lo que el apóstol Pablo escribe acerca de una "creación gimiente" en Romanos 8 (el pasaje con el cual termina este capítulo), escribió un poderoso sermón titulado, "La liberación general", en el que abordó específicamente el problema del sufrimiento de los animales y el compasivo escuchar de Dios de los gritos de todas las criaturas.
2. John Macquarrie, *The Humility of God* (Philadelphia: Westminster Press, 1978), 4.

Capítulo 6

1. *Manual de la Iglesia del Nazareno* (Kansas City: Casa Nazarena de Publicaciones, 2006), 31. Véase, All Things Necessary to Our Salvation: The Hermeneutical and Theological Implications of the Article on the Holy Scriptures in the *Manual of the Church of the Nazarene*, por Michael Lodahl (San Diego: Point Loma Press, 2004).

Notas bibliográficas

2. Martin Buber, *Between Man and Man* (New York: Macmillan Co., 1965), 51-52.
3. John Wesley, *A Plain Account of Christian Perfection* (Kansas City: Beacon Hill Press of Kansas City, 1966), 13.

Capítulo 8

1. Este "título" para Génesis 3 fue sugerido por el doctor Rob Staples en una conferencia en Nazarene Theological Seminary, Kansas City, en 1977.
2. Wesley, *Plain Account*, 13.

Capítulo 9

1. Cyril C. Richardson, ed., *The Library of Christian Classics,* tomo I: *Early Christian Fathers* (Philadelphia: Westminster Press, 1953), 385, 386. La cita es de, *Against Heresies*, de Ireneo.
2. Ibid., 219. La cita es del documento llamado, "Carta a Diogneto".

Capítulo 10

1. Frederick Sontag, *What Can God Do?* (Nashville: Abingdon Press, 1979), 88, 89.

Parte IV

1. Martin Buber, *I and Thou*, traducido al inglés por Ronald Gregor Smith (New York: Charles Scribner's Sons, 1958), 11.

Capítulo 11

1. Gerhard von Rad, *Genesis: A Commentary* (Philadelphia: Westminster Press, 1961),124.
2. David Hartman, *A Living Covenant: The Innovative Spirit in Traditional Judaism* (New York:Free Press, a division of Macmillan, Inc., © 1985), 28. Usado con permiso.

Capítulo 12

1. Von Rad, *Genesis*, 198.

Capítulo 13

1. Robert Jewett, Letter to Pilgrims: A Commentary on the Epistle to the Hebrews (New York: Pilgrim Press, 1981), 68.
2. Buber, Between Man and Man, 37.

3. Albert Camus, *The Plague* (New York: Modern Library, 1948), 117-18.
4. José Míguez Bonino, *Christians and Marxists* (Grand Rapids: Wm. B. Eerdmans Publishing Co., 1976), 108.

Capítulo 14

1. John B. Cobb Jr., *God and the World* (Philadelphia: Westminster Press, 1969), 91.
2. Jewett, *Letter to Pilgrims,* 200, 201.

Capítulo 15

1. Abraham Joshua Heschel, *The Prophets* (New York: Harper and Row, 1962), 233.
2. Jurgen Moltmann, *The Crucified God* (New York: Harper and Row, 1973), 271.

Capítulo 16

1. Raymond E. Brown, *The Birth of the Messiah* (Garden City, N.Y.: Doubleday and Co., 1977), 168.
2. W. F. Albright y C. S. Mann, *Matthew, in the Anchor Bible* (Garden City, N.Y.: Doubleday and Co., 1971), 36.
3. William Barclay, *The Gospel of Matthew* (Philadelphia: Westminster Press, 1975), 1:70.

Capítulo 17

1. Gabriel Fackre, en la edición revisada de su libro, *The Christian Story* (Grand Rapids: Wm. B. Eerdmans Publishing Co., 1984), ya ha sugerido que un acercamiento narrativo a la cristología "podría caracterizarse como cristología 'desde antes' más bien que 'desde abajo' o 'desde arriba'" (101).
2. Talmud, Haggigah 12a.
3. H. Orton Wiley, *Christian Theology,* 3 tomos. (Kansas City: Beacon Hill Press, 1940-43), 2:307.
4. Alasdair I. C. Heron, *The Holy Spirit* (Philadelphia: Westminster Press, 1983), 58.

Notas bibliográficas

Capítulo 18

1. Søren Kierkegaard, *Philosophical Fragments* (Princeton, N.J.: Princeton University Press, 1967), 39-42.
2. Gregorio Nacianceno, "Letters on the Apollinarian Controversy," en *Christology of the Later Fathers,* Library of Christian Classics, tomo 3 (Philadelphia: Westminster Press, 1954),218.
3. The Tome of Leo, como lo cita William Placher en, *Readings in the History of Christian Theology* (Philadelphia: Westminster Press, 1988), 1:74.

Capítulo 20

1. H. Wheeler Robinson, *The Christian Experience of the Holy Spirit* (New York and London: Harper and Brothers, 1928), 78.
2. Anselmo, "Why God Became Man" *(Cur Deus Homo)* en, *Anselm of Canterbury: The Major Works,* editado por Brian Davies y G. R. Evans (Oxford: Oxford University Press, 1998), 277.

Capítulo 21

1. Markus Barth, *Efesios 1—3,* tomo 34 de Anchor Bible (Garden City, N.Y.: Doubleday and Co., 1981), 263; compárese también con 283-85.

Capítulo 22

1. Como ejemplo de esta tendencia en un erudito wesleyano y para lectura adicional sobre esta materia en general, ver el libro de Rob Staples, *Outward Sign and Inward Grace: The Place of Sacraments in Wesleyan Spirituality* (Kansas City: Beacon Hill Press of Kansas City, 1991).
2. Wesley, *Works,* 1:513.

Capítulo 23

1. Fackre, The Christian Story, 201.

Capítulo 24

1. Las denominaciones dentro del movimiento de santidad incluyen la Iglesia del Nazareno; el Ejército de Salvación, la Iglesia Metodista Libre, la Iglesia Wesleyana, y la Iglesia de Dios (Anderson, Indiana) entre otras.
2. Wesley, *Plain Account,* 60, 45, 84.

Capítulo 25

1. Wesley, Notes upon the New Testament, 240-42.

La historia de Dios

Capítulo 26

1. Wesley, *Works* 12:319.

Capítulo 27

1. Mateo tiende a usar la frase "reino de los cielos", en tanto que los otros evangelios a menudo se refieren al "reino de Dios". Una que otra vez alguien ha intentado desarrollar un esquema teológico sobre la supuesta diferencia entre "reino de Dios" y "reino de los cielos", pero siendo que las frases a menudo aparecen en pasajes exactamente paralelos, un intento de ese tipo siempre resultará mal fundado y fútil. Siendo más precisos, Mateo es de los cuatro evangelios el más distintivamente judío y los judíos del tiempo de Jesús a menudo empleaban la palabra cielos en lugar de Dios como estricta reverencia al nombre y a la majestad divina. Y esto lo deja a uno pensando si acaso Mateo utilizó "reino de los cielos" por su propio sentido judío de reverencia o si lo hizo como una concesión a su público lector principalmente judío, o si, en efecto, Jesús mismo, un judío del primer siglo, después de todo era el que usaba la frase, por lo menos de vez en cuando.

2. Paul Tillich, *Systematic Theology*, 3 tomos. (Chicago: University of Chicago Press, 1951-63), 3:376.

3. Jurgen Moltmann, *Religion, Revolution, and the Future* (New York: Charles Scribner's Sons, 1969), 34.

Capítulo 28

1. D. S. Russell, *The Method and Message of Jewish Apocalyptic* (Philadelphia: Westminster Press, 1964), 140.

2. Ibid., 389.

3. John Hick, *Philosophy of Religion*, 4ta edición.(Englewood Cliffs, N.J.: Prentice Hall, 1990),122-23.

4. Para un análisis penetrante del "lenguaje corporal" de Pablo, véase el pequeño libro de John A. T. Robinson, *The Body* (Philadelphia: Westminster Press, 1952).

5. Wesley, *Works* 6:241, 248, 251.

Capítulo 29

1. Wiley, *Christian Theology* 3:342-43.

2. Wesley, Works 7:197.

Notas bibliográficas

3. Ibid., 197-98.

Capítulo 30

1. Para una historia cautivante aunque fastuosamente especulativa del destino final del cielo y del infierno, véase *The Great Divorce,* por C. S. Lewis (New York: Macmillan Co., 1946).

2. Russell Aldwinckle, Death in the Secular City: Life After Death in Contemporary Theology and Philosophy (Grand Rapids: Wm. B. Eerdmans Publishing Co., 1974), 118.

3. Esta es la 12ª y última estrofa, y en ese sentido el "fin" del himno de Carlos Wesley, "Oh tú, viajero extraño, ven". La misma estrofa de este himno narrativo clásico se citó en el capítulo 2 de nuestro libro.

Índice de referencias bíblicas

La historia de Dios

Génesis
1
1:1
1:1, 10-11
1:2
1:3ss
1:6-7
1:7, 9
1:16
1:21
1:26
1:27
1:28
1:31
2
2:3
2:7
2:18
2:18-19
2:22-25
2:25
3
3:1, 14
3:6
3:7
3:9
3:12-13
3:15
3:16
3:17-19
4
4:9
5:1-2
6:5-7
6:6
6:12-13
8:1
8:21
9:3
9:6-7
9:9-17
9:10
11:1, 4-7, 9
12:1
12:2-3
15:1-2
16:2
17:6
17:17
18:15
18:23, 25
21:1-6
22:12
38

Éxodo
3:5
3:6
3:14
8:19
14:7, 9
14:21
15:6-8
15:8
15:11
17:6-7
19:5-6
20:2-3
20:4
20:10
20:11
20:18-21
34:6-7

Levítico
17—26
19
19:18, 34
19:28
19:34
25:23

Números
19:11

Deuteronomio
4:10-20
6:4-5
6:10-12
6:13
6:16
8:3
10:17-19
17:18-2026:5
30:11-16
30:15
30:19-20

1 Samuel
8:5
8:7-18
8:22
13:13-14
15:10-11
15:22
15:29

2 Samuel
7:2
7:5-7
7:11
7:16

2 Reyes
10:15

1 Crónicas
28:6
29:10-15

2 Crónicas
6:18

Job
1:6-12
1:19
2:1-7
7:9
38—41
42:1-6

Salmos
2:4
8:3-4
8:5-6
10:1
13:1
14:1
19:1
22:1-2
53:1
74:12-17
103:14
104:24-30
104:25-26
115:17
139:1-4
145:9

Eclesiastés
9:2, 5

Isaías
6:1-5
11:1-5
19:24-25
25:6, 8
42:1, 4
45:23
49:6
54:7-10
58
58:2-10
61:1

Jeremías
1:18
23:5-6
31:31, 33
31:35-37

Ezequiel
36:25-28
37:28

Daniel
12:2

Oseas
1:2
3:1
4:1-3
11:1-3
11:1-4, 8-9
14:8

Joel
2:28-29

Amós
5:24

Miqueas
6:6-8

Mateo
1:1
1:1-17
1:3
1:5
1:6
1:16
1:18-23
1:23
2:2, 16-18
2:11-12
2:15
3:2
3:7, 10-12
3:9
3:12
3:17
4:2-4
4:5-7
4:8-10
4:17
5:1
5:9
5:43-48
5:44-45
7:21
8:11
10:5-6
10:20
10:29
11:2-3
11:4-6
11:19
11:28-30

330

Índice de referencias bíblicas

12:18-21
12:24
12:28
15:21-28
15:36
16:13-17
16:16-20
17:1-8
18:1, 2-5
18:23-35
19:14
21:1-11
22:19-20
22:23-33
22:34-40
25:31-46
26:26-29
26:38
26:39
27:52-53
28:2
28:18
28:19
Marcos
1:4
1:9-13
2:1-12
2:27
3:1-5
5:1-19
5:15
5:20
6:12
6:21
6:34
11:9-10
12:28-34
14:32-36
14:36
14:51-52
16:5
16:12-13
Lucas
1:34-35
2:52
3:23-38
3:38
4:1
4:14
4:18-19
4:36
6:20-26

8:27
9:31
9:53-54
10:25-37
10:36, 37
11:20
12:48
17:20-21
22
22:15-18
22:16, 18
22:19-20
22:27
22:27-30
22:42
23:34
24:4
24:13-35
24:21
24:31
24:32
24:35
Juan
1:1
1:3-4
1:9-10
1:10-11
1:14
1:17-18
3:3, 7
3:17
3:20
4:9, 22
5:17
5:22
7:16-17
7:24
8:2-11
8:29
12:45
12:47-48
13
13:1, 3-5, 13-14, 20
13:12-15
13:35
14:1-2
14:20-24
15:12, 13
15:22, 24
20:10—21:14
20:12

20:19, 26
20:21-23
20:22
20:27
Hechos
1:6-8
2:1, 1:14, 2:2, 4-6, 11
2:16-18
2:22
2:22-24
2:32-33
2:33
2:44-45
4:24-30
4:27
7:4-5
10:34-35
10:36, 38
10:38-41
10:42
10:45
14:16-17
17:26-28
17:30-31
26:8
Romanos
1:3-4
1:18-26
1:20
1:21-32
1:23, 25
1:32
2:5-8
2:14-15
2:16
3:23
4
4:17
4:18-25
4:24
5:5
5:8
5:10-11
5:12
5:12-21
5:17-19
5:19
6:4
6:8-11
6:17-21
6:23

8:9
8:11
8:14
8:14-17
8:15
8:16
8:17
8:18-25
8:19, 21-23
8:22
8:22-23
8:29
8:34
9:4-5
11:17-18, 24
12:1
12:2—13:10
12:5
12:10
13:10
14:17
15:8
15:12
15:16
1 Corintios
2:9
2:10-12
3:1-4
3:11
3:16, 17
6:14—7:1
11:26
12:4-6
12:7, 13
12:13
15:3-4
15:13-17
15:14, 17
15:20
15:24, 28
15:38
15:43-44
15:44-45
15:49
15:57
2 Corintios
1:9
1:18-20
1:20
1:21-22
4:6
5:7

La historia de Dios

5:18-19	2:20	1:10-12	**1 Juan**
5:19	2:21-22	2:10-13	1:6–2:1
5:21	4:14	2:14-15	2:7
6:14–7:1	5:20	2:18	3:2
Gálatas	**Filipenses**	4:13	3:11
2:19-20	2:1-11	4:15	3:16
3:28	**Colosenses**	5:7	3:16-17
4:1-7	1:12-14	9:14	3:24
4:6	1:15, 17	9:27	4:8, 16
5:1, 13	2:13-15	10:19-22	4:10
5:14	3:10	11:8	4:10, 11
5:22	**1 Tesalonicenses**	13:8	4:16-18
5:23	5:24	13:14	4:18
Efesios	**1 Timoteo**	**Santiago**	4:19
2:1-3	2:5-6	2:21-23	4:19-21
2:8-9	4:4	**1 Pedro**	**Apocalipsis**
2:11-13	6:17	2:5	21:1
2:11-16	**2 Timoteo**	2:22	21:1, 3-5
2:14-18	1:7	2:23, 24	22:2
2:17	**Tito**	3:18-22	22:2-5
2:17-18	3:3-7	**2 Pedro**	22:20
2:18	**Hebreos**	3:9	
2:18-22	1:3	3:12	

www.ingramcontent.com/pod-product-compliance
Lightning Source LLC
LaVergne TN
LVHW041331080426
835512LV00006B/394